中國學術思想 研究輯刊

三　編
林　慶　彰　主編

第14冊

尹師魯的生平與學術

劉　明　宗　著

花木蘭文化出版社

國家圖書館出版品預行編目資料

尹師魯的生平與學術／劉明宗 著 — 初版 — 台北縣永和市：
花木蘭文化出版社，2009〔民 98〕
目 4+196 面；19×26 公分
（中國學術思想研究輯刊 三編；第 14 冊）
ISBN：978-986-6528-84-2（精裝）
1.（宋）尹洙 2.傳記 3.學術思想 4.古文運動
782.8514　　　　　　　　　　　　　　　98001671

ISBN - 978-986-6528-84-2

9 789866 528842

中國學術思想研究輯刊
三 編 第十四冊　　　　　　　ISBN：978-986-6528-84-2

尹師魯的生平與學術

作　　者　劉明宗
主　　編　林慶彰
總 編 輯　杜潔祥
出　　版　花木蘭文化出版社
發 行 所　花木蘭文化出版社
發 行 人　高小娟
聯絡地址　台北縣永和市中正路五九五號七樓之三
　　　　　電話：02-2923-1455／傳眞：02-2923-1452
網　　址　http://www.huamulan.tw 信箱 sut81518@ms59.hinet.net
印　　刷　普羅文化出版廣告事業
封面設計　劉開工作室
初　　版　2009 年 3 月
定　　價　三編 28 冊（精裝）新台幣 46,000 元

尹師魯的生平與學術

劉明宗　著

作者簡介

劉明宗，高雄師大國文研究所博士，屏東教育大學客家文化研究所所長，曾任國小、國中、高中、海軍官校教師、屏東師院總務長、主任秘書、附小校長；學術專長為：唐宋詩詞、古文、兒童文學、應用文、語文教學、客家俗諺歌謠；曾任教育部九年一貫課程與推動小組輔導委員、僑委會海外（泰北、緬甸、美加東、印尼、美加西、美南）華文講座、全國中小學教師檢定命題委員、全國語文競賽命題、審題、評審、申訴委員；現任教育部九年一貫課程國語文教科圖書審查委員、客委會計畫審查委員。

提　　要

　　古文運動，自韓、柳推動以後，曾經晚唐、五代之中落沈寂；至北宋，由於眾古文家之大力蹈揚，復重現璀璨光芒，尹洙（字師魯）即其中先驅。歐陽脩曾稱其文章「簡而有法」、「惟春秋可比」，並不時向其請益，因而激起提倡古文、維護聖道之心志。

　　尹洙一生交游，多當世忠義賢良，如范仲淹、韓琦、歐陽脩輩，其人品甚受朋輩及後世推重。其一生成就偏重於事功，尤其國防方面最為突出。尹洙身為宋代古文先驅作家，推助宋代古文運動大放異采，承先啟後厥功甚偉；至於其與歐陽脩共撰五代史部分，歐陽脩曾盛讚尹洙「素以史筆自負」，並稱其「河東一傳大妙」；惟因師魯早亡，故未克竟功。

　　綜觀尹洙之生平及學術，實在值得吾人由識其人、知其學，進而效其行。

目次

第一章　緒　論

第一節　研究動機、目的與方式

　　古文運動，自韓、柳推動以來，歷經晚唐、五代的中落沈寂，至北宋，才重新發出燦爛的光芒。北宋古文運動，由於歐陽永叔的發揚和蘇東坡等人的蹈厲，終於步上顛峰，而在中國文學史上留下光輝的一頁。然而，宇宙萬物之發展，非一朝一夕即可蹴幾，必有其根源、有其歷史軌跡可循，故要頌揚歐、蘇等人對宋代古文的功蹟，也不可抹滅了前人蓽路藍縷、披荊斬棘之辛勞，由於這個原因，激起了我對北宋初期提倡古文之學者的興趣。

　　歷來研究宋代古文演進之學者，均將焦點集中在北宋，尤其是北宋古文六大家——歐陽永叔、曾子固、王介甫及三蘇父子身上，固然此六家在推動古文運動上有其重大的貢獻，事實上，他們的文學成就亦是卓越不凡、有目共睹的。然而，宋代新古文運動是如何開始的？代表人物是誰？他們又有那些成就及建樹？這些都是研究者所必需了解的。而近人的研究中，何寄澎的《北宋古文運動》（台大中文研究所博士論文）、羅聯添的〈唐宋古文的發展與演變〉（文復會主編《中國文學的發展概述》）、金中樞的〈宋代古文運動之發展研究〉（新亞學報五卷二期）以及黃春貴的《宋代古文運動探究》等，對於宋代古文的發展均有詳細的敘述，尤其是何、黃二氏對宋代古文運動先驅作家的文論及思想均曾固別加以介紹，其中最令人印象深刻的便是柳仲塗（開）、尹師魯（洙）及石守道（介）三家。柳仲塗摧廓五代之靡華，仰慕韓、柳，首開宋代古文風氣之先；石守道以衛道者自居，作〈怪說〉三篇極力反對佛老思想及當時浮艷文風，頗令人側目；尹師魯則在柳仲塗、穆伯長（修）之後，致力於古文的創作，對北

宋古文巨擘歐陽永叔所推動之古文運動，有極大的裨助之功。對於這三位古文家的生平與學術，我是非常有興趣去瞭解、探究的，然限於自身學力，不敢冒然同時進行，所謂「逐二兔不如捉一兔」，與其分心曠神，不如專力研究一家，待有餘力，再及其他，庶幾能專精而有成效。而歐陽永叔之文章，又素為自己喜好，因而選擇其所從學的尹師魯做為研究對象，原因即在於此。

　　尹師魯的文名，在當世曾喧赫一時，然其後學者卻少有提及，直至紀昀編《四庫全書》方加肯定，其原因何在？歐陽永叔稱尹師魯之文章「簡而有法」，「惟春秋可比」，為何當時學者還有人懷疑其對師魯之批評太過刻薄？邵伯溫《聞見錄》稱尹師魯曾與歐陽永叔共同討論《五代史記》之綱要與撰寫方法，其真實性如何？在尹師魯一生中，和他關係最密切的師友有那些？其交往情形如何？他對國家政治、軍事上的經世思想為何？有怎樣的表現？他的成就，對後世有何影響？諸如這些問題，都是我在研究尹師魯的生平和學術時，所想獲得解答的。

　　由於前人不曾對尹師魯之學術、思想做過專題整理或評論，故而在資料蒐集方面稍感吃力。只得先就其文集入手，再由其言及的好友文集中尋找有關評述，最後由宋人以至後人筆記中點滴搜羅涉及他的一切記載。其中《宋人傳記資料索引》及《續資治通鑑長編人名索引》二者，在資料蒐集過程中雖為我省卻許多檢索群書的時間，然資料有限，未足以窺見尹師魯全貌，不得已乃採用最笨的方式：即只要某人和尹師魯有交往，或曾談論及他生平、思想的，其人作品一律翻讀到底，冀望能對他做一較全面的了解。經過此種以資料引資料的方式，確實有些收獲，但絕不敢自詡資料已經完整、豐富。限於時間與才力，只希望本文的陳述能較客觀而平實地呈現尹師魯真實的世界，俾讀者能較真切地認識尹師魯的思想及其為人，則我心願已足；至於文筆是否生動，結撰是否細密完美，對於才疏學淺的個人而言，恐怕是一種奢求，尚祈高明有以教我。

第二節　研究題材之版本及輯佚問題

一、版本方面

　　師魯一生著述可知者，有《河南集》二十七卷〔註1〕，《五代春秋》兩卷

〔註1〕　《宋史》卷二百八〈藝文志〉載：「尹洙集，二十八卷。」《郡齋讀書志、附

〔註2〕；另《書判》一卷，今已失傳。〔註3〕

　　現今可見《河南集》的版本，計有六種：（一）文淵閣四庫全書本，乃依據兩淮馬裕家藏本刊刻；（二）四部叢刊本，爲上海涵芬樓景印春岑閣舊鈔本；（三）至（六）均藏於台北中央圖書館，分別爲善本書編號「九九九一」的明鈔本（配補民國初年愛日館抄本，民國八年徐鈞手跋）、編號「九九九二」的朱校舊鈔本、編號「九九九三」的舊鈔本和編號「九九九四」的朱墨合校鈔本（康熙十九年王士禎手跋）。

　　在以上六種版本中，編號「九九九二」本字體潦草，謬誤百出，似初習字者抄寫，最爲拙劣；四庫本除將全本「虜」、「夷狄」等字更爲「北寇」、「敵」、「契丹」等外，尚缺〈河南府請解投贄南北正統論〉（卷三）、〈兵制〉（卷三）、〈備北狄〉（卷二十三）三篇。另此本脫漏、乙倒、訛誤處甚多，在六種版本中，其謬誤情形與編號「九九九一」者相彷彿。其餘三種，以編號「九九九三」及「九九九四」兩鈔本最佳，尤其是編號「九九九四」的朱墨合校本不但錯誤最少、字體最工，且有他本所殘闕的〈議攻守〉（卷二十三）、〈申鄉兵教閱狀〉、〈申鄉兵弓手輪番教閱狀〉（並卷二十四）、〈申四路招討司論本路禦賊狀并書〉（卷二十五）全文，故最稱完整、精贍。今即以此編號「九九九四」的王士禎跋本爲底本（以下簡稱「王跋本」），作爲本文研究的主要根據。

　　其次，師魯的「本傳」頗可怪，今見六種版本中，除四部叢刊本與《宋史》（武英殿本、百衲本之《二十五史》）同外，餘五種均與《宋史》所載詳略有異，且王跋本於〈本傳〉下注云：「宋史」，未知何者爲是，今特錄於後

志》卷五下云：「河南先生文集十五卷，右起居舍人尹洙師魯之文也。讀書志云：『尹師魯集二十卷』，希弁所藏二十七卷，洙傳中所載亦同。」《越縵堂讀書記》卷八〈文學〉載：「尹河南集，宋尹洙撰。閱尹河南集，據嘉慶間長洲陳氏刻本也。詩一卷，文二十四卷，五代春秋二卷，共爲二十七卷。附錄一卷，爲本傳墓表志銘祭文之類。」今所見文淵閣四庫本稱《河南集》，餘本均名《河南先生文集》。今爲行文之便，凡由《河南先生文集》中引用之文句，只標明卷數、篇名，省卻文集名稱。

〔註2〕《五代春秋》二卷，通行本均附於文集後，今見另行刊刻者：分別收於《學海類編》（《百部叢書集成》之卅四）、《宋文鑑》和《筆記小說》六編三冊中（此本與《學海類編》本同，似景印《學海類編》者）。

〔註3〕此據陳振孫《直齋書錄解題》卷十七：「書判一卷，尹洙撰。洙天聖二年進士，後以安德軍節推試書判拔萃科，中之。前十道是程文，餘當爲擬卷。」得知，然今未見。

（見附錄一及附錄二）。〔註4〕

二、輯佚方面

　　師魯詩文，在本集中可考見之最早者爲〈故太中大夫尙書屯田郎中分司西京上柱國王公墓誌銘并序〉（卷十三），此年爲宋仁宗明道二年（1033，師魯時年三十三歲）。在此之前，師魯曾在西京（洛陽）與歐陽永叔、謝希深、梅聖俞等人交游，當有作品、或因年久逸失，或以當時令名未著，故未見流傳。

　　師魯作品除載於《河南集》者外，今可考知者僅有墓誌銘一篇、詞一闋（見附錄三和附錄四）：

　　《歐陽修全集》卷三「居士外集二」部分，錄有〈河南府司錄張君墓誌銘〉，題左有「山東道節度掌書記知伊陽縣事天水尹洙撰」〔註5〕，故知是師魯之文。

　　《全宋詞》第一冊錄有師魯〈水調歌頭・和蘇子美〉詞一闋，詞後編者案語云：「此首原作歐陽修詞，見近體樂府卷三引蘭畹集。龔鼎臣東原錄引『吳王去後』四字句，云是尹師魯和蘇子美水調歌頭。〔註6〕今從之。」（頁118，台北中央輿地出版社，民國59年7月初版）可知師魯亦曾填詞，唯文集不載，此闋爲今知唯一之詞作。

〔註4〕　師魯「本傳」，未詳何人所作，蓋題下未署撰者名氏，且未見其友朋爲撰「本傳」之記載，故兩存之，而於引文中分別標示《宋史》〈本傳〉、集附錄〈本傳〉，以示區別。

〔註5〕　「山東道」當作「山南東道」。《歐陽修全集》卷二〈尹師魯墓誌銘〉云：「舉書判拔萃，遷山南東道掌書記知伊陽縣。」《宋史》〈本傳〉、集附錄〈本傳〉、韓稚圭所作〈墓表〉（《安陽集》四部叢刊本作〈故崇信軍節度副使檢校工部員外郎尹公墓表〉，以下稱〈尹公墓表〉）同，而《續資治通鑑長編》（以下簡稱《長編》）卷一百九、《續資治通鑑》（以下簡稱《續通鑑》）卷三十八則云：「以書判拔萃人……安德節度推官河南尹洙爲武勝節度掌書記，知河陽縣。」武勝軍在宋即屬山南東道。又宋孫謙益等校《歐陽修全集》云：「吉棉本誤收天水尹府君及黃夫人墓志銘，乃尹師魯文，在河南集第十五卷，今刪去。」（卷三，頁461）可知師魯文章曾混雜於永叔作品中。

〔註6〕　宋龔鼎臣《東原錄》頁19載：「劉仲芳上曹瑋水調歌頭，第三句云：『六郡酒泉』。蘇子美亦有此曲，則云：『魚龍隱處』，尹師魯和之，亦云：『吳王去後』，其平仄與蘇同，而音與劉異。」今見《全宋詞》所錄子美、師魯之〈水調歌頭〉，其第三句即如上述。

第二章 家世和生平經歷

第一節 家 世

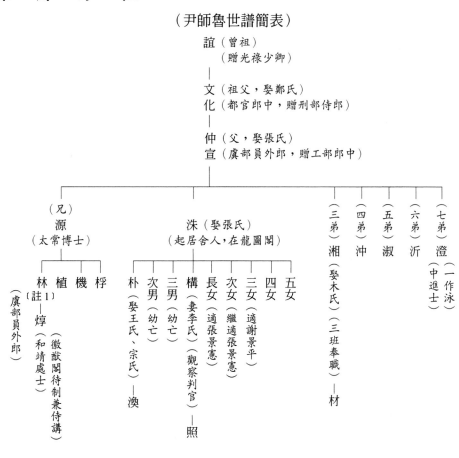

（尹師魯世譜簡表）

誼（曾祖）
（贈光祿少卿）

文（祖父，娶鄭氏）
化（都官郎中，贈刑部侍郎）

仲（父，娶張氏）
宣（虞部員外郎，贈工部郎中）

（兄）
源
（太常博士）

洙（娶張氏）
（起居舍人，在龍圖閣）

（三弟）湘（娶木氏）（三班奉職）—材

（四弟）沖

（五弟）淑

（六弟）沂

（七弟）澄（一作泳）（中進士）

林〔註1〕—焞（和靖處士）（徽猷閣待制兼侍講）

植

機

桴
（虞部員外郎）

朴（娶王氏、宗氏）—澳

次男（幼亡）

三男（幼亡）

構（妻李氏）（觀察判官）—照

長女（適謝景憲）

次女（繼適張景憲）

三女（適張景平）

四女

五女

〔註 1〕〈故三班奉職尹府君墓誌銘并序〉（卷十四）云：巨川有「男名材」（僅四庫本作「林」）；而歐陽永叔〈太常博士尹君墓誌銘〉則言：子漸「子男四人，曰材、植、機、桴。」又言：「其子材，葬君于河南府壽安縣甘泉鄉龍潤里」。

　　師魯名洙，河南人（北宋京西北路河南府河南縣，今河南省洛陽縣治，見附圖一），世稱「河南先生」。先世世居太原，並無顯赫的聲名。〔註2〕其曾祖名誼，因世道晦亂而無意仕宦，然以其祖之故，獲贈光祿少卿。卒後，葬於河南壽安，而後子孫遂長居河南。

　　尹氏之興達，應從師魯祖父開始。其祖文化，以材能聰敏稱聞於當時，曾應舉《毛詩》，後來官至尚書都官郎中，贈刑部侍郎。師魯祖母鄭氏，則獲贈德興縣太君。

　　師魯父親仲宣，曾應舉《周易》，真宗咸平三年（1000）以明經中第。歷任梓州銅山、鳳翔麟遊二縣主簿，調永興司理參軍，又為潞州襄垣主簿，後遷汝州梁縣、懷州武陟二縣縣令，又遷蜀州軍事判官。當時，由於推薦尹父才能於朝廷者多達十數人，所以除授大理寺丞。累遷太子中舍、殿中丞、國子博士、尚書虞部員外郎等官。其後轉任汝州葉縣、鄭州滎陽二縣知縣，又知大寧監、通判華州，由知資州轉知鄆州，最後即於仁宗景祐四年（1037）三月七日，卒於鄆州任內，年七十一。後以師魯之貴，封工部郎中。師魯母張太夫人，則贈壽安縣君。

《大清一統志》〈河南府圖〉

（《歐陽修全集》卷二「居士集二」據此，則子漸子姪有二人名「材」，然《宋史》卷四百二十八〈尹焞傳〉則曰：「源生林，官至虞部員外郎。林生焞。」故知「材」乃巨川子，而「林」則子漸子，因形近而訛作「材」。

〔註2〕《歐陽修全集》卷二「居士集二」〈尚書虞部員外郎尹公墓誌銘并序〉云：「尹氏世居太原，無顯者。」稚圭〈尹公墓表〉亦云：「其先太原人。」蔡君謨所作〈尚書虞部員外郎尹公墓〉（《端明集》卷三十七）亦言師魯先世「世居太原」。

　　仲宣個性剛毅果敢，處理事情能當機立斷，不逢迎阿諛，亦不枉曲誣指。辦案辨詞明細，往往得盡其情實；且生性寬恕仁慈，雖或發現民眾巧偽之處，也不忍動用重法處置。所以，所到州縣，均受敬愛，又因其操持廉潔，離任後頗留去思。〔註3〕蔡君謨在〈尚書虞部員外郎尹公墓〉中有這麼一段記載：

> 許州進士朱公祐嘗遊資州，當是時，公初卒。資州聞之，廛巷傳道，老穉相扶攜，涕泣入浮屠宮哀號弔問，道交踵往來，數日而後已。公祐於公父子間無平生之舊，美公愛於資，遂記之，以傳於人，曰《遺愛錄》云。〔註4〕（《端明集》卷三十七）

對於尹父的風範，君謨以「厚德者」稱之，並感慨地說：

> 古者，太守、刺史權大官久，能以威惠滋其下，故時有思者；今之爲郡，霑三歲，輒更罷去，事小大率有法令，雖材者巧摘奇斷，立威刑以爲強名，然其居也民畏之，去則已矣。公平易不設垣塹，悉驅所治之民而內之，俾其自安之。存，無能指引一二事以稱説；及其終，乃懷思無窮，豈非「盡其中者，其迹愈隱，而其感益深」乎？（同上）

有這麼一位既剛正又仁恕的父親，師魯兄弟受其影響，人格、成就亦自不凡。

　　師魯有兄一人，即太常博士子漸（源）。有弟五人，即湘、沖、淑、沂、澄。〔註5〕沖、淑二人早逝，澄曾中進士科，沂則聲名不顯。

　　據師魯〈故三班奉職尹府君墓誌銘并序〉（卷十四）所述：湘字巨川，少其三歲（當爲宋眞宗景德元年，1004 出生），於仁宗天聖五年（1027）五月九日因疾去世，年僅二十四。巨川在眞宗天禧四年（1020）時，由於祖父之蔭而得官，初権偃師酒稅，後來又掌衛州牧馬。個性雖然謹厚，卻與師魯一樣喜愛史學和兵學。在他去世後，師魯曾在其篋中發現手抄歷代史及兵家書，計數百卷。在其所上奏議中，多有關邊事，希望盡改五代衰制，「籍兵於農」，以紓國用。並認爲有宋西北邊寨，堡子多達百餘，而屯戍之兵則嫌寡少，不足以捍禦敵人大攻，不如「省堡戍、增屯要害。」師魯對於這位小他三歲的

〔註3〕以上參見《歐陽修全集》〈尚書虞部員外郎尹公墓誌銘〉、〈太常博士尹君墓誌銘〉（並卷二「居士集二」）、《端明集》〈尚書虞部員外郎尹公墓〉（卷三十七）及稚圭爲師魯作〈尹公墓表〉（見集附錄、《安陽集》卷四十六）。

〔註4〕歐陽永叔〈尚書虞部員外郎尹公墓誌詺〉稱：「朱生既得公善十餘事，爲作遺愛錄以遺資人。」惟今《宋史》〈藝文志〉未載此書，不能得見「善人」事蹟。

〔註5〕澄一作泳。歐陽永叔〈尚書虞部員外郎尹公墓誌銘〉云：「子七人，源、洙、湘、沖、淑、沂、泳。」此處從蔡君謨〈尚書虞部員外郎尹公墓〉之説，蓋其並言「源、洙、澄皆中進士」，於事蹟較詳之故。

弟弟，給的評語是：「其言深切而著明」、「觀其材，又能以重持之。」

在尹氏兄弟之中，聲譽最隆的，當推子漸和師魯。〔註6〕子漸生於宋眞宗至道二年（996），卒於仁宗慶曆五年（1045）三月十四日〔註7〕，享年五十歲，世稱「河內先生」。他是一位個性「剛簡」、不喜矜誇，且能深自隱晦的人，和師魯的好辯、有爲是大異其趣的。

子漸初以祖父之蔭補三班借職，後遷左班殿直。天聖八年（1030），舉進士第，爲奉禮郎，累遷太常博士。歷知芮城、河陽、新鄭三縣，通判涇州、慶州，後以韓稚圭、范希文之薦，召試學士院，除知懷州。〔註8〕在懷州任內，滿一年即大有治績。

子漸與弟師魯少時皆博學彊記，並以文學知名。子漸曾作〈唐說〉及〈敘兵〉十篇上之朝廷，力陳唐朝之亡，非國君致之，乃臣下所爲，故籲請君王應「能主聽」，使「其臣正勝邪，則治而安」，否則「邪勝正，則亂而亡」。並認爲當時驍勇之軍多集京師，戍邊兵少、「將帥任輕而勢分」、「軍事往往中御」，實不足以戰敵，故請益外邊兵籍、「重邊將之任」、「使專一軍事」。而當西夏寇邊圍定川堡時〔註9〕，大將葛懷敏將發兵往救，子漸曾致書懷敏云：「賊舉國而來，其利不在城堡，而兵法有不得而救者。宜駐兵瓦亭，擇利而後動。」結果，懷敏不聽，終而敗死。〔註10〕

仁宗慶曆三年（1043），朝廷重用范希文、富彥國、韓稚圭等人〔註11〕，想更置天下之事，後因權倖小人從中作梗，導致賢士多遭罷黜、或誣枉得罪，師魯亦受波及，子漸感慨時事，悒鬱悲憤，終至病卒。〔註12〕

〔註6〕 《宋史》卷四百二十八、「道學」〈尹焞傳〉云：「曾祖仲宣七子，而二子有名，長子源字子漸，是爲河內先生；次子洙字師魯，是爲河南先生。」

〔註7〕 見歐陽永叔〈太常博士尹君墓誌銘〉。

〔註8〕 《宋史》卷四百四十二、「文苑」〈尹源傳〉曰：「范仲淹、韓琦薦其才，召試學士院，源素不喜賦，請以論易賦，主試者方以賦進，不悅其言，第其文下，除知懷州，卒。」

〔註9〕 《宋史》卷十一〈仁宗本紀〉云：「慶曆二年閏九月，元昊寇定川砦。」

〔註10〕 《宋史》〈尹源傳〉。歐陽永叔〈太常博士尹君墓誌銘〉及《東都事略》卷六十四，《郡齋讀書志、附志》卷五下均載其事。

〔註11〕 是年三月，呂夷簡罷相，以晏同叔（殊）代替；四月，朝廷則使章得象、晏同叔、賈昌朝、韓稚圭、范希文、富彥國同時執政，而當時歐陽永叔、蔡君謨、王仲儀（素）、余安道亦並爲諫官，故石守道作〈慶曆聖德詩〉來歌頌。事見《續資治通鑑》卷四十五、「仁宗慶曆三年」三、四月諸條。

〔註12〕 子漸憂憤而卒事，蘇子美《蘇學士集》卷三〈尹子漸哀辭幷序〉有較詳盡的

第二節　生平經歷

師魯生平事蹟，在舉書判拔萃以前記載甚少，故今僅就所見資料加以敘述：

一、好論古今、明辨是非

師魯自幼「聰敏好學，無所不通」〔註13〕，尤喜議論古今，辨究是非，頗獲當時學者讚賞。在其爲弟巨川所作之墓誌銘中即說：

> 予好論議古今，往往與先生辨是非，巨川獨喜靜，不參一言，人皆材予，以謹厚名巨川（卷十四〈故三班奉職尹府君墓誌銘并序〉）

而韓稚圭爲師魯所作〈尹公墓表〉也稱：「公幼……善議論，參質古今，開泮凝滯，聞者欣服之。」可見師魯幼時，即能是是非非，凡事窮究道理，並不隨便應和他人的意見，而自有個人的思想主張。

二、進士及第初展抱負

宋仁宗天聖二年（1024），師魯舉進士及第〔註14〕，時年二十四。當年，被任命爲絳州正平縣（今山西絳縣）主簿，這是師魯仕宦生涯的起步，亦是他施展抱負，報效國家的開始。其後六年間，則先後爲河南府（西京洛陽郡）戶曹參軍及安國軍節度推官、知邵武軍（今福建邵武縣治）光澤縣。〔註15〕

師魯在知光澤縣任內，不但致力於推動以古文變易程文，且爲治甚有績效。《大清一統志》「邵武府」卷二、頁1〈宋名宦〉部分云：

> 尹洙：河南人，康定（當作天聖）中知光澤縣，以古文勉勵學者，

敘述，而永叔〈太常博士尹君墓誌銘〉亦曾言及。

〔註13〕韓稚圭語，見《安陽集》卷四十六〈尹公墓表〉。

〔註14〕韓稚圭〈尹公墓表〉曰：「天聖二年登進士第。」《福建通志》卷九十四〈宋職官〉亦云：「尹洙：天聖二年進士。」唯《洛陽縣志》卷七〈選舉〉頁6云：「尹源：天聖二年第，知懷州，有傳。尹洙：天聖五年第，官起居舍人。」此將師魯及第之年誤植於子漸處，而子漸進士及第在天聖八年，事見歐陽永叔〈太常博士尹君墓誌銘〉。

〔註15〕《福建通志》卷九十四〈宋職官〉頁15，「邵武軍」一節云：「軍事判官尹洙：洛陽人，……天聖間任，見歐陽文忠公集墓志。」頁16「光澤縣」一節則云：「知縣事尹洙：河南人。按洙令光澤，見宋史本傳，而歐公集墓志云『邵武軍判官』，今兩存之。」按此處所云「洛陽」人、「河南」人，實同指河南洛陽縣。

文體爲之一變，治尤有績。

明陳讓所編之《邵武府志》卷十二〈名宦〉亦云：

> 尹洙，字師魯，河南人，康定（當作天聖）中知光澤縣，內剛外和，
> 博學有識度。一統志云：「邑之學者，專務程文，洙勉勵之以古文爲
> 主，於是學者大悟，爲治尤有績效。」

以上所述，乃師魯在天聖九年（1029）以前仕宦之事蹟。其間，師魯三弟家曾遭大變，巨川於天聖五年（1027）病卒，而巨川妻女則於次年亦相繼亡逝。〔註16〕喪失這位自幼共同嬉戲，一起讀書的愛弟，師魯內心固然十分悲痛，但對於報效國家的滿腔雄心壯志是絲毫無損的。

三、舉書判、服仕西京

仁宗天聖八年（1030），師魯三十歲。

是年六月，仁宗御崇政殿試書判拔萃科。〔註17〕結果，在應選二十四人中只有余安道和師魯二人中舉：余安道入第四等、師魯第五等。〔註18〕即因此師魯遷武勝（即鄧州，屬山南東道）節度掌書記，知伊陽縣（河南嵩縣治）。〔註19〕在知伊陽縣時，縣民中有一自幼即孤苦無依的女子，先是假冒賀姓人家子女，想佔得家產，經鄰居指證其不是之後，賀氏家產悉遭充公。當這位鄰居去世後，此女再度訴請發還被沒收的財產，這件事因缺乏佐證，且時隔久遠，故懸而未結。師魯接辦此事，便問此女年紀？女子回說三十二歲。於是，師魯便按察眞宗咸平年間的戶籍，得知賀氏死於咸平二年，而賀妻劉氏單獨爲一戶，故當場詰問說：咸平五年才出生，怎麼可能姓賀？此女才俯首

〔註16〕據〈故三班奉職尹府君墓誌銘并序〉云：「（臣川）娶木氏，一男一女。木氏及女後巨川一年皆卒。」

〔註17〕據《宋會要輯稿》卷一萬六千三百〈選舉一〇〉言：書判拔萃，歷代設科，頃因五代亂離而停罷，至宋太祖建隆三年，有司上言：「准選舉志及通典，選人有格未至而能試判三條者，謂之拔萃。」而將考判結果依其優劣情形分爲五等，酌授官職。在仁宗天聖七年閏二月，即詔置「書判拔萃」，應選資格則限定「非流外者，如實負材業，不曾犯贓及私罪情輕者，並許授狀，乞應上件科目。」後此科在仁宗景祐二年（1035）廢置。

〔註18〕見《宋會要輯稿》卷一萬六千三百〈選舉一〇〉，頁3。據《長編》卷一〇九「宋仁宗天聖八年六月戊申」條，知余安道以書判拔萃爲將作監丞，知海陽縣。

〔註19〕伊陽縣在宋屬西京河南府，《宋史》〈本傳〉、歐陽永叔〈尹師魯墓誌銘〉、韓稚圭〈墓表〉均載師魯「知伊陽縣」，唯《長編》卷一〇九作「知河陽縣」。河陽縣即今河南孟縣，疑《長編》有誤。

認罪。〔註20〕師魯辦案的明辨，於此可見一斑。

　　伊陽縣隸屬於西京河南府。當時的西京，人文薈萃，才士濟濟。留守錢惟演，文雅樂善，時與幕下文士遊宴吟詠，悠閑愜意。而屬下知名文士，除師魯外，尚有通判謝希深、留府推官歐陽永叔及主簿梅聖俞等人。〔註21〕所以在西京這一段期間，是師魯一生最快樂時光，日與好友永叔、聖俞等議論時事，唱酬詩文。〔註22〕時而興起，便齊赴靈山勝水遊賞一番。在謝希深的〈遊嵩山寄梅殿丞書〉〔註23〕中有這麼一段記載：

> 近有使者東來，付僕詔書并御祝封香、遣告嵩嶽，太常移文合用讀
> 祝、捧幣二員，府以歐陽永叔、楊子聰分攝，會尹師魯、王幾道至
> 自緱氏……午昃，方抵峻極上院，師魯體最溢，最先到；永叔最少，
> 最疲。……又尋韓文公所謂石室者，因詣盡東峰頂。既而與諸君議，
> 欲見誦法華經注僧，永叔進以爲不可。……師魯、永叔扶道貶異最
> 爲辨士，不覺心醉色怍，欵歡忘返，共恨聖俞聞繆而喪眞甚矣。……
> 馬上粗若疲厭，則有師魯語怪，永叔、子聰歌俚調，幾道吹洞簫，
> 往往一笑絕倒，豈知道路之短長也。

　　由此可見，當日師魯在友輩中，身體最稱強健，而永叔則年紀最輕，但體力最差。至於在衛道貶異方面，師魯和永叔則是不遺餘力的，此乃因二人均有心於古道。至於「師魯語怪」一句，正顯示師魯在其剛正嚴肅的個性之外，另有其輕鬆詼諧的一面。

　　明道二年（1033）九月，錢惟演離西京〔註24〕，王曙叔繼任。由於惟演

〔註20〕事見集附錄〈本傳〉。

〔註21〕據《長編》及《梅堯臣集編年校注》知：錢惟演於天聖九年（1031）正月改西京留守，判河南府；歐陽永叔於天聖八年三月中進士甲科，五月任將仕郎、試秘書省校書郎，充西京留守推官，至次年三月方至洛陽上任；梅聖俞調任河南縣主簿則在天聖九年，月份不詳。

〔註22〕西京時事，見諸人詩文集，據《洛陽縣志》卷九〈宦蹟〉載：「歐陽修，……調西京推官，從尹洙爲古文，議論當世事，迭相師友。」卷二十四〈紀事〉又云：「洛中七友：歐陽永叔、張堯夫、尹師魯、楊子聰、梅聖俞、張太素、王幾道。」可見當日文士之盛。

〔註23〕此書作於明道元年（1032）九月，見《歐陽修全集》附錄。而同年，梅聖俞亦作〈希深惠書言與師魯永叔子聰幾道遊嵩因誦而韻之〉回寄，見《宛陵集》卷二及《歐陽修全集》附錄。

〔註24〕據《宋史》卷三百十七〈錢惟演傳〉及《續通鑑》卷三十九「仁宗明道二年九月丙寅」條得知。另據《長編》卷一百十五「仁宗景祐元年七月乙巳」條

留守任內，待師魯等人甚爲寬厚，致眾人稍嫌「遊飲無節」，晦叔接任後曾數加制止，並嘗以寇萊公晚年縱酒招禍之事相告誡。〔註25〕晦叔雖於景祐元年（1034）正月罷任，但對師魯和永叔之文才讚賞有加，並且薦之朝廷，故二人乃得召試充館閣校勘〔註26〕，師魯並遷太子中允，天章閣待制。

四、論范黨事自請從降

景祐三年（1036）五月初，吏部員外郎，權知開封府，范希文上書論建都之事。他認爲洛陽險固，可爲急難時護守中原的都城，而汴京交通便利，適宜太平時通濟天下，所以建議仁宗居安思危，修德服人，但不宜遷都西邊的洛陽。仁宗以此事徵執政呂夷簡，夷簡批評希文做事迂闊不實。希文知道後，便連上四論（〈帝王好尚〉、〈選賢任能〉、〈近名〉、〈推委〉）指斥時政，又上〈百官圖〉暗指宰相升降官員進退不公、遲速失序，把呂夷簡比爲敗亂漢室的張禹〔註27〕，夷簡大怒，向仁宗譖訴希文越職言事、薦引朋黨、離間君臣，希文也交章對析，言辭更加激切，於是被貶知饒州。

當希文被貶時，由於朝廷嚴治朋黨，所以諫官、御史都不敢幫希文辯說，而當時的集賢校理余安道，則以希文言事，聽與不聽在皇帝，不當加罪，宜請更改前命。因此也遭到貶降。

師魯一向十分敬重希文，認爲他待人忠誠正直，心志光明磊落，故以「師

知，錢惟演於景祐元年七月卒於隨州（湖北隨縣），年五十八。
〔註25〕 事見《長編》卷一百十四「仁宗景祐元年閏六月乙酉」條。
〔註26〕 《宋會要輯稿》卷二萬四百八十〈選舉三一〉載：「景祐元年閏六月二十八日，舍人院試前西京留守推官歐陽修，賦優、詩稍堪，詔爲鎮南軍節度掌書記，充館閣校勘，以樞密使王曉薦命試。九月十九日，舍人院試山南東道節度掌書記尹洙，賦三上、詩三下，詔充館閣校勘，以樞密使王曉薦命試。」按此「王曉」即王晦叔（曙），以避宋英宗趙曙之諱故也。《容齋隨筆》卷十六曰：「國朝館閣之選，皆天下英俊，然必試而後命，一經此職，遂爲名流。其高者曰集賢館修撰，史館修撰，直龍圖閣，直昭文館、史館、集賢院、秘閣，次曰集賢秘閣校理，官卑者曰館閣校勘，史館檢討，均謂之館職。」按《宋史》卷一百六十二〈職官志〉亦云：「國初以史館、昭文館、集賢院爲三館，皆寓崇文院。……直秘閣、直館、直院則謂之館職，以他官兼者謂之貼職。元豐以前，凡狀元制科一任還，即試詩賦各一而入，否則用大臣薦而試，謂之入館。」
〔註27〕 《范文正公集》〈年譜〉載其言云：「漢成帝信張禹，不疑舅家，故有王莽之亂。臣恐今日朝廷亦有張禹壞陛下家法，以大爲小，以易爲難，以未成爲已成，以急務爲閒務者，不可不早辯。」

友」之禮相待。當希文被降黜，師魯即呈狀乞請從降。〔註28〕他自認爲與希文義分深厚，縱使不曾受希文推薦也應該從坐，何況自己實曾被希文薦論。狀中言詞切直，觸怒了宰相，於是即被貶爲崇信軍節度掌書記，監郢州（湖北鍾祥縣治）酒稅，尋改唐州（河南泌陽縣治）。

在師魯之後，歐陽永叔亦致書斥責右司諫高若訥，不但未能爲希文辯解，還加以譏詆、以爲依理當黜，實在沒有面目見士大夫、不知羞恥。高若訥即將永叔書繳進，於是永叔也被貶謫爲夷陵縣令。〔註29〕

在希文、師魯等人被斥逐後，西京留守推官蔡君謨便作了一首〈四賢一不肖詩〉，來稱頌希文、安道、師魯、永叔，並斥責高若訥的無恥。〔註30〕而蘇子美當時雖在守父喪，但仍上疏朝廷，請廣納諫言，息寢前詔；並寫詩來慰勉師魯等人遠邁的義行。其詩云：

> 朝野蔚多士，衰然良可羞。伊人秉直節，許國有深謀。大議搖巖石，危言犯采疏。蒼黃出京府，憔悴謫南州。引黨俄嗟尹，移書遽竄歐。安懫言得罪，要避曲如鉤。郢路幾束馬，荆川還泝舟。傷心眾山集，舉目大江流。遠動家公念師魯父作牧于東川，深貽壽母憂永叔有母垂老。橫身罹禍難，當路積仇讎。衛上寧無術，元宗非所優。吾君思正士，莫賦畔牢愁。（《蘇學士集》卷六〈聞京尹范希文謫鄱陽尹十二師魯以黨人貶郢中歐陽九永叔移書責諫官不論救而謫夷陵令因成此詩以寄且慰其遠邁也〉）

其後，石曼卿亦作〈平陽代意寄尹師魯〉一首〔註31〕，感慨師魯等人有心國是，卻因讒被貶，徒令人感憤而莫可奈何。其詩云：

> 十年一夢花空委，依舊山河損桃李。
> 雁聲北去燕西飛，高樓日月春風裡。
> 鷁北石州山對起，嬌波淚落妝如洗。
> 汾河不見天南流，天色無情淡如水。

〔註28〕即文集卷十八〈乞坐范天章貶狀〉。
〔註29〕慶曆「朋黨」事件，史多有載，尤以《宋史紀事本末》爲詳，其卷五〈慶曆黨議〉（頁38～64）專述此事之前因後果，可參見。
〔註30〕見《端明集》卷一。
〔註31〕宋、江少虞撰《事實類苑》卷三十四、卷四十八分別引《廬陵歸田錄》及《名賢詩話》云：石曼卿自謂平生詩作，以〈平陽代意寄尹師魯〉一篇最爲得意，於後曾託夢其友關永言（詠）引度，於是天下爭歌之。《宋詩紀事》卷十有曼卿此詩，注中並言：《澠水燕談》亦載此事。

次年三月，師魯父親卒於鄆州任，享年七十一。〔註32〕明年十一月，師魯將父親及巨川靈櫬葬於河南壽安，並作〈故三班奉職尹府君墓誌銘并序〉（卷十四）哀悼其弟。在此年春天，師魯作了一篇〈伊闕縣築堤記〉（卷四）贊歎伊闕縣令能為民捍災慮患，較當時只顧慮己的官吏更接近古道。

寶元二年（1039），除父喪。六月，復為太子中允，知長水縣（河南洛寧縣西南）。〔註33〕秋冬之際，以同門師兄弟李之才的懷才不遇，特致書友人葉道卿（清臣），請其保薦於朝廷，使能盡其才幹，受用於世。〔註34〕

五、簽書經略判官、効力西疆

西夏趙天昊自寶元元年（1038）多自稱大夏皇帝叛宋以來，一直侵擾西疆，仁宗乃於次年六月削趙元昊賜姓、官爵，並在陝西用兵。

康定元年（1040），師魯四十歲。此年是師魯一生中最意氣風發的一年，因為他有志報國、効力疆場的心願終能實現。三月，由於涇原路副都署葛懷敏的辟舉，得權簽書涇原、秦鳳兩路經略安撫判官公事，開始發揮他在國防、軍事運籌帷幄的才略。〔註35〕

五月，朝廷以韓稚圭、范希文二人為陝西經略安撫副使，以輔助夏竦經略西邊。稚圭等人即辟舉師魯為陝西路經略安撫判官。

甫上任的師魯，即連續上疏，討論兵事〔註36〕，今見於集中卷十九的數篇箚子，即是此時所奏。論奏大略為：〈乞便殿延對兩府大臣議邊事〉一篇，認為兩府執政參議邊事的時間過短，為免西虜寇邊時處置有失便宜，請朝廷早作審慎守禦之對策。〈乞講求開寶以前用兵故事〉一篇，主要在請求獎勵戍邊將士，並仿太祖「輕秩假權」、「厚賜重名」等統御邊臣的故事。〈論諸將益

〔註32〕見《端明集》卷三十七〈尚書虞部員外郎尹公墓〉。

〔註33〕按歐陽永叔〈尹師魯墓誌銘〉及《洛陽縣志》卷九〈職官〉均云：「知河南縣」，韓稚圭〈尹公墓表〉及《長編》卷一百二十三皆作：「知長水縣」，今從後者，以〈尹公墓表〉言「知河南府長水縣」，且稚圭敘師魯事較詳之故。

〔註34〕文見集卷六〈上葉道卿舍人薦李之才書〉。按李之才，字挺之，嘗事穆伯長為師，伯長授以《易》，後邵康節即受學於挺之，事見《河南穆公集》〈穆參軍遺事〉。

〔註35〕事見《長編》卷一百二十六「宋仁宗康定元年三月癸酉」條。按宋仁宗時分陝西沿邊為四路：（一）秦鳳路、（二）涇原路、（三）環慶路、（四）鄜延路，可參見《宋史》〈兵志〉卷一百九十至一百九十一部分。

〔註36〕事見《長編》卷一百二十七「仁宗康定元年六月甲申」條。

兵〉二篇，則在論述邊兵短缺、僅足自守的情形，他擔心若爲西夏探知虛實，引眾前來，大事掠奪，則邊害不輕，故請速增諸將兵員，以強邊備。〈論遣將不當強而使之〉一篇，則有感於邊將並非都有決戰卻敵之心，尙且有自求退免而強使擔任者，如此不能因材適任，必將貽害邊疆，故請朝廷用人首在盡其才、適其用；〈乞減省寨柵〉一篇，是請求將兵馬聚集大將之處，把無濟於事的寨柵減省或廢置，使大將能臨事靈活調度，俾做好防禦準備；〈乞計置邊事特出睿斷〉一篇，則強調「兵貴神速」的道理，請皇帝在作任何更置之時，不可猶豫淹久，而錯失行事良機。另外，師魯受命西行時，有人自薦材勇而請隨行，乃因太祖任邊將李漢超等人故事，作〈乞帥臣自募傔從〉箚子，俾能量度需要，徵募傔從，以爲親信。爲了擴充兵員，充實邊備軍力，並減省國家費用，師魯有〈乞省寨柵騎軍〉與〈乞募士兵〉二策；爲免因用兵而耗竭國庫，師魯又援引漢制，上〈乞鬻民爵以給募兵之用〉一箚，期能「不益賦于農畝，不重斂于富人」，而充實邊用。至於邊塞事機，雖有奏箚上呈，然非面陳不得詳盡，所以師魯又有〈乞半年一次詣闕奏事〉二首，請求逐季或半年上殿一次，詳陳邊備事宜。赤膽忠心，可謂溢於言表。

　　十一月，朝廷以鄜延部署司指使狄漢臣（青）爲涇州都監。漢臣前在臨敵作戰時，喜披頭散髮，戴銅製面具，出入戰陣，敵軍都望風披靡，不敢抵擋。師魯時任經略判官，漢臣以指使身分來見。師魯與他談論兵事，善其臨敵制變之略，於是即向經略安撫副使韓稚圭和范希文極力推薦，並云：「此良將才也。」二人喜其才略，也禮遇有加。希文以《左氏春秋》授之，並告誡說：「將不知古今，匹夫去勇耳。」漢臣於是折節讀書，悉通秦、漢以來之將帥兵術從此更加知名。〔註37〕漢臣得逢知遇，師魯的功勞不小，故日後漢臣在邊事軍政之處置上與師魯合作無間，實緣於此。

六、見危發兵、再遭貶降

　　西夏元昊叛宋擾邊，仁宗甚爲關切。康定元年（1040）八月，晁宗愨爲參知政事，乃親至永興（陝西長安）議邊事，而當時的陝西都部署兼經略安撫使夏竦，曾奏以兵將尙未習練，大軍未可輕舉。後劉繼宗等人於三川寨失利，仁宗復以手詔問出師時日，夏竦乃謀畫攻守二策，遣副使稚圭及判官師

〔註37〕見《宋史》卷二百九十〈狄青本傳〉及《續通鑑》卷四十二「仁宗康定元年
　　　十一月丁卯」條。

魯二人馳赴京師請示。師魯行前有〈答黃秘丞書〉（卷六），對於能夠赴闕議論軍策甚感欣慰，並表示將竭盡所能，希望不負使命，他說：

> 近聞承詔，當至都下一吐奇論、盡發胸中所蘊，使識者聞之，知處置得失與軍之勝敗盡繫於人，爛然無疑。今不即用，猶足警異時，豈不壯哉？

熱切報國之豪情，形諸筆墨間。

十二月己亥，稚圭與師魯入對崇政殿。在此之前，朝廷曾遷稚圭爲禮部郎中，而加師魯集賢校理，唯稚圭不受。入對後六日，仁宗親詔鄜延、涇原兩路，取正月上旬共同進兵入討西夏，並令開封府、京東、京西、河東諸路搜求驢馬五萬匹，以備西討。

朝廷既用師魯等所謀畫的戰略，乃先期戒定諸路出師的時間，但當時知延州的希文，卻於慶曆元年（1041）正月六日上書，以正月內起兵，軍馬糧秣動逾萬計，而入塞外雨雪大寒、險阻之地，容易爲敵所乘，乃請以春暖時再出師。又以鄜延路是舊日進貢之道，請朝廷留此路，只令諸將勒兵嚴備，若敵人侵犯則加以還擊，而自己則乘軍隊尙未進討之前，向各蕃族進行招納，如果招撫無效，再行舉兵，先攻取綏、宥等地，並據要害處屯兵營田，以爲持久之計。次日，仁宗即應可希文的請求，但仍下詔希文與稚圭、夏竦等人共商，俾隨機應變，乘便出師。

正月二十六日，師魯奉經略使夏竦牒令，到延州與希文商討行軍次第及軍需物資。〔註38〕但希文見到師魯時，未即告知旨意，待過三日，才徐言已得皇帝許可，「聽兵勿出」。師魯以原定戰略是鄜延、涇原兩路同時並進，今若只出涇原一路，則側進路分，便無討伐次第，不足以張大聲勢，互相支援，爲此停留延州將近二十天，而希文則始終堅持不肯出兵。

二月十五日，師魯離開延州，轉赴環慶路計議。二十二日到達慶州，乃知任福等於山外敗創，又聞副使稚圭所差指使李貴稱：本月十九日賊馬再來侵擾劉磻堡，當時鎭戎軍主兵官只朱觀一人，情勢危急。師魯以爲稚圭雖已抽撥安寨、振武兩指揮兵士赴鎭戎軍，而蕃落、保捷兩指揮都在西谷、柔遠

〔註38〕按師魯到延州與希文計議的日期，據卷二十之〈奏爲乞令環慶路與涇原路相應廣發兵馬牽制賊勢事〉自言爲正月六日，然同卷〈奏爲近差赴鄜延路行營其兵馬乞移撥往環慶路事〉則言正月二十六日。今據《續通鑑》卷四十三「仁宗慶曆元年正月己亥」條云：「經略安撫判官尹洙以正月丙子至延州」推算，從朔日辛亥至丙子恰好是二十六日，故知後者爲是。

　　兩寨，距劉磻堡須三日行程，所謂「遠水救不了近火」，待援軍趕至，恐已誤事，故急遣環慶路都監劉政率銳卒數千往援。然援軍未到，夏人已引師歸去。

　　師魯此次發兵，雖已牒知都部署夏竦〔註39〕，但尚未獲得許可，故被夏竦以「不曾稟候旨命」爲由劾奏，遂遭貶降，通判濠州（安徽鳳陽）。

　　在夏竦未劾奏前，師魯曾向其說明當時「事出倉卒，所謂失火之家，不暇白大人而救火。」如果「以此加罪，誠不敢辭」，但望能「原其初心，少賜寬假。」〔註40〕然而，師魯的希望終究落空了。

　　好水川之役（即山外之戰），任福諸將力戰而死；而慶州通判耿傳，亦因稚圭之規諷而參與任福行營軍事。當宋夏兩軍交戰時，行營都監武英曾因耿傳爲文吏，並無軍責，而勸其避去，然耿傳不顧危險，奮勇指揮，終受重創，死於陣中。事後有人將戰役的失敗歸咎於任福貪功失計、耿傳督將冒進；師魯則悲憫任福等既已爲國死義，復蒙「喪兵沮威」之詆，故作〈憫忠〉（卷三）一篇，說明任福所部皆非平素撫循之師，而「臨敵受命」、「法制不立」，又「分出趨利」〔註41〕，才致敗績；希望朝廷能勸勵節士，「無使謀其身者終其幸，死義者重不幸」。又悲耿傳既已戒眾持重，待其謀不見用時，又能從陣奮戰，卻不免於受誣，故作〈辨誣〉（卷三）一篇爲其雪冤。〔註42〕

　　師魯通判濠州約一年半，因稚圭奏舉，得加直集賢院，移判秦州。〔註43〕慶曆二年閏九月，師魯曾奏論當時朝政的弊病，力陳「命令數更」、「恩寵過濫」、「賜與不節」之害，詞語切直，仁宗甚爲嘉許。次年正月，召爲太常丞，

〔註39〕文集卷二十〈奏爲到慶州聞賊馬寇涇原路牒劉政同起發赴鎮戎軍策應事〉爲上朝廷之箚子，而同卷之〈奏爲擅易慶州兵救援涇原路事〉則是師魯發兵當時向夏竦所作的報告。

〔註40〕見卷六〈上陝西招討使夏宣徽小啓〉。

〔註41〕見《長編》卷一百三十一「仁宗慶曆元年三月」條。

〔註42〕任福、耿傳，《宋史》有傳（於卷三百二十五）。按朱東潤《梅堯臣集編年校注》卷一、頁8引夏敬觀云：「考《宋史》，耿傳字公弼，河南人，曾爲伊陽縣尉，〈任福傳〉引作耿傅，〈尹洙傳〉引作耿傳，《宋史》已互異，當係〈尹洙傳〉引作『傅』者爲誤。」

〔註43〕師魯通判秦州之確切年月不可考，蓋永叔〈尹師魯墓誌〉及《東都事略》卷六十四僅言師魯之得通判秦州，乃因稚圭所奏，然長編卷一百三十七「慶曆二年閏九月壬午」條云：「太子中允集賢校理通判秦州尹洙直集賢院。」是知師魯通判秦州當在此月之前。《大清一統志》「揚州府」卷三〈名宦〉云：「尹洙，河南人，韓琦知秦州，辟爲通判州事。」按秦州在今江蘇省秦縣，與陝西天水絕遠，而師魯亦未嘗通判秦州，故此當爲《大清一統志》誤「秦」爲「泰」而錯置於此。

知涇州（甘肅涇川縣）；七月，改右司諫，知渭州（甘肅平涼縣治），兼管勾涇原路安撫都部署司事。

同年十月，狄漢臣因動用公使錢事遭株連，內心惶懼不安，師魯以其「素來謹畏小心」、「于公用錢物，即無毫分私用」，朝廷不該「以細微詿誤，令其畏懼如此」，故請「特降朝旨，曉諭狄青，庶令安心，專慮邊事。」〔註44〕

七、罷修水洛城、惹訟纏身

慶曆四年（1044），師魯四十四歲。先則有修築水洛城之纏訟，後則有愛子之猝逝，可說是師魯一生中最困頓多事的一年。

水洛城之地，原爲宋秦鳳路德順軍（甘肅靜寧縣）一帶「生戶」所有，慶曆三年十月獻於宋。〔註45〕陝西經略安撫招討使鄭戩，以其地通秦州往來道路，廣大肥沃，若就地築城，招撫蕃酋，可多得蕃兵及弓箭手以禦西夏，「實爲封疆之利」，朝廷從其請求。但陝西宣撫使韓稚圭則以築水洛以通秦州、涇原之土功耗費龐大，且須分兵屯守，實爲不便，且謂「今近裏要害城堡尚多闕漏，豈暇于孤僻無益之處，枉勞軍民？」，故上奏罷修。〔註46〕

當時，師魯亦認爲開拓疆土、統制四夷，雖是消弭邊患、強盛中國的舉措，卻不可無謂浪費民力、耗損國用，所以修築水洛城事，他根據多年的實

〔註44〕狄漢臣動用公使錢事，據《長編》卷四十六「仁宗慶曆三年十月甲子」條載歐陽永叔所奏，爲受滕宗諒案牽連；然師魯文集卷二十一〈論雪部署狄青回易公使錢狀〉則未言及，因當時之邊臣張亢、种世衡亦以動用公使錢而被勘鞫，故師魯只針對漢臣本身論奏。

〔註45〕《續通鑑》卷四十六「仁宗慶曆三年十月甲子」條，載陝西經略安撫招討使鄭戩言：「德順軍生戶大王家族元寧等以水洛城來獻。」畢秋帆（沅）《考異》云：「慶曆所築之水洛城，今在甘肅靜寧州西南，宋時屬秦鳳路。元豐所築之永樂城，今在陝西米脂縣南，宋屬鄜延路。兩城相距甚遙，地名亦異。《涑水記聞》并爲一地，皆作永洛，誤甚。蓋校書者不諳地理，妄有改易，溫公不當有此失也。王介甫撰〈孫抗墓碑〉，亦誤以水洛作永洛。」按今傳師魯文集除王跋本與四部叢刊本作「水洛」外，餘本均作「永洛」，且《范文正公集》四部叢刊本亦作「永洛」，今據台灣商務印書館所出版之《中國古今地名大辭典》（謝壽昌等編、陳正祥續編，民國71年11月臺六版）所載「水洛縣」、「水洛川」（均頁164）、「永洛縣」（頁226）諸條解說及畢氏《考異》所云，定爲「水洛」。

〔註46〕鄭戩請築水洛城之奏議，見《續通鑑》卷四十六「仁宗慶曆三年十月甲子」條；稚圭奏罷修之議，《長編》卷一百四十五及《涑水記聞》卷十一均作「慶曆三年十二月」，《宋會要輯稿》卷四千七百十一則云：「慶曆年正月」。

務經驗，舉出四項弊害。其中並不包括動用眾多勞力及龐大經費在內。他說：

> 臣竊較計利害，爲國家之害有四，而無一利焉。自賊昊擾邊，王師
> 屢屈，非以地不廣大而不能抗也，……以寡眾之勢不相侔也。……
> 此城既成，必分兵戍之，緩急賊至，則所備益多，所用益寡，所謂
> 「弱我兵而強敵勢」，此爲害一也；山外諸城本無稅籍，自西鄙用
> 師，大增屯兵，今年糴入中數且不足，猶令諸郡輸送。……此城既
> 建，須益發近邊之民，輸粟以給其用，不獨勞苦，且虞寇鈔之害，
> 倘復發兵援送，則所費彌廣，所謂「重傷民力、增損國費以事無用
> 之地」，此爲害二也；朝廷命將出師，勞弊天下。禦之不能勝，綏之
> 不能伏，爲我之寇讎者，賊昊而已。西蕃種類與國家本無纖介之隙，
> 今無故攘其地而置城寨，又前後誅斬首級亦已數百，外不足揚威于
> 賊昊，內實樹怨于種落，非計之得也。……所謂「爲國生事而無損
> 于寇讎」，此爲害三也；賊昊前寇山外，獨黨留、麻毡部落氣類附虜
> 爲虐，不聞水洛種族藉虜勢爲邊患也。今則通賂于虜，事已明白，
> 此城若建，凡此種類必召寇爲援，與爲鄉導。……臣恐山外之危亡
> 自茲而始，此爲害四也。（卷十八〈論城水洛利害表〉）

師魯以築水洛城有「分兵」、「輸粟」、「生事」、「召寇」四項弊害，故贊成罷修。
至於鄭戩所謂可以「通秦渭之救兵」、「爲國家之利」，師魯亦不以爲然，他說：

> 夫救援之兵，驟出不意或可以取勝。今既城水洛，虜知救兵必出于
> 此，當先據便地以待有師，且救援之兵不過數千，勞逸勢殊，豈能
> 與虜較勝負者哉？（同上）

當韓稚圭請罷修水洛城的同時，亦請罷陝西四路都部署，而改逐路置都
部署，故朝廷於慶曆四年二月以鄭戩爲永興軍都部署，兼知永興軍。戩雖已
罷四路都部署，但仍極言城水洛之便，以爲興作不可罷，令劉滬、董士廉照
常督役。師魯與狄漢臣既相繼論列修城有害無益，一時內外議論紛紜，朝廷
乃於三月派遣鹽鐵副使魚周詢、宮苑使周惟德前往探察利害。

鄭戩既罷四路都部署，師魯便將原在水洛支援的涇原都監許遷調回，又
通知劉滬、董士廉二人立即停工，並撤回。然劉、董二人以「屬部既集，官
物無所付，又恐違蕃部意，別生他變」〔註47〕爲由，一再抗命，師魯乃以瓦
亭寨都監張忠代劉滬之職，劉滬又不接受。不得已，師魯乃命狄漢臣以巡邊

〔註47〕引《續通鑑》卷四十六「仁宗慶曆四年三月甲戌」條語。

之名，至山外將劉滬拘捕。師魯在〈又答秦鳳路招討使文龍圖〉（卷九）中曾詳述其原因和經過說：

> 二月十九日得元帥牒云：「被朝旨，驟舉此役。」於是抗章條其利害，
> 狄部署亦自削，奏語尤切。至二十二日，見詔書罷四路。是夕得旨，
> 令具興修利害條上，於是知朝廷前未有旨令舉此役，乃亟召許遷等
> 還，此劉滬者獨以所將兵興其役。始，以文諭之，不答。差指使召
> 之，不至。又命瓦亭都監張忠代將其兵，亦不受命。某與狄議，此
> 而容之，是節制不復行於下。於是狄假以巡邊，至山外，命散其部
> 兵，然後滬就拘。

師魯所以拘捕劉滬，即著眼於鄭戩矯傳朝旨在先，而劉滬違命於後。士在疆場，首重法紀。此次若予縱容，往後便無法節制部屬，出此下策，實在深非得已，所以他在答文寬夫時又說：

> 滬樂功名、有膽要，亦可惜；然違戾如此，無以貸也。同年董士廉
> 者，老困可哀，某以三書諭之，令其歸雍，卒不見從，遂同被繫。
> 然滬等所執文符，皆鄭公罷後所發，不知何謂也？某平居好議論，
> 至於起獄以取直，豈某心邪？（同上）

師魯生性剛正而淡泊，本不願「起獄以取直」，然而卻因雙方政策利弊的看法不同，加上鄭戩罷使後的越職、劉滬的抗命，終於釀成兩敗俱傷的局面。

當狄漢臣拘送劉、董二人往德順軍，朝廷大臣亦為水洛城事爭得不可開交，唯議論多偏向劉滬〔註48〕，鄭戩更以「洙等既知築城已就，又聞朝廷專委魚周詢定奪，更難以利害自陳，便欲圖陷滬等」〔註49〕譖訴於上，魚周詢也奏稱水洛城將完工，只女牆未就，棄之可惜，於是又詔釋劉滬、董士廉，令其修築完成。

慶曆四年五月，師魯即因水洛城事徙知慶州（甘肅慶陽縣）〔註50〕，旋因新知渭州孫沔以病重為由請復知慶州，乃改知晉州（山西臨汾縣），然又因

〔註48〕以劉滬為是，師魯、漢臣為非者，計有孫之翰、余安道等人；以師魯為是、
　　　　劉滬為非者，僅見稚圭之奏。而永叔、希文之奏議，雖有兩全之請，然觀其
　　　　意，實以劉滬為是。諸人奏議均載於《長編》卷一百四十七至卷一百四十九。
〔註49〕引《長編》卷一百四十八「仁宗慶曆四年四月庚子」條語。師魯文集卷二十
　　　　一〈乞與鄭戩下御史臺照對水洛城事狀〉亦載當劉滬被拘後，鄭戩之黨人散
　　　　播不利師魯與漢臣之謠言二則，師魯均加辯明。
〔註50〕據《涑水記聞》卷十言，除師魯被徙慶州外，劉滬亦被降二官，董士廉則徙
　　　　為他路官。

前任知州在任未滿一年，於是只好命師魯稍待官闕。師魯懷疑這是鄭戩譖訴所致，乃上奏〈乞與鄭戩下御史臺照對水洛城事〉（卷二十一），朝廷不從其請，遷師魯爲起居舍人，直龍圖閣，知潞州（山西長治縣）。歐陽永叔〈尹師魯墓誌銘〉言師魯在知潞州任內：

> 爲政有惠愛，潞州人至今思之。

八、上疏論朋黨

慶曆四年十月，蔡君謨以親老爲由，乞歸鄉郡，乃以右正言、知福州。同月，石守道亦補外，通判濮州。對於此事，師魯以爲剛直有爲之士既相繼出京，如范希文於五月出任陝西、河東路宣撫使，富彥國、歐陽永叔於八月分別出任河北路宣撫使及都轉運按察使，朝廷將成權佞者之天下，於是上疏問道：

> 今又聞蔡襄出福州，未審襄以親自請？爲以過斥？若以過斥，豈當進其官秩？若以親請，則襄任京師不三四年，已再省其親，士大夫去遠方而任京師者，孰不念其親，豈獨襄得遂其私恩哉？（卷十八〈論朋黨疏〉）

故其結論是「襄之不當出明矣」。師魯深恐君王身側若無一二耿介之臣，則政令必受小人所惑，後果將不堪想像。

十一月，朝廷又發生了一件師魯所憂慮的事，即權倖小人爲了奪權，不惜排擠賢良、傾軋忠正，甚至加以誣陷。當初杜世昌、范希文、富彥國共掌朝政時，曾薦引一些才俊，如蘇子美、王勝之等，想要更張國事，而御史中丞王拱辰一批人則以爲不便。蘇子美既是杜世昌女婿，又是希文所薦，他以文章知名，議論又無顧忌，權貴多銜怨在心。當進奏院行祠神禮之後，子美按例用鬻賣故紙的公錢召歌妓、管絃宴待賓客，王拱丞獲悉，即囑其部屬魚周詢、劉元瑜等上章劾奏，想藉此動搖杜、范權位，結果子美及監進奏院劉巽即坐「自盜」除名、停職。同案被牽連的尚有王勝之、江休復、王洙、宋敏求等知名之士。〔註51〕此事，師魯在〈答鎮州田元均龍圖書〉（卷十）中說出了心中的憂慮：〔註52〕

〔註51〕此事詳見《續通鑑》卷四十七「仁宗慶曆四年十一月甲子」條及畢秋帆《考異》。

〔註52〕師魯在同卷的〈答河東宣撫參政范諫議啓〉、〈答河北都轉運歐陽永叔龍圖書〉中，亦表達了對此種「讒勝賢絀」現象的憂心。

近聞京師以微過多斥善士，蔡君謨、石守道相次外補，未知其然？去年來，朝廷凡所更置，亦有所存雖高而事不下接者，自非聖人，未能無過。至於進用，皆天下賢士大夫，大抵治平之漸也。聖上聰明，任人不疑，而奸人忌賢醜正，務快己意，其下愚如此！今勢尚微，恐其漸熾，所斥不止於蔡、石也。某豈私於數君哉？所慮者讒勝賢絀，則國家憂患豈止於四夷哉？

對於小人之讒絀賢良，固感憂慮，對於天子之任賢不能用終，師魯更表悵憾。就在仁宗下詔不得交結朋黨、構織羅陷之時（慶曆四年十一月己巳），師魯即上書抗論道：

臣聞「知賢而不能任，任之而不能終，於治國之道，其失一也。」去年朝廷擢歐陽修、余靖、蔡襄、孫甫相次爲諫官，臣甚慶之……，所慮者任之而不能終耳。……夫今世所謂朋黨，甚易辨也。陛下試以意用者姓名詢于左右曰：「某人爲某人稱譽。」必有對者曰：「此至公之論。」異日其人或以事見疏，又詢于左右曰：「某人爲某人營救。」必有對者曰：「此朋黨之言。」昔之見用，此一臣也；今之見疏，亦此一臣也，其所稱譽與營救一也，然或謂之公論，或謂之朋黨，是則公論之與朋黨，嘗（當作常）繫於上意，不繫於忠邪，此御臣之大弊也。（卷十八〈論朋黨疏〉）

師魯以爲知人、任人尙屬易事，要做到不受間言，始終信任則難，其中關鍵即在於人主的信念是否堅定。所以，疏名雖爲「論朋黨」，卻不謂永叔、君謨等人是否眞朋比黨同，而以人主、宰臣的領導統御者觀點爲言，可說是直中肯綮。王夫之《宋論》在批評仁宗朝政局時即說：「仁宗耽受諫之美名，慕恤下之仁聞，欣然舉國以無擇於聽。」且「所賴有進言者，無堅僻之心，而持之不固。」（均見卷四，頁 78）造成天下無所遵循的現象，這些都是任賢不能終其用的弊害。

師魯認爲大臣之道在好善惡惡，任己以持天下之平；而天子之道則在居靜以聽天下之公，不因臣民之頷讚、勸諫而喜怒於心〔註 53〕，所以天子治理朝政，宜從大體著眼，不斤斤於任察爲明等末節。他在爲進奏院飲會之事所上的〈論朝政宜務大體疏〉（卷十八）中即說：

臣聞至治之本，在於務大體，不在乎任察也。漢明帝察察、唐德宗

〔註53〕參見王夫之《宋論》卷四「仁宗」，頁 86。

以察爲明，皆著譏前史，非盛德之論，然而眾之所好惡必察之，臣
下忠邪必察之，非謂究發隱微作爲聰明者也。……伏惟陛下采漢臣
窺私之誠，鑒吳主校事之弊，因慶澤之後，發寬大之詔，明諭臣下，
凡有纖介之惡，非虧損教誼、侵害民物者，勿復以聞；至若暴亂之
萌、驕僭之原，誣罔朋比、循私滅公，此王誅之所先，願陛下留神
聽察，無志其細而遺其大，則善者聳而惡者戒矣。

「究發隱微」、上下相伺，只會讓臣下動輒得咎，使風氣更加澆薄冷酷，這非
國家之福，也非所謂的「盛明之治」，故希望朝廷不要「志其細而遺其大」，
才能達到獎善勸惡的眞正目的。

九、晚年喪子

自西邊動亂以來，師魯一直爲國、爲友殫精竭智的奉獻心力。本來對於
宦場之升沈，師魯並不在意，然而世事多舛，偏又家庭迭生變故，喪子之痛，
對他的打擊則不可謂不深。

在慶曆四年以前，師魯僅有三男，次男早死〔註54〕，而長男與三男又在
慶曆四年相繼逝去，更令師魯神傷。據師魯在知晉州後所作〈答諫官歐陽舍
人論城水洛書〉（卷九）中所云：

蒙專遣腳力致手誨，何朋友之過厚也。仍以某近喪長子爲慰。某始
三男，中男往歲多病，襄城道中物故者也。幼子三歲，美慧可愛，
三月在渭失之。長男壯大，與姪植皆門戶所倚者，一旦同逝，人生
孤苦至此，處世復何聊賴？

師魯在六月知晉州，八月知潞州，故此書應作於慶曆四年六、七月間。由此
推算，則師魯長子尹朴當卒於慶曆四年夏，而第三子則在同年三月亡於渭州。
四月之內連喪二子，其哀痛可知。

師魯在〈答樞密韓諫議書〉（卷十）中，也見出失子之痛：

自使節還都，不敢輒上牋記，伏蒙深賜體亮，特降手教，兼以某兒

〔註54〕其中男之喪，雖謂在往襄城道中物故，然不知其確切年月，唯永叔〈尹師魯
墓誌銘〉中有「師魯凡十年間三貶官，喪其父，又喪其兄。有子四人，連喪
其三」之語，則中男之亡應在景祐三年（1036）至慶曆四年（1044）之間，
而師魯於景祐三年被貶到崇信軍，後徙郢州、唐州，此三處均京西南路，其
路治即襄陽，故師魯中男之亡應在此時。

姪喪亡，曲加存慰，不勝感涕。姪植、男朴，俱爲門戶所托。〔註55〕
朴又嘗以文贊左右，蒙國士之顧，本謂此兒終爲門下之用，何期不
幸，一至於此。某在秦所生一兒，亦前此失之。年將五十，未有繼
嗣，未嘗不中夜撫心，對客吁嘆。若使憂能傷人，亦恐不復再奉顧
盼矣。

對於這接踵而來的不幸遭遇，師魯並沒有怨天尤人，只是連串的挫折，
使他心力大爲憔悴，歐陽永叔在〈與尹師魯（第三）書〉中便記道：

自西事已來，師魯之髮無黑者，其不如意事多矣。人生白首矣！外
物之能攻人者，其類甚多，安能尚甘於自苦邪？（《歐陽修全集》卷
三「居士外集二」）

蘇子美在〈哭師魯〉詩中也回憶當時師魯的容貌說：

君顏白如霜，君語清如流。……青燈照素髮，酒闌氣益道（《蘇學士
集》卷四）

年方四十幾，而髮已盡白，其國事、家事兩相憂煩煎逼的情形，是可想而知的。

十、因動用公使錢事三度被貶

慶曆五年三月（1045），子漸卒於河內郡（河南沁陽），享年五十。

子漸卒後不久，師魯便遭董士廉控告：指其知渭州任內「專擅將官錢數
百貫入己使用，并借官錢與官員還債，并支出軍資庫錢」，並稱此事已經都轉
運使程戩派員察勘得實；師魯認爲控告與事實不符，所以答辯道：

臣勘會渭州應係官錢，及公使錢，各有監主及文曆拘管，乞下本州
勘會，及將臣任內公使錢文曆驅磨，即見得有無欺隱。所有借錢與
人還債，臣初到任，爲禮賓副使孫用曾于廓延路在狄青手下使用得
力，本人爲自軍職授官，在京借卻人錢物，遂與狄青各借與公使錢，
本官與料錢內還納。所有軍資庫，自有通判錄事參軍管勾，臣即不
知落下赤曆因依，乞下本處勘會轉運司差官磨勘，得見何人侵欺，
後來作何行遣，即知諧實。〔註56〕（卷二十二〈奉詔分析董士廉奏

〔註55〕對於長子尹朴，師魯曾自謂：「吾道之克傳，吾門之所寄，在此兒也。」其事
蹟詳見韓稚圭《安陽集》卷四十七〈故河南尹君墓誌銘并序〉。又尹朴之妻，
乃王師黯（汲）之四女，事見師魯〈故朝奉郎太子中舍知漢州雒縣事騎都尉
王君墓碣銘〉（卷十三）所云。
〔註56〕對於動用公使錢事，師魯文集卷二十五〈分析公使錢狀〉亦曾詳加辯明。

臣不公事狀〉）

而此時，監察御史李京也奏稱：韓琦因處置邊機不當被罷樞密副使的過錯，完全由師魯所引起，所以也請一并責罰。師魯即奏請和李京質辯（即卷二十二〈覆奏監察御史李京箚子狀〉），然而宰相陳執中、章得象等與杜世昌、范希文、韓稚圭、孫之翰等人早有閑隙，在此之前即已誣謗希文等人爲朋黨，如今既發師魯貸公使錢事，便遣殿中侍御史劉湜前往渭州鞫問。雖然劉湜百般治問，終無所得，但仍藉坐貸公使錢事追回師魯起居舍人、直龍圖閣二官，並貶爲崇信軍（湖北隨縣）節度副使，他在〈答江休復學士書〉（卷十一）中敘述這次治罪的經過說：

> 自河內之喪，便有平涼之行。盛夏就獄，窮治百端，辛無毫末自潤
> 之污，遂得在外聽旨。只用不合貸與部將錢，經赦不改，正催收。
> 徒流三千里，私罪當追二官，遂有漢東之命。

對於這次貸錢事件，師魯「自謂無愧於人」（卷十一〈別南京致政杜少師啓〉語），但何以被追官、貶職？《長編》直指爲：「湜頗傅致重法，蓋希執政意也。」〔註57〕

　　師魯到隨州，是在慶曆五年七月，當時天氣炎熱，同行家屬多罹患瘧疾，幸好都能痊癒。環境雖差，但他並沒有抱怨，反而覺得讀書愈來愈有味道，他在〈答揚州韓資政書〉（卷十）中說到：

> 到隨，賤屬多患瘧疾，盡得平愈。食物甚賤，私用雖窘而不乏，讀
> 經書益有味，體力亦無疲耗，不煩賜念。〔註58〕

〔註57〕見卷一百五十六「慶曆五年秋七月辛丑」條。又關於貸用公使錢一事，據近人林天蔚〈宋代公使庫、公使錢與公用錢間的關係〉（收錄於中華叢書編審委員會所編《宋史研究集》第七輯，頁408）云：「『公使庫』是地方機構，但負責籌募與運用『公使錢』。同時，因須籌募經費，故有頗多『營利』的商業行爲，如製『公使酒』、『公使醋』，甚至刻書等。至于『公使錢』，則是地方首長與中央執政官或高級職事官之『個人特別津貼』，可說是俸祿的部份，可以『私入』。至于『公用錢』，則是官署的『特別辦公費』，可以用來招待來往官吏，貢使與犒軍及其他特別用途。主管長官有權使用『公用錢』，但須報銷，如侵吞『公用錢』便成違法，三者性質與作用迴異。」據此，則師魯所貸與孫用的或許就是「公用錢」而非「公使錢」；若是由「公使錢」貸與，則不當強扣罪名。今見史料均言師魯因動用「公使錢」被貶，唯《宋會要輯稿》卷三千八百八十三〈職官六四〉云「坐前任渭州侵使公用錢」。

〔註58〕在同卷〈答福州蔡正言書〉中亦云：「漢東土風不惡，寓家城東佛寺，私用雖窘而不乏，讀書日益有味。」

師魯到隨州後，便寓居於城東五里開元佛寺之金燈院，每天以「考圖書通古今爲事，而不知其官之爲誚」。〔註59〕並在居處北阜竹柏之間結茅爲亭，作爲遊憩之所，年餘始離去。他在〈又答汝州王待制書〉（卷十一）中說明在隨州的家居生活時道：

> 自至汝陽，政簡訟稀，尊體安適。某到隨州城東得一僧居，竹樹甚美，頗有隱者之趣，所愧者以罪來耳。

當師魯離開隨州後，州人仍時加整理，不忍廢棄，並稱作「尹公亭」，當時的州從事謝景平（希深之子）曾刻石記其事。其後，司農少卿李禹卿治隨州，便以木材、陶瓦重新加以修建，並請曾子固作記，使流傳後世。〔註60〕

十一、徙均州得疾而逝

慶曆七月正月（1047），師魯監均州（湖北均縣）酒稅，其時身體已病，他在〈別南京致政杜少師啓〉（卷十一）中自道：

> 某自春初臥病，聞拜新命，欲俟稍安即修賀啓，無何所患沈綿，迄今未瘥，生理固不可期。

這說明自己春初已是舊疾復發，然而師魯以公事爲重，即抱病赴任。到了均州，病勢加劇，飲食、睡眠均不如常。百餘天後，接獲提刑司文書，准其至鄧州醫治。〔註61〕師魯自知病重，至鄧之後即以後事託付希文。希文在〈與韓魏公書〉（《范文正公集》「尺牘」卷中）中記述師魯病死情況道：

> 至五日而啓手足，苦痛苦痛！至終不亂。初相見時，卻且著炙，不談後事。疾勢漸危，遂中夜詣驛看他，告伊云：足下平生節行用心，待與韓公、歐陽公各做文字，垂于不朽。他舉手叩頭。又告伊云：待與諸公分俸贍家，不令失所。他又舉手云：渭州有二兒子。即就枕，更不他語。來日與趙學士看他，云：夜來示諭，並記得已相別矣。顧家人則云：我自了當，不復管汝。略無憂戚。又兩日，猶能扶行，勿索灌漱，訖，憑案而化。眾人無不悲，無不欽服其明也。

〔註59〕曾子固（鞏）〈尹公亭記〉語，見《元豐類藁》卷十八。

〔註60〕隨州「尹公亭」除見於《元豐類藁》卷十八〈尹公亭記〉外，《大清一統志》「德安府」卷一〈古蹟〉亦有記載。

〔註61〕師魯來鄧州醫病，據《續湘山野錄》言，乃是希文所請，因當時均州郡守趙可度，「迎時之好惡」，對師魯「酷加凌忽」，希文恐師魯困死於此，故特爲奏請至鄧醫治。

別趙學士云：不恒化；別韓倅云：少年樹德；別賈狀元云：亦無鬼神，亦無煩惱。官員又問以家事，答云：參以人事，則不樂也。終更無言。莊老釋氏齊生死之說，師魯盡得之，奇異奇異！尋常見他於兒女多愛，不謂能了了如此。初九日夜四更有事，十日晚殯於於西禪，送終之禮甚備，官員舉人無不至者。〔註62〕

身罹重病，官遭貶降，而言語依然從容，顏色依然怡靜，這便是君子處窮達、臨禍福能過人之處。洪邁對師魯命運之乖蹇，甚表同情，他在〈跋文正公與尹師魯手啓墨蹟〉中云：

賢者困厄至此，人到於今傷之。藏之深，固之密，石可朽，名不滅，歐公銘文盡之矣。（《范文正公集補編》卷三）

師魯去世時，年僅四十七，時在仁宗慶曆七年四月十日。〔註63〕卒後七年，其妻張氏亦亡。〔註64〕

宋仁宗嘉祐元年（1056）十一月，由於稚圭之請，追復師魯爲起居舍人，直龍圖閣。而均州人爲紀念師魯，亦在均陽修建「尹公亭」以表達其懷思。〔註65〕

〔註62〕記述師魯死時情狀者，尚有《涑水記聞》卷十、《邵氏聞見錄》卷八、《夢溪筆談》卷二十、《冷齋夜話》卷八，然皆大同小異，而以此篇最詳盡且最可靠；另《續湘山野錄》頁16載：師魯病中遇不如意事，「或怒，至以雙指扭其臉」，希文則謂「此是龍圖硬性」。此段記載與他篇迥異，或道聽塗說之語，不必置信。

〔註63〕此據韓稚圭〈尹公墓表〉所記，而歐陽永叔〈尹師魯墓誌銘〉則作：「享年四十有六以卒。」今見〈師魯本傳〉及稚圭、希文所作〈祭文〉均云卒於慶曆七年，年四十七。

〔註64〕見韓稚圭〈尹公墓表〉。墓表中亦言，師魯卒後，留有一子尹構，時方三歲，另有四女均未嫁。

〔註65〕宋理宗紹定三年，廣安楊伯洪守均陽，爲繕修均州尹公亭，復屬魏了翁書亭匾，記日月，今見《鶴山先生大全文集》卷四十九〈均州尹公亭記〉。

第三章　交　誼

　　孔子說：「德不孤，必有鄰。」（《論語》〈里仁篇〉）人生在世，只要自身行得正，必定有好德之士與己同行。人不可以沒有朋友，因為朋友之間可以互相砥礪品德、講習學問，帶給自己許多有形、無形的助益，而這些，並非徒靠己力所能獲得的，故《禮記》〈學記〉裡說：「獨學而無友，則孤陋而寡聞。」

　　師魯一生交游，雖不刻意扰結，然性之所近，多為當世忠義賢良之士，如范文正、韓魏公、歐陽文忠、蔡端明之類。師魯認為君子所以親近賢士，乃在於讓自己能夠立身、進道，他在〈寄鄧州丁憂李仲昌寺丞書〉（卷十一）中說：

　　　　君子之親賢，非以發其祿仕、振其名譽，蓋將以立身而至於道者也。

　　　　故與君子處，斯君子矣；與小人處，斯小人矣。為長者折枝，尚無
　　　　愧焉，有親賢而為佞乎？

俗謂「近朱者亦，近墨者黑」，環境之習染，其力量不可謂之不大，故夫子告誡吾人「益者三友，損者三友」（《論語》〈季氏篇〉），其用意即在提醒選擇朋友之重要性，因為所交往者為君子，則彼此能夠「以文會友，以友輔仁」（《論語》〈顏淵篇〉），能夠「以朋友講習」（《易》〈兌卦〉象辭），故以道義相交，乃為君子行世之準則，也唯有能夠以天下興亡為己任，能為社稷生民謀大福大利者，方堪稱為君子。《禮記》〈儒行篇〉中曾謂：「儒有合志同方，營道同術。」若將它拿來形容師魯與其師友之交往，那真是最恰當不過了。

第一節　同道密友歐陽修

　　在師魯交往的友輩中，和他關係最密切的，莫過於歐陽永叔了。

　　歐陽永叔，名修，廬陵（今江西廬陵縣）人，是北宋文壇重要的領袖，

對於宋代古文的推動，宋詩的改革，居功甚偉。

師魯和歐陽永叔之認識乃在天聖九年（1031）三月永叔赴西京任留守推官任，當時錢文僖（惟演）爲留守，而幕中多爲名士，師魯其時亦爲掌書記。永叔〈記舊本韓文後〉曾回憶道：

> 年十有七，試于州，……後七年，擧進士及第，官于洛陽，而尹師魯之徒皆在，遂相與作爲古文。（《歐陽修全集》卷三「居士外集二」）

而蘇轍的〈歐陽文忠公神道碑〉中也說：

> （公）兩試國子監，一試禮部，皆第一人，遂中甲科，補西京留守推官。始從尹師魯遊，爲古文，議論當世事，迭相師友；與梅聖俞遊，爲歌詩相唱和，遂以文章名冠天下。（《歐陽修全集》卷六「附錄」）

在西京時，由於永叔甚爲欽仰師魯之文章，故不時向其請益，也因此激起永提倡古文、維護聖道之心志，《神宗實錄》〈本傳〉（墨本）載：

> 景祐中，與尹洙皆爲古學，已而有詔，戒天下學者：爲文使近古，學者盡爲古文。（同上）

永叔喜好喝酒，而師魯則常勸其應加節制，以免誤事，故永叔曾在〈與梅聖俞第一帖〉（明道元年）中表示：

> 知與師魯相見，少酒爲歡。（《歐陽修全集》卷六「書簡」）

在〈與尹師魯（第一）書〉也向師魯自陳道：

> 近世人因言事亦有被貶者，然或傲逸狂醉，自言我爲大不爲小，故師魯相別，自言益愼職、無飲酒，此事修今亦遵此語，咽喉自出京愈矣，至今不曾飲酒。到縣後，勤官，以懲洛中時懶慢矣。（前書卷三「居士外集二」）

孟子曾言：「責善，朋友之道也。」（《孟子》〈離婁下〉）師魯對於永叔，正是以直切誠摯的方式來規勸好友的，而永叔亦終能從善如流，二人之交情，實非比尋常。

當師魯被召試舍人院時（景祐元年），永叔爲其欣喜逾常，想急召諸好友重溫昔日歡夢〔註1〕；而當永叔被重用，師魯亦樂見其成，他在〈論朋黨疏〉（卷十八）中即說道：

〔註1〕《歐陽修全集》卷六「書簡」〈與王幾道〉一書云：「聖俞一來，相問臨清之歡何可得耶？師魯已有召，不宜更俟嫁女，幾道與彥國宜督以來走。」

> 去年（慶曆三年），朝廷擢歐陽修、余靖、蔡襄、孫甫相次爲諫官，
> 臣知數子之賢且久，一旦樂其見用，又慶陛下得賢而任之，所慮者，
> 任之而不能終耳！……臣愛修等之賢，故惜其去朝廷而不盡其才，
> 如陛下待修等未易于初，則臣有稱道賢者之美；如其恩遇已移，則
> 臣負朋黨之責矣。

永叔被重用，能爲他高興；永叔被外放，則惜其才能未盡施展，且以朋黨之責自攬，足見師魯對永叔期望之深。當二人因坐范黨事被謫時，師魯曾致書永叔，疑其「有自疑之意」，並責永叔「闇於朋友」、「忘親」，永叔除詳加辯釋外，並向師魯問安，其言道：

> 及來此，問荊人，云：去郢止兩程，方喜得作書以奉問。又見家兄，
> 言有人見師魯過襄州，計今在郢久矣。師魯歡戚，不問可知，所渴
> 欲問者，別後安否？及家人處之如何？莫苦相尤否？六郎舊疾平
> 否？〔註2〕

尋常幾句問候語，卻道盡無限關懷，不用客套，所發均是眞情。此即所謂「路遙知馬力，患難見眞情」。

永叔在西京，即喜與師魯議論時事〔註3〕，相與做爲古文，而當好友梅聖俞在寶元元年（1038）赴考落第後，二人甚爲其抱不平，永叔在與好友謝希深之信中即指出：

> 省牓至，獨遺聖俞，獨遺聖俞，豈勝嗟惋？任適、呂澄可過人邪？
> 堪怪！……由是而較，料場果得士乎？登進士第者果可貴乎？日日
> 與師魯相對，驚歎不已！（《歐陽修全集》卷六「書簡」〈與謝舍人
> 第一帖〉）

當時的「洛中七友」，情誼均非常深厚〔註4〕，而永叔尤其欣賞師魯、梅聖俞

〔註2〕 上項引文見《歐陽修全集》卷三「居士外集二」〈與君師魯（第一）書〉。

〔註3〕 歐陽永叔在〈與梅聖俞第六帖〉中即云：「京師侍親窘衣食，欲飲酒，錢不可
　　　得。悶甚時，與師魯一高論爾。」（《歐陽修全集》卷六「書簡」）。

〔註4〕 洛中七友，指師魯、永叔、聖俞和張堯夫、楊子聰、張太素、王幾道等人，
　　　在歐陽永叔和梅聖俞之文集中頗多與諸人互相唱和之詩文及書信，師魯後因
　　　帥兵西疆，其與七友之書信反較少見存，然其情誼之篤可由梅聖俞《宛陵集》
　　　略知一二，此集卷二有詩一首，題曰〈依韻和永叔雪後見寄兼云自尹家兄弟
　　　及幾道散後子聰下縣久不得歸頗有離索之歎〉；在卷五十七則有〈永叔內翰見
　　　索謝公遊嵩書感歎希深師魯子聰幾道皆爲異物獨公與余二人在因作五言以敍
　　　之〉之詩一首，由題名即可概知其情矣。

和謝希深，他在自作的〈集古錄目序〉中即讚歎希深「善評文章」，師魯「辯論精博」，而聖俞則「善人君子」，能與其「共處窮約」，並感喟道：

> 自三君之亡，余亦老且病矣。此敘之作，既無謝、尹之知音；而集
> 錄成書，恨聖俞之不見也，悲夫！（《歐陽修全集》《年譜》前）

可見歐、尹之交，豈泛泛哉？

慶曆四年，師魯因修水洛城事被徙知慶州、晉州，永叔曾寄書勸慰師魯「自寬自愛」，莫為外物侵害，並言非常思念師魯，然卻因故錯失會面時機，故慨歎不已。文中並哀悼師魯喪子之痛，而期以「不動心於憂喜」，良友深情，躍然紙上，而餘哀無盡〔註5〕；師魯對於好友情義，亦銘感在心，然對於永叔所謂「晉慶不當為意」則有意見〔註6〕，因為師魯認為城水洛並無是與非的區別，只是鄭戩、劉滬等人在處理事情的程序上明顯違犯法紀，而永叔卻以防範蕃人生變為由，建議朝廷量移師魯，莫怪師魯以為永叔對他不諒解，而深感難過。〔註7〕此事二人雖稍見齟齬，然隨後即將誤會冰釋，並時有音訊往還。〔註8〕

當師魯去世後，永叔不但為其作墓銘，哀痛天下未必盡知其材〔註9〕，並指導尹材如何刻其伯父之墓銘，其言云：

> 墓銘刻石時，首尾更不要留官銜、題目及撰人、書人、刻字人等姓名，
> 秖依此寫。晉以前碑皆不著撰人姓名，此古人有深意。況久遠自知，
> 篆蓋秖著尹師魯墓四字。（《歐陽修全集》卷六「書簡」〈與尹材〉）

永叔之如此懇動指導，即源於對摯友的這一份深厚感情，他在〈祭尹師魯文〉中即明白的表示道：

> 自子云逝，善人宜哀。子能自達，予又何悲？惟其師友之益，平生
> 之舊。情之難忘，言不可究。子於眾人，最愛予文。寓辭千里，侑
> 此一罇，冀以慰子，聞乎不聞？（前書卷二「居士集二」）

〔註5〕 文見《歐陽修全集》卷三「居士外集二」〈與尹師魯（第三）書〉。

〔註6〕 此句為師魯〈答諫官歐陽舍人論城水洛書〉（卷九）中所云，而上註之書實謂「顧此勢不得留慶晉，不足屑屑於胸中。」

〔註7〕 永叔請移師魯一事，可見《歐陽修全集》卷四「奏集集」〈論水洛城事宜乞保全劉滬等箚子〉及〈再論水洛城事乞保全劉滬箚子〉，又見《續長編》卷一百四十八「慶曆四年四月丙辰」條。

〔註8〕 《歐陽修全集》卷三「居士外集二」〈與尹師魯（第四）書〉云：「兩路地壤相接，幸時文字往還。」又云：「然時聞師魯動止。」〈與尹師魯（第五）書〉則為悼子漸之亡，二書分別作於慶曆五年之春、夏。

〔註9〕 參用《黃氏日抄》卷六十一〈讀文集〉語。

師魯雖不以死生爲念，但永叔卻不能忘懷，故其言哀淒。

永叔和師魯之友情，並不僅限於師魯生前。歐陽發〈先公事迹〉云：

> 先公篤於交友、恤人之孤。……尹龍圖洙已卒，公乞錄其子構。……
>
> 尹構、孫大年、梅增，皆蒙錄用以官。〔註10〕（前書卷六「附錄」）

永叔不只和師魯友誼篤厚，能恤憫其孤，並且對師魯文集之編定付梓大爲用心，其〈與梅聖俞（第二十八帖）〉（皇祐五年）云：

> 師魯文字，俗本妄傳，殊不知昨范公已爲作序，李厚編次爲十卷，
>
> 甚有條理。原約春末見過，當與之議定，別謀鏤本也。

馬端臨《文獻通考》卷二百三十四「經籍六十一」引周平園〈陸子履寓山集序〉云：

> 尹師魯、蘇子美、江鄰幾、梅聖俞、丁元珍皆著美名、負屈，……
>
> 彼五賢者，得文忠銘其藏、序其文，姓名鏗轟炳耀，至今溫人耳目。

師魯之名是否由於永叔之銘藏而顯耀，今暫勿論。然二人交情之篤，堅逾金石，不以生死易其意，不以貴賤折其志，君子之交往，又豈是小人之朋黨可與之比擬的？

師魯所謂的「君子之親賢」乃在於「立身而至於道」，正可爲他和永叔的交往做註腳。

第二節　亦師亦友的范仲淹

范仲淹，字希文，蘇州吳縣（今江蘇吳縣）人。是有宋一代名相，其顯赫政績固不待論，其於邊防軍事亦可謂功業彪炳；至於文學方面，其掃除五代萎靡浮艷文風，推動宋初學術風氣之功，則不容抹滅。〔註11〕他在爲師魯文集作序時，即盛稱師力爲古道，摧廓五代以來卑弱之文風，認爲師魯乃「深有功於道」。其推動學術之力，可見一斑。

〔註10〕永叔於師魯卒後，爲其經理其家，並請朝廷錄尹構爲官，此事亦見於吳正憲之〈歐陽公行狀〉、蘇子由之〈歐陽文忠公神道碑〉（均收錄於《歐陽修全集》卷六「附錄」）。

〔註11〕董金裕《宋儒風範》〈二、范仲淹與宋初學者〉云：「范仲淹在宋朝初年，嚴格而論，並不是一個純粹的學者，但可卻是當時學術界的伯樂，由於有了他，才使得宋初學界的千里馬得以展足馳騁。」按希文曾於慶曆四年請朝廷興學校以復古勸學，並行科舉新法，事見《續通鑑》卷四十六「仁宗慶曆四年三月甲戌」條所載。

　　歐陽永叔曾謂：「韓琦與仲淹皆是國家委任之臣，材識俱堪信用，然仲淹
於陝西軍民思信，尤爲眾所推。」韓稚圭更云：「身安國家可保，明消息盈虛
之理，希文之所存也。……若成就大事，以濟天下，則希文可也。」富彥國
將其稱爲「聖人」，石守道則將其比作「夔卨」〔註12〕，眾人之稱頌固未必盡
當，然希文人格才器之高亦可由此想見。

　　景祐三年五月（1036），希文上〈百官圖〉，責宰相呂夷簡序遷近臣失當，
惹惱夷簡，致坐「言事惑眾、離間君臣、自結朋黨、妄有薦引、知府區斷任
情」等罪〔註13〕，而遭落職貶知饒州。當時正任館閣校勘的師魯，眼見忠賢
被黜，而滿朝群臣竟無聲援者，實感義憤塡膺，待集賢校理余安道亦坐與希
文互相朋黨被謫後，即慷慨上疏，願從降黜。其言：

> 伏覩朝堂榜示范仲淹落天章閣待制、知饒州，勅辭內有「自結朋黨」
> 「妄有薦引」之言，臣知慮闇昧，嘗以其人忠亮有素，義兼師友。
> 自其被罪，朝中口語藉藉，多云臣亦被薦論，未知虛實。仲淹若以
> 他事被譴，臣固無預，今觀勅意，乃以朋比得罪，臣與仲淹義分既
> 厚，縱不被薦論，猶當從坐，況如眾論，臣則負罪實深。雖然國恩
> 寬貸，無所指名，臣內省于心，有靦面目。況余靖自來與仲淹蹤跡
> 比臣絕疏，今來止因上言，獲以朋黨被罪，臣不可免，願從降黜，
> 以昭明憲。（卷十八〈乞坐范天章狀〉）

眾人唯恐避嫌之不及，而師魯則謂希文「忠亮有素，義兼師友」；諫臣袖手旁
立，師魯則自言「內省于心，有靦面目」而自請從降。此固折服於希文之剛
正，亦有鄙與眾小人爲伍也。宋尤袤在〈跋文正公與尹師魯手啓墨蹟〉中即
讚歎二人的情義道：

> 方范文正因與呂文靖爭論上前、貶饒州時，尹舍人實上書願得俱貶，
> 監郢州酒稅。此一卷帙，情義諄諄，不啻兄弟，蓋二公愛君憂國，
> 道合志同，相與之厚，自應爾耳。（《范文正集補編》卷三）

「情義諄諄」寫二人交誼之深篤；「愛君憂國」，明二人之心志，尤袤謂二人
「道合志同，其相與之厚，自應爾耳」，誰說不宜？

　　當西垂用兵之時，二人曾共理邊事，師魯之爲陝西路經略安撫判官，即
希文等所辟舉。後來師魯爲右司諫兼管勾涇原路安撫都部署司事時，希文又

〔註12〕引自《范文正公集》〈贊頌論疏〉。
〔註13〕引自《宋會要輯稿》卷三千八百八十三「職官」六四之三六。

奏請轉師魯之官，以便伸其才業，其言云：

> 臣竊見尹洙才業操行搢紳所推，由臺閣進用，便可直入兩制；若邊
> 城驟遷，則有未便。緣去年春是太常丞，在路分都監許遷張肇之下；
> 去年秋轉司諫兼管勾經略司公事，在鈴轄安俊之上，纔方半年，若
> 就除待制，又遷在部署狄青之上，既不因功勞，又不改路分，偏愛
> 寵擢，眾情非便，於體未安。如須合進擢，即今將入夏，邊上無事，
> 且乞君尹洙赴闕，令條奏邊事，觀其陳述，可采即與改職，卻令馳
> 往邊上，亦未爲晚。既因啓沃而受殊恩，邊臣聞之，不爲越次。（《范
> 文正集》〈奏議上〉，又見《長編》卷一百四十七「宋仁宗慶曆四年
> 三月丁亥」條）

希文推許師魯才業操行，爲奏請轉官，雖未如願，惜才之舉，不枉師魯視其
爲「義兼師友」。

當希文招撫環、慶之時，師魯亦曾致書稱讚其「策慮素定」，並且「濟之
英果」，故能「益地建柵，卻敵取勝」。〔註14〕對於希文之能夠以儒臣身分帥
領軍隊，從事西邊招討大任，師魯表示十分地敬佩，他說：

> 自國家分命儒臣統制方面，未有親總師律、蹈履賊境如明公者，誠
> 懦夫所增氣也。（卷七〈答環慶招討使范希文書〉）

又說：

> 近聞統蕃漢之眾，親至涇州關輔，人心頓然帖息。揆明公始謀扑賊，
> 豈自意不與敵遇耶？以身許國，史冊所載，雖舊勳宿將，百無一二，
> 況道德若公，忠憤敢決，乃至於此。（卷七〈上環慶招討使范希文書〉

當希文辭謝涇原招討使時，師魯起初甚不以爲然，而認爲稚圭之能接受招討
使一職，乃是「徇國不謀其身」的賢者，希文有所不如；及見到希文「謀身
所以利國家」之說，方轉憂爲喜。〔註15〕由此，亦可見師魯與希文之忠義相
交，彼此關懷。

從康定元年（1040）起的數年之間，師魯和希文一直都在西疆，彼此也
常書札往來。師魯在書信中常規勸希文要明鑒歷史的教訓，要多爲國家生民
設想。如希文任環慶招討使時，師魯即對他說：

> 兵興五年，我師之敗數矣，能窮我之所以敗，則知彼之所以勝。爲

〔註14〕見卷七〈答環慶招討使范希文書〉。
〔註15〕見卷七〈與范純佑監簿書〉。

敵所誘而取覆者，特一事耳，願明公深思其已然，以爲將來之策。（同
上）

在希文被任命爲參知政事時，師魯亦爲書箴戒道：

> 以聲譽爲所聞，事迹爲所見者，殆庸者之耳目也。必使君道日隆，
> 民心日康，然後參政諫議之事業與國家同休於無窮，識者觀聽，實
> 出於此。（卷七〈賀參政范諫議啓〉）

要使國家走上興隆的軌道，必先使君道正，民心安，所謂「攘外必先安
內」，治本是勝過於治標的。故於希文執政之初，師魯即亟亟於諍諫好友，期
其能有所作爲，愛深責全之心顯然可見。

慶曆四年（1044）冬，師魯曾爲書一首致希大，文中對於自己前所建議
之事均蒙希文採行甚感欣慰，然亦以好友蔡君謨及石守道外補及蘇子美因飲
會事被貶而感悵憾，書中並以西夏侵邊之事爲憂，期望希文能深思熟慮，兼
籌並顧，爲國家謀長久之計，其言：

> 北虜四十年休息，若一旦舉事，其勢不小。向時所傳與西賊相攻，
> 辛無實驗，此謀豈可測也？自古夷狄之得志中國，無若元魏。元魏
> 從雲中得代郡、太原，然後取河北，願明公深思根本，爲國家謀長
> 久之算，一堡一障不足以捍禦，無或因循異時，負天下之望。某受
> 遇素異，直布所懷，不避忤犯尊意，死罪死罪。（卷十〈答河東宣撫
> 參政范諫議啓〉）

愈是知遇深厚，愈能直布胸懷，希文、師魯師友之誼，豈是朋比黨同之人能
相提並論？

希文之關愛師魯，不僅表現於宦途提攜、邊場薦舉上，於平居生活亦頗
爲照顧。如師魯謫知漢東（隨州）時，希文即曾寄邠酒與花蛇散并配方予師
魯，望其多加珍愛〔註16〕，關惜之情，躍然紙上。元、東陽胡助〈跋文正公
與尹師魯手啓墨蹟〉即云：

> 此二帖，乃文正公與尹師魯書也。〔註17〕交情古誼，百世之下尚可

〔註16〕見《范文正公集》「尺牘下」〈與尹師魯〉。
〔註17〕按《范文正集補編》卷三載有歷代名士跋希文與師魯手啓墨蹟，並謂其書有
三：上註之書即爲其一，其二爲師魯自均州來訪希文於南陽時，希文所作之
詩：「佳客千山得得來，主人雙眼爲渠開，逢人莫說當時事，且泊南亭把一杯。」
其三則僅楊萬里、樓鑰二人曾見，其中有希文戒師魯「不須與眾云云」句，
至胡助時已不見，故止云「二帖」。

想見，視他帖尤當珍愛，學士大夫所願見而不可得者，……賢子孫
永宜寶之。(《范文正集補編》卷三，頁 42)

胡氏以范、尹二公「交情古誼」彌足珍貴，故云「視他帖尤當珍愛」，並期望
自己之子孫能夠永遠寶愛，其思慕二公之情，溢於言表。東陽柳貫則謂希文
「見朋友有救卹通財之義，而惟君子樂道，爲能盡之」〔註18〕，事實上，范、
尹二人均爲忠義君子，故於朋友無不盡力相助，更何況二人均彼此敬重，「救
卹通財之義」不過是表現二人情誼之一端而已。

　　希文同鄉、明朝吳寬在〈跋文正公與尹師魯手啓墨蹟〉中云：

宋盛時有西夏之擾，范公與尹師魯合謀，勠力以抗之，相得甚深，
蓋以道義事功爲友者也。(同前)

史籍所載，范、尹二公於進兵西夏之議，雖曾攻守異策，然忠君愛國、謀抗
西夏之心則無不同，故吳氏謂之「以道義事功爲友者」。希文另一同鄉、明張
采敬則言：

師魯貧，公語以樂道，惟樂道則貧安，此絕難。……公生平極辨朋
黨，與師魯患難交，且屬生死。(同上)

是見二人不惟情誼篤厚，且均能安貧樂道。

　　當師魯舁疾來南陽時，即以後事託付希文，因其深知范公之忠信可靠，
而希文亦不負所託，不但竭力爲其發喪，並護送師魯妻孥歸洛陽。〔註19〕爲
免師魯生前文章散佚，心志不爲後世所知，乃爲編次文集，撰序文以彰其淑
世益道之功。這豈是一般沽名釣譽、或虛情假意者所能爲？惟有眞心，方能
生死不易其志。

　　君子之相交，本以道義爲根柢，故孔子說：「道不同，不相爲謀。」(《論
語》〈衛靈公篇〉)然而所謂道同，並非凡事得屈就朋友，或處處阿諛對方，
若各人所見互異，達道之方亦殊，實不必強異以求同。如慶曆四年修水洛城
之事，師魯雖「號仲淹之黨」，而「仲淹則是劉滬而非尹洙」，歐陽永叔以爲
此乃「漢史所謂忠臣有不和之節」〔註20〕；而師魯雖謂與希文「義兼師友」，
然對於其文章也能不阿所好，曾指其〈兵陽樓記〉爲「傳奇體耳」(此事於第

〔註18〕見上註所引書，頁 43。
〔註19〕見《五朝名臣言行前錄》卷九引司馬君實《涑水記聞》。
〔註20〕見《歐陽修全集》卷四「奏集集、河北轉運」〈論杜衍范仲淹等罷政事狀〉，
　　　　又見《宋文鑑》卷四十六，頁 7。

七章再敍），故劉熙載《藝概》稱師魯「固宜能以古學振起當時也」（卷一〈文概〉）。其實，此即孔子所說的「友直」之道，這在君子又有何難呢？

歐陽永叔有言：「所守者道義，所行者忠信，所惜者名節；以之修身，則同道而相益，以之事國，則同心而共濟，終始如一，此君子之朋也。」〔註21〕綜觀師魯、希文之交往，此語最是的當。

第三節　知遇之前輩──杜衍、王曙、王曾

一、杜　衍

杜衍，字世昌，山陰人（今浙江紹興縣）。在慶曆四年曾拜同中書門下平章事，與富彥國、韓稚圭、范希文等人共事，想要振修綱紀，盡革弊習，唯以小人不悅，爲相百日即罷，以太子少師致仕，封祁國公。歐陽永叔稱其「爲人清審而謹守規矩」〔註22〕，《宋史》則稱其「勁正清約，能斬惜名器、裁抑僥倖，凜然有大臣之概」，爲「宋之賢相」。〔註23〕

杜世昌乃師魯長輩，居其門下達三十年之久，師魯於〈別南京致政杜少師啓〉（卷十一）中有言：

> 自念受恩門下三十年，每聞相公一美事，則咨嗟稱道，爲門生之光。

當杜世昌官拜京兆時，眾人都以爲師魯必「應辟署之選」，而事實上杜祁公也曾向朝廷兩上辟士章，提薦師魯，可惜未被朝廷應允。師魯自己解釋所以會被眾人認爲能應辟舉，乃因杜祁公「見愛之深，數數稱道，布聞於人」的緣故。師魯對於杜世昌之獎披，感激至深，然在兩薦不成之後，才敢修書表示謝意，以免「益章明公見私之恩」。其感念之忱，實出肺腑。不獨如此，師魯並且企盼杜世昌能「早膺柄用，以允天下之望」，「使縉紳流品皆被甄敍，不獨門下舊吏」。〔註24〕師魯公忠體國之情操，於此表露無遺，無怪杜祁公對其如此器重。

慶曆五年，當杜世昌去相時，師魯曾爲書啓相賀，其言：

> 伏承相公亟解台司，⋯⋯惟懷素志，固無少慊，然士大夫之有知者

〔註21〕見《歐陽修全集》卷一「居士集一」〈朋黨論〉，又見《續通鑑》卷四十六「仁宗慶曆四年四月戊戌」條。

〔註22〕同前註永叔文。

〔註23〕見《宋史》卷三百十〈杜衍本傳〉。

〔註24〕以上參見卷六〈上京兆杜侍郎〉。

相與切議，咸以相公居位日淺，法制利澤未大施於下、用是於邑。
某之鄙心，更所未盡。若於朝廷、於生民而言，則不異眾說；若以
進退論之，茲為全美。伏惟相公由初仕以至顯重，無一事不為人紀，
無一行不為人式，天下之望，惟恐不作宰相，豈獨私於相公，誠冀
有益於斯民也。夫宰相之任，道行則久處而無嫌，道黜則亟當去位；
然高位大權，人所顧藉，於是被持祿保寵之譏，蒙阿諛順旨之議，
不獨今世，前代名公所不能免。恭惟識進退之體，保初終之節，全
天下之望，考於古人，可謂無愧；若以歲月，則平時所履，懼將大
損。（卷十〈賀兗州杜相公啟〉）

書中雖有「法制利澤未大施於下、用是於邑」的悵憾，但認為「以進退論之，
茲為全美」，因為能夠「識進退之體，保初終之節，全天下之望」的人舉世無
幾，可媲美古聖賢出處進退之節操，所以作書恭賀他。不以退謫為慰，反為
書相賀，若非情誼深篤、能明至道之知交，豈能如此？

二、王　曙

　　王曙，字晦叔，河南人。仁宗明道、景祐年間曾拜樞密使、同平章事，《宋
史》稱其「方嚴簡重，有大臣體」，「居官深自抑損」，卒諡文康。〔註25〕

　　當王晦叔繼錢文僖為西京留守時（明道二年九月），師魯與永叔等為屬
官。由於前守的優遇文士，故眾人頗好游宴玩賞。晦叔初至，即嚴誡不可縱
酒過度，以免重蹈寇萊公晚年之覆轍。雖然王晦叔不久即離任，但卻對永叔、
師魯之才具賞識有加，並先後薦之於舍人院。范希文序師魯文集曾云：

　　師魯天聖二年登進士第，後中拔萃科，從事於西都。時洛守王文正
　　沂公暨王文康公並加禮遇，遂引薦於朝，寘之文館。

　　對於王晦叔的知遇，師魯非常感激，然不及報答而晦叔已死，乃轉其情
分與晦叔子勝之（名益柔）相交。當師魯因爭水洛城事被貶慶州時，王勝之
深為師魯叫屈，上書辯解：認為水洛城不過一小屏障，實不足以抗禦西夏，
而師魯為一路軍帥，以天子旨令傳呼裨將竟遭抗命，當場格殺也不為過，何

〔註25〕見《宋史》卷二百八十六〈王曙本傳〉。另，王晦叔生平事蹟，可參看師魯《河
南集》卷十二〈故推忠協謀同德佐理功臣樞密使金紫光祿大夫行尚書吏部侍
郎檢校太傅同中書門下平章事上柱國太原郡開國公食邑四千一百戶食實封一
千四百戶贈太保中書令文康王公神道碑銘并序〉。

況只是拘繫以待朝命而已，實在不該罪徙師魯。〔註26〕雖然請願不成，但勝之能臨事仗義直言，可見二人關係之深厚了。後來王勝之因受進奏院飲會事牽連，黜監復州酒稅，師魯為序一首相贈，文中對於勝之為文能夠「直究聖人指歸」，策論能「貫穿古今」、「深切著明」大為激賞，但對於這麼一位「持身能自修謹」、「文章足備科試」的賢才無端受人毀謗，除了表示心中的憤懣外，還勸他以後謹言慎行，以免再遭迫害。因為當時雖號稱「太平聖朝」，卻「方以文法治天下」〔註27〕，所以類似事件還是難以避免的。

三、王　曾

王曾，字孝先，青州益都人（山東益都縣），仁宗景祐年間曾任樞密使、左僕射平章事，「平居寡言笑，人莫敢干以私」，後以「第一相」配享仁宗廟堂。〔註28〕

景祐初，王孝先判河南府，師魯曾在幕中任職，由於文才敏健，所以深受王氏的器重和禮遇；但在議獄與處事方面，師魯若意見不同，王公必詳加叮囑，勉以正道，故深為師魯敬服。後來師魯能任館閣校勘，王氏也是助力。師魯入館四年之後，曾想援錢延年例，得一差遣，向王請託，卻遭「莊色屬辭」斥問：「學士自待，何為在錢延年等例耶？」讓師魯「始懼，中慊，終則大悟」。〔註29〕《宋史》載王孝先「進退士人莫有知者」，可見其持身的清正無私了。這件事若非王孝先深愛師魯才學，怎會責以「學士」之名位呢？

宋江少虞《事實類苑》卷九引《廬陵居士集》載：

> 王文正公曾為人，方正持重，在中書最為賢相。嘗謂：「大臣執政，不當收恩避怨。」嘗謂尹師魯曰：「恩欲歸己，怨使誰當！」〔註30〕聞者歎服，以為名言。

綜觀師魯生平行事，未曾邀功干譽，此或本性使然，然而王沂公此番勸誡，亦當有所影響。

〔註26〕見上註所附之〈王益柔傳〉。
〔註27〕見卷五〈送王勝之贊善〉。
〔註28〕參見《宋史》卷三百十〈王曾本傳〉。
〔註29〕以上參見卷十七〈祭僕射王沂公文〉及楊希閔編《宋韓忠獻公琦年譜》引王巖容《韓忠獻公別錄》所云。
〔註30〕據《宋史》〈王曾本傳〉，此語為王孝先對范希文所言，然王沂公既然平素禮遇師魯，又重其才，或亦曾對師魯說此話，而為永叔所載錄。

第四節　仕宦摯友——富弼、韓琦、狄青、孫甫、蔡襄

一、富　弼

　　富弼，字彥國，河南人。仁宗慶曆三年，曾受命爲樞密副使，與韓、范、杜諸公共同銳意朝政，後以彼此不合而罷。至和二年拜同中書門下平章事，與文寬夫共爲執政至嘉祐六年。歐陽永叔稱其「明敏而果銳」，《宋史》則稱其「恭儉好修」，有賢相之稱。〔註31〕

　　慶曆三年八月，富彥國受命爲樞密副使，師魯修書致賀，勉其「經國成務」、「蒙利於當世」，期望他不要以房玄齡、魏徵、姚崇、宋璟等人爲已足，更要上追夔、契、周、召等名宰，以副「聖上倚注之意、四方屬望之心」。並說：

> 某嘗學舊史，願得私紀盛烈，以備國書之闕。（卷七〈賀樞密副使富諫議啓〉）

可見師魯對富彥國之入主朝政，期望甚高。

　　當師魯逝世後，富彥國曾作〈哭尹舍人詞〉，情詞悲切，深以師魯之不幸爲恨。其言曰：

> 嗚呼！人皆貴，君實悴焉！人皆富，君實窶焉！人皆老，君實夭焉！
> 吾知君爲深，是三者擧非君之志，不吾焉哭，哭必義。始君作文，
> 世重淫麗，諸家舛殊，大道破碎，漫漶費詞，不立根柢，號類嘯朋，
> 爭相教恭，上翔公卿，下典書制；君于厥時，了不爲意，獨倡古道，
> 以救其敝，後俊化之，識文之詣，今則亡矣，使斯文不能救其源而
> 極其致，吾是以哭之。始君爲學，遭世乖離，掠取章句，屬爲文詞，
> 經有仁義，曾非所治，史有褒貶，亦弗以思；君顧而歎，嫉時之爲，
> 鈎抉六籍，潛心以稽，上下百世，指掌而窺，功不苟進，習無匪彝，
> 今則亡矣，使所學不能信于人而用于時，吾是以哭之。惟文與學，
> 二事既隆，充用而衰，豐于時窮，純深蘊積，資而爲德，行乎己而
> 己必裕，形乎家而家必克，今則亡矣，使賢者之行不能移人心而化
> 大國，吾是以哭之。積德既成，道隆而生，謀罔不究，動必有經，
> 列于庭則以蹇謔見黜，于邊則以威懷取寧，才望既出，讒嫉以興，

〔註31〕以上參見《宋史》卷三百十三〈富弼本傳〉、《古今紀要》卷十八頁 7 及歐陽永叔〈論杜衍范仲淹等罷政事狀〉。

　　酷罰嗣降，慍色不形，今則亡矣，使君子之道不能被天下而致太平，
　　吾是以哭之。（四部叢刊本《河南集》附錄，頁 21）
為師魯之道德、行義、才學、識見不能大用於世而悲傷，可謂真知師魯者。

二、韓　琦

　　韓琦字稚圭，相州安陽人（今河南安陽縣）。慶曆中，與杜、范、富諸公
同輔國政。嘉祐初，為同中書門下平章事、昭文館大學士，累封魏國公。歐
陽永叔稱其「純正而質正」，《宋史》稱其「天資朴忠，折節下士」、「以獎拔
人材為急」、「與富弼齊名，號稱賢相」。黃震則認為稚圭與希文乃「宋盛時偉
人之冠冕」。王夫之《宋論》則謂「韓、范以外，可謂宋之有大臣乎？」，可
見其德望之高。〔註32〕

　　韓稚圭與師魯之交情，較之歐陽永叔、孫之翰毫不相遜，對於師魯之關
懷、幫助，則更有過之。尤其在軍事防務之相知相得，使二人情誼益加深厚。

　　師魯之能效力西疆，固由於葛懷敏所辟，然其才識卻尤為韓稚圭所深知，
故隨後即辟為陝西路經略安無判官，二人從此結下深誼。康定二年，師魯以
擅發兵事降判濠州，其後即以稚圭之請，而改判秦州。〔註33〕

　　慶曆二年十一月，韓稚圭、范希文同為陝西四路都部署兼招討使，稚圭
受而希文不受，師魯認為稚圭「專於國事而忘其身之危」，是一位「狥國不謀
其身」的賢者，大加贊賞，而以身為僚屬為榮。〔註34〕

　　在韓稚圭秦鳳路招討使任內，師魯曾作〈在永寧寨答秦鳳招討使韓觀察
議出軍討賊利害書〉；在稚圭任樞密副使（慶曆三年四月）後，則有〈謝宣撫
樞密韓諫議書〉、〈議西夏臣伏誠偽書〉、〈議修堡寨書〉、〈議斬首級賞罰書〉
之作〔註35〕，師魯對稚圭之誠悃，對職務之盡責，不難看出。

　　慶曆四年夏，師魯長子朴去世，稚圭致書安慰，並為尹朴作〈墓誌銘〉，述

〔註32〕以上參見《宋史》卷三百十二〈韓琦本傳〉、《古今紀要》卷十八頁 8、《黃氏
　　　　日抄》卷五十頁 22、歐陽永叔〈論杜衍范仲淹等罷政事狀〉及王夫之《宋論》
　　　　卷四〈仁宗〉。
〔註33〕《東部事略》卷六十四云：「趙元昊反，陝西用兵，大將葛懷敏奏起為經略判
　　　　官，洙雖用懷敏辟，而尤為韓琦所深知。其後，諸將敗於好水，琦降知秦州，
　　　　洙亦徙通判濠州。久之，琦奏，得通判秦州，加直集賢院。」
〔註34〕見卷七〈與范純佑監簿書〉。
〔註35〕以上諸作，均見卷八。

其於慶曆中得知尹朴文章，即喜稱於公卿間，還謂其學必能繼承師魯，其才必爲朝廷所用，然不料英年早逝，語多惋傷。師魯在慶曆五年七月被貶隨州，稚圭即刻作書致慰〔註36〕，關懷之情，溢於言表；師魯則作〈答樞密韓諫議書〉（卷十）爲謝，文末並望魏公「善調寢饍」。彼此關愛情誼，由此可見。

稚圭不但賞識師魯在軍事兵略上的才器，對其文筆亦甚爲推崇，他在將奉考妣以降諸喪歸葬安陽前，曾作〈敘先考令公遺事與尹龍圖書〉，其中特言及對師魯文筆之觀感：

> 孝子之心，必求世之高才大筆以志不朽。……思老於文而相知深者，無出師魯，是以不遠千里，遣門人楊生奉書請銘，惟賢者鑒此勤懇毋讓。（《安陽集》卷四十六）

以韓稚圭當時才位之高，交游之廣，想請一位「高才大筆」來爲父兄作墓銘應非難事，而其獨重師魯，以爲「老於文而相知深者」無人能出其右，可見在稚圭眼中，師魯之文筆及二人情誼，均無可取代。

在師魯卒後，稚圭對於孫之翰所爲〈師魯行狀〉頗多不滿，蓋之翰既爲師魯之相知最深者，行狀非徒無掩疵揚善之舉，況於無假於掩者反誣之，乃致書請於范希文曰：

> 不以千里之遠，速以行狀附還（時之翰領江南漕，已離安陸），使詳尹姪之說，悉刊其誤，然後以寄永叔，必能推而廣之，使師魯之行實傳之光顯，垂於無窮。（《安陽集》卷三十七〈與文正范公論師魯行狀書〉）

其於師魯，可謂生死不移其志。

而范希文也在〈與韓魏公〉一書中，提到師魯墓誌之事，認爲永叔所爲不盡令人滿意，請稚圭稍作修補，使師魯之美能明諸世人。其書云：

> 近永叔寄到師魯墓誌，詞意高妙，固可傳於來代，然後書事實處，亦恐不滿人意，請明公更指出，少修之。永叔書意不許人改也，然他人爲之雖備，卻恐其文不傳於後，或有未盡事，請明公於墓表中書之，亦不遺其美。又不可過高，恐爲人攻剝，則反有損師魯之名也，乞審之。（《范文正公集》「尺牘中」）

希文所以如此厚託稚圭，乃知稚圭、師魯二人過往甚密，交誼非等閒可比。事實上，若謂稚圭爲「師魯之知己」亦不爲過，稚圭在〈尹公墓表〉中即敘

〔註36〕即卷十〈答揚州韓資政書〉。

述其與師魯之交情：

> 范公嘗以書謂余曰：「世之知師魯者莫如公，余已爲其集序矣，墓有
> 表，請公文以信後世。」余應之曰：「余實知師魯者，又得其進斥本
> 末爲最詳，其敢以辭？」

在〈祭龍圖尹公師魯文〉中亦云：

> 知之深者，非余而誰！
>
> 余之與君，義雖朋執，情則塤箎。

以「塤箎」之諧密喻友情之深契，師魯、稚圭二人可謂情逾手足了。

仁宗嘉祐元年（1056），稚圭請朝廷追復師魯之官職，其後更辟舉師魯之
第四子尹構爲官，《范忠宣集》卷十五〈尹判官墓誌銘〉載此事云：

> 君姓尹氏，諱構，……君初以翰林諸公薦名臣之後，特以恩補太廟
> 齋郎，年未應調，魏公奏爲相州安陽縣主簿，……魏公鎮大名，復
> 辟監倉草場。

宋周必大〈跋韓忠獻范文正歐文忠與尹師魯帖〉亦云：

> 尹師魯素爲韓忠獻王所重，此帖可見，……至嘉祐中，韓公入相，
> 始復師魯官，錄其子。（《文忠集》卷五十一）

對於稚圭如此厚待師魯後裔，邵伯溫甚表讚歎，在其《聞見錄》卷九中即如
此載道：

> 尹師魯以貶死，其子朴方襁褓，既長，韓魏公聞於朝，命官。魏公
> 到北京，薦爲屬，教育之如子弟。朴少年有才，所爲或過舉，魏公
> 掛師魯之像哭之，朴亦早死。嗚呼，魏公者，可以謂之君子矣！

君子本以道義相交，生死不易其志，觀諸稚圭對師魯之用情，可謂仁至義盡
了，邵伯溫稱稚圭爲「君子」，可說是爲二人之友誼作了最佳的詮釋。

三、狄　青

狄青，字漢臣，汾州西河人（山西汾陽縣），爲宋代名將，《宋史》載其
「臨敵被髮帶銅具，出入賊中，皆被靡莫敢當」，可見其武勇。後以戰功，累
遷至樞密使，卒諡武襄。神宗熙寧二年，命人取漢臣畫像入禁中，並遣使賚
中牢祠於其家，其受推恩如此。〔註37〕

〔註37〕見《宋史》卷二百九十〈狄青本傳〉。

師魯之於漢臣，猶如伯樂之識騏驥。由於師魯之薦，漢臣得以一展長才，成爲一代名將。〔註38〕師魯在西邊時，與狄漢臣合議軍事，意見常極一致，然大抵防務由師魯策畫，漢臣執行。

當師魯知渭州時，曾有〈又上四路招討使鄭侍郎議禦賊書〉（卷八），專言宜俾漢臣重任。他認爲：

涇原諸將練事而可倚任者，莫若狄青。

但師魯認爲要防敵御下，最好能增加兵力，號令統一。所以他說：

今之所憂者，但憂狄之兵少不能勝虜耳，然不憂狄敗也。狄不敗，虜萬萬無深入之理，望侍郎愈益狄兵，專委以制虜之事。……大抵賊入境之後，統帥思慮貴專，號令貴一。……以可任之將守要害之地而濟之以兵，則思慮不得不專，號令不得不一，此先勝之術也。（同右）

從師魯「不憂狄敗」、「專委以制虜之事」等語，可見師魯信任漢臣之程度。

師魯在另一首〈奉詔及四路司指揮分擘本路兵馬弓箭手把截賊馬來路狀〉（卷二十一）中，亦推崇漢臣之忠貞武勇，請朝廷准其便宜行事，其言：

其狄青忠純可信，重厚可倚，臣每與之講議軍政，至于臨敵制變亦合事機，臣但慮拘于朝廷法制，未盡其才，臣欲乞軍行之後，朝廷或降指揮，并四路招討司行下文字，係于進退兵馬、分擘將佐有與軍前事體相妨者，許令狄青相度其未便，因依聞奏及回申四路司，不得將未便事理一例承稟施行。如允臣所奏，特降朝旨，庶令狄青有所遵守，得以專心戎旅，不致敗事。

師魯之用心，非謂好友漢臣得不受軍帥節制，只慮其統兵作戰之才華爲僵滯之法制所牽掣，而無法克敵致功而已。

慶曆三年，狄漢臣因回易公使錢遭株連時，師魯即奏乞朝廷加以寬貸〔註39〕，俾其能安心邊事。而漢臣終能得免降謫，師魯之力不可謂不大。

師魯既待漢臣如此之厚，漢臣亦傾心與師魯相契，水洛城拘繫劉滬、董士廉，即二人意見一致之舉措。當師魯卒後，漢臣感念師魯恩情，全力購贍

〔註38〕《宋史》〈狄青本傳〉載其事云：「尹洙爲經略判官，青以指使見洙。與談兵，善之，薦於經略使韓琦、范仲淹曰：『此良將材也！』二人一見，奇之，待遇甚厚。仲淹以《左氏春秋》授之曰：『將不知古今，匹夫勇爾。』青折節讀書，悉通秦、漢以來將帥兵法，由是益知名。」

〔註39〕詳情請參見卷二十一〈論雪部署狄青回易公使錢狀〉，本文第二章第二節「六、見危發兵再遭貶降」文末及第二章註52亦已言及，此不再贅述。

其家。〔註40〕二人之交情，可謂有始有終了。

四、孫　甫

　　孫甫，字之翰，許州陽翟人（今河南禹縣治）。仁宗時歷任江東轉運使、河北都轉運使，遷侍讀，《宋史》稱其「性勁果」，黃震則推其言事無隱，謂之「眞諫臣」。〔註41〕

　　師魯與之翰的交情，據其所作〈與鄧州孫之翰司諫〉二首（卷十）看來，是十分深厚的，其一云：

　　　　與之翰別久，未嘗一日不奉思，直以德度服人，企仰之心不能暫忘耳。今幸會而復別，重以顧恤之意，笑語之樂，中懷悒鬱，不啻向時，乃知仰高之心與愴離之情各是一事，古語「作惡數日」，此最得之。

又一云：

　　　　與之翰別十年，所與游處深相知者不數人，其間不以疏近爲間、毀譽爲疑，同不爲黨、異不爲嫌如吾之翰者，益難其比。向觀之翰所論朋游，其親若厚如某比者，亦復無幾。驟此相別，以某奉思之心揆之翰相念之意，詎有已耶？

綜觀二文，師魯推崇之翰之「以德度服人」，故久別仍有「企仰之心」。師魯以爲相知之深，朋輩中無人能比得上。韓稚圭〈與文正范公論師魯行狀書〉（《安陽集》卷三十七）亦載：「某又嘗接師魯言，以爲天下相知之深者，無如之翰。」可見二人之交往的確不凡。

　　今考前舉二書，當是魯慶曆五年貶隨州時所作。在此之前的爭水洛城事件中，之翰曾亟言師魯處置失當，致使師魯被貶知慶州、晉州。〔註42〕當師魯此番再度遭貶，不僅不記恨之翰往日對自己之不利，反而對離別表現得更

〔註40〕見《宋史》〈狄青本傳〉，又見《長編》卷一百八十五「仁宗嘉祐二年二月庚子」條載。

〔註41〕以上參見《宋史》卷二百九十五〈孫甫本傳〉及《黃氏日抄》卷五十〈侍讀孫公甫〉。

〔註42〕孫之翰雖與師魯往來深厚，但在城水洛事件，卻偏袒劉滬，《宋史》〈孫甫本傳〉謂：「甫以水洛通秦渭，於國家爲利，滬不可罪，由是罷洙而釋滬。……洙與甫素善者，而甫不少假借，其鯁亮不私如此。」而黃震在其《黃氏日抄》卷六十一〈讀（歐陽修）文集〉中亦稱讚之翰「在諫院多直言，雖爲杜祁公所薦，尹洙所善，言之不避。」

加悽愴，二人的友誼有如磐石般堅定，正表現了師魯所說「不以疏近爲間、毀譽爲疑」、「同不爲黨、異不爲嫌」的高貴友情。

五、蔡　襄

蔡襄，字君謨，興化仙遊人（今福建省仙遊縣）。累遷至翰林學士，權三司使，後拜端明殿學士。其書法爲宋四大家之一。〔註43〕《宋史》稱其「於朋友尚信義」。〔註44〕林道昭則贊其「質美而粹，德懋而脩」。〔註45〕

仁宗景祐三年，范希文以言事去國，余安道、師魯、永叔等人亦相繼被貶，君謨乃作〈四賢一不肖詩〉推崇師魯四人之忠義敢爲，並責斥高若訥之未盡職守。他在稱誦師魯時云：

> 嗚呼古人不可見，今人可見誰與明？章章節義尹師魯，飭躬佩道爲華榮。希文被罪激人怒，君獨欣慕如平生。抗書轂下自論劾，惟善與惡宜彙征。削官竄逐雖適楚，一語不挂離騷經。……高譚本欲悟人主，豈獨區區交友情。（《端明集》卷一）

詩中對師魯之節義，敬服不已，以爲如此方爲古道之重顯；對於其遭貶而不怨君，亦表欽慕，以爲人臣之諫本在悟主上，師魯實能行之，故值得敬仰。

當耿傅戰死於好水川，師魯曾爲其作〈辨誣〉一篇，而君謨亦與耿傅舊識，對於師魯之能力排眾議爲之辨雪清白，心中甚爲感動。他在〈寄尹師魯書〉中言道：

> 誠而無私，君子之志也；以嫌爲避，硜硜者之爲也。誠而無私也者，不以親疏置於其間，惟其公而已矣。以相得之厚，嫌而避之，反乃私也。且疏者不知，知者不言，則死者之志於何而明哉？（《端明集》卷二十七）

此處推崇師魯既與耿傅「相得甚厚」，又「誠而無私」代爲辨雪，實在稱得上是「君子」。

慶曆三年四月，呂夷簡雖已罷相，卻仍豫議軍國大事，君謨時知諫院，即上疏乞罷夷簡商量軍國大事，並謂稍早被貶之范希文、師魯、歐陽永叔等

〔註43〕有關蔡君謨之書法，蔡師崇名先生有《宋四家書法析論》（台北華正書局、民國 73 年 3 月初版）、《蔡君謨之學術》（師大博士論文、民國 76 年 3 月）第六、七章詳述，可參見。

〔註44〕見《宋史》卷三百二十〈蔡襄本傳〉。

〔註45〕引自註 43《蔡君謨之學術》頁 126。

人，至今「或謫千里」、「或抑數年」，言甚介直。〔註46〕其後，對於劉滬、董士廉因城水洛而拒師魯帥命，大為氣憤，曾云：

> 使符按之軍法，自當抵罪，洙之說，理道甚明。（《端明集》卷二十五〈奏為故崇信軍節度副使尹洙為涇原路經略時借支官錢回易公用別無玷污已因此死於貶所臣以西事十年在邊任使甚久今家貧無依伏乞朝舉牽復舊秩與一子官庶使沈冤□聖澤事狀〉）

並為師魯之蒙冤，深感不平，其言曰：

> 董士廉因此怨讎結，造詞訟朝廷，遣勘鞫，唯得承例借貸官錢，回易公用，其餘推窮至悉，無分毫玷污。獄官法外飾潤虛詞，置之檻穽，洙尋死於貶所。一觸權貴，內外協攻，遂使銜冤九泉，不照白日。……物論憐之，至今不已。（同前）

他認為師魯在西邊「履歷最久」，時刻想「身為國用」。而以「懷忠負義」之大節、「盡瘁營公」之辛勞，卻不免於被仇人捃摭而謫死，可說是人間大不幸，故特請還師魯舊秩，並賜其子一官，「使喑噎之魂釋禁錮之負」。君謨此舉，除為師魯辨雪冤屈外，實亦惜其才學未展，推尊其人格節義的超卓。在此之前，君謨亦嘗為師魯父親作〈尚書虞部員外郎尹公墓表〉（卷三十七），足見二人交往之密切。

當君謨自請出知福州時，師魯以朝中無賢臣擔當，國事堪憂，故力主君謨不當出京，他說：

> 今又聞蔡襄出福州，未審襄以親自請？為以過斥？若以過斥，豈當進其官秩？若以親請，則襄任京師不三四年，已再省其親。士大夫去遠方而任京師者孰不念其親？豈獨襄得遂其私恩哉？則襄之不當出明矣！（卷十八〈論朋黨疏〉）

師魯並非不願見君謨回鄉侍親，只緣當時能堪大任之忠賢如范希文、富彥國、歐陽永叔、韓稚圭等諸人均領使在外，若君謨等再外補，則權倖小人更易興風作浪，戕害國本，故師魯想藉此挽留君謨於殿堂中制衡小人，勿使小人惑君誤國而已，其用心不可謂不苦。

當師魯之兄子漸去世後，君謨曾作書悼念師魯，師魯十分感動，他在回謝君謨之信中即談到：

> 自君謨在朝廷為言事之臣，遂不作書，逾三年矣。忽辱手誨，以先

〔註46〕見《長編》卷一百四十「慶曆三年四月庚申」條所載。

兄亡沒爲慰，感涕無已。……君謨於某兄弟皆厚，故道此意。（卷十
〈答福州蔡正言書〉）〕

師魯素與君謨交厚，而自君謨知諫院後，師魯即不與通信，乃爲避免增加君
謨職務上之困擾，故強忍思念之苦，此適足以凸顯師魯之深惜君謨也。

師魯曾在〈送王勝之贊善〉一書中稱讚君謨人格之剛介，他說：

永叔、君謨，皆予之所畏也。君謨未嘗以片言假人，如是稱之，信
矣！（卷五）

光憑君謨之一句贊語，便相信王勝之之才華，可見師魯對君謨認識之深，推
崇之高。而君謨除仰慕師魯之「懷忠負義」、「盡瘁營公」之高行外，也十分
推崇師魯之才學，認爲其「詞學才器，名在天下」。〔註47〕這並非一般的互相
標榜，以干隆譽，實乃二人衷心敬仰對方之眞誠表現。

第五節　文學良伴——謝絳、梅堯臣、蘇舜欽

一、謝　絳

謝絳，字希深，富陽人（今山東肥城縣南），官至知制誥、判吏部流內銓、
太常禮院，曾爲國史編修官，《宋史》稱其以文學知名，「文詞議論尤爲儒林
所宗」。〔註48〕

錢惟演爲西京留守，師魯在幕下爲山南東道掌書記，謝希深亦同在西京
爲通判。當時師魯、希深、永叔、聖俞諸人正是英氣煥發，志得意滿之年，
故不時以詩文相往來，而諸人中希深最爲年長，又以文學知名，故儼然爲同
儕之領袖。希深長師魯六歲，師魯待爲前輩，交情甚篤。然二人暫離或遠別，
並不憂傷作態，亦不常作書信答問，其中緣故，師魯在〈祭謝舍人文〉（卷十
七）中說到：

世路相期在白首，故別去不甚爲戚戚，相遠不數爲書問。

在二人共事期間，處理公務的庇度和觀點容或有所不同而不免爭辯，但
均能開誠佈公，坦然相對，故始終毫無嫌猜，情誼彌篤。師魯曾追述道：

〔註47〕引自《端明集》卷二十五〈奏爲故崇信軍節度副使尹洙爲涇原路經略時借支
官錢回易公用別無玷污已因此死於貶所臣以西事十年在邊任使甚久今家貧無
依伏乞朝廷牽復舊秩與一子官庶使沈冤□聖澤事狀〉。
〔註48〕以上參見《宋史》卷二百九十五〈謝絳本傳〉及卷後之「論」。

念在洛日，聯公政事，辨隱處疑，亦有異論。公或意悟，歡如己出；
某雖理屈，情辭無嫌。非公誠盡，孰能使某如是？（同前）

「歡如己出」、「情辭無嫌」，正顯示出二人肝膽相照、相待以誠的眞情。

寶元二年（1039），師魯致書希深，想於秋季前往拜訪，結果卻因家事牽
絆而未能成行，又未作書先行說明，致令希深大爲悵望。對於自己的此次失
信，師魯在祭文中還引以爲生平一大恨事。〔註49〕

師魯不但與希深友善，與希深之子景初、景溫等亦相熟。後來希深第三
子景平亦曾與師魯書信往來，師魯稱其「辭縟而意厚」，能「力文樹德」，還
想和他做個忘年之交。〔註50〕在師魯離開隨州後，隨人爲紀念師魯，便將其
在城東開元佛寺所建之茅亭，重加整理，稱爲「尹公亭」，景平即將此事刻石
立碑，日後方有司農少卿李禹卿之重建尹公亭。

師魯對於希深父子之文學均甚讚賞，而希深對於師魯之「扶道貶異」亦
特爲敬服，稱其「最爲辨士」，聞之「不覺心醉色怍，欽歎忘返」。〔註51〕二
人情誼之厚，由此可見。

二、梅堯臣

梅堯臣，字聖俞，宣州宣城人（今安徽省宣城縣）。仕爲國子監直講，累
遷至尙書都官員外郎，撰有《唐載記》二十六卷、《毛詩小傳》二十卷、《宛
陵集》四十卷，《宋史》稱其「善談笑，與物無忤」、「詼嘲譏刺託於詩」，其
詩則「以深遠古淡爲意，間出奇巧」。〔註52〕

天聖九年（1031），聖俞任河南縣主簿，秋後，調任河陽縣主簿。〔註53〕
是時，適逢錢惟演任西京留守，師魯、永叔等人俱在洛陽，故相與往還、酬
酢詩文。聖俞工於詩，師魯、希深長於文，而永叔則詩文兼擅，眾人共處，
其樂融融。聖俞在〈依韻和王平甫見寄〉詩中即言諸友當時詩文唱酬情形：

〔註49〕按師魯於寶元二年六月除父喪後，即改知長水縣，新任剛接，事或有不及照
顧處，且忖度希深尙體健，未料其倏然歸亡也。

〔註50〕見卷十一〈答謝景平監簿書〉。又《宋史》卷二百九十五〈謝絳本傳〉亦稱：
「（絳）子景初、景溫、景平、景回。景平好學，著詩書傳說數十篇，終秘書
丞。」景平既深於文，難怪師魯會欣賞他，想和他做忘年交。

〔註51〕見《歐陽修全集》「附錄」〈遊嵩山寄梅殿丞書〉（謝希深作）。

〔註52〕見《宋史》卷四百四十三〈梅堯臣本傳〉。

〔註53〕參見《梅堯臣集編年校注》卷一、頁1。

文章革浮澆，近世無如韓。健筆走霹靂，龍蛇奮潛蟠。颺風何端倪，
鼓蕩巨浸瀾。明珠及百怪，容蓄知曠寬。其後漸衰微，餘襲猶未殫。
我朝三四公，合力興憤歎。幸時構明堂，願爲欂與欒。期爲宗廟器，
預備次玉玕。謝公唱西都，予預歐尹觀。乃復元和盛，一變將爲難。
（《宛陵集》卷二十六）

詩中將西京諸友效法韓愈革除浮澆文風之志趣，敘述得十分清楚。彼此互期
當爲國用，並將當時浮靡文風一盡掃落，重振元和文壇之盛況，引爲責無旁
貸的事。聖俞在另一首詩〈憶洛中舊居寄永叔兼簡師魯彥國〉中，也敘述諸
人平時以講論仁義爲樂，並推尊師魯、永叔等言論高闊，自以爲不如。詩云：

東堂石榴下，夜飲曉未還。絺衣濕浩露，桂酒生朱顏。君同尹與富，
高論曾莫攀。開吐仁義奧，傲睨天地間。以此爲朋樂，衡門未嘗
關。……（《宛陵集》卷二）

好友歡聚，暢飲東堂，不知天色之將白，可見諸人情誼之密切。

師魯在洛陽時，曾建宅安居，唯新居舊址原有高大之臭椿，不利營構，
眾人以爲此樹年古，乃「百怪所憑依」，不可砍伐，師魯則以爲此高樗既礙堂
屋簷楹，若不砍伐，「何以成吾廬」，何況既爲百怪所憑依，「苟害安可存」，
而執意伐樗營建，遂成家屋。聖俞盛贊其膽勢氣度，故作〈尹師魯治第伐樗〉
（《宛陵集》卷一）詩詠之。〔註54〕

當師魯、永叔等坐范黨被貶謫時，聖俞聞訊氣憤填膺，奈何自己官卑言
微，無力回天，只得作詩記之。一方面慰惜忠良，另方面譏刺奸佞。他在〈聞
尹師魯謫富水〉中即寫道：

朝見諫臣逐，暮章從謫官。附炎人所易，抱義爾唯難。寧作沈泥玉，
無爲媚渚蘭。心知歸有日，時向斗牛看。（《宛陵集》卷四）

「附炎人所易，抱義爾唯難」，即在表達對師魯不肯趨炎附勢、寧與朋友同甘苦
共患難之情義的敬佩。「寧作沈泥玉，無爲媚渚蘭」則寫師魯儔爲忠義貞幹之朋
友從貶，不願與庸懦姦慝者同流合污的高節。其欽慕師魯之心，於此顯見。

當師魯爲葛懷敏辟舉簽書西邊軍事時，聖俞爲其慶幸，隨後師魯受召入對，
聖俞更爲他欣喜。因其素知師魯胸懷大略，如今召對，必能爲興國安邦貢獻良

〔註54〕《河南志》卷一〈京城門坊街隅古跡〉頁 7 載：長夏門街之東第一街，凡八
坊，從南起第五坊曰「思順坊」，其坊内「街宅有小書樓、起居舍人尹洙宅」。
此宅或即彼時所建者。

策，唯盼天子能重用才略智謀媲美賈誼之好友，慎勿輕易改變心意，其詩云：

> 胡騎犯邊來，漢兵皆死戰，昨聞衛將軍，賢俊多所薦，知君慮不淺，
> 求對未央殿，天子喜有言，軺車因召見。籌畫當晁䜣，袍魚賜銀茜，
> 曰臣豈身謀，而邀陛下睞。青衫出二崤，白馬如飛電，關山冒風露，
> 兒女泣霜霰。軍客壯士多，劍藝匹夫術，賈誼非俗儒，慎無輕寡變。

（《宛陵集》卷七〈聞尹師魯赴涇州幕〉）

「知君慮不淺」、「曰臣豈身謀」，均見師魯之識慮、忠義，「賈誼非俗儒，慎無輕寡變」，則頌其才情高超，盼朝廷能重用。可見聖俞是何等地推重師魯！

聖俞既與師魯友好，於其平居瑣事亦常賦以詩，如前舉〈尹師魯治第伐樗〉之類。後師魯徙隨州，聖俞亦因使者所述師魯隨州寓所景致，而作詩以寄，可見聖俞對師魯關愛之情。〔註55〕

師魯之貶死南陽，諸好友均為其境遇叫屈，而聖俞措詞更為哀痛，令人不忍卒讀，其〈哭尹師魯〉詩云：

> 謫死古來有，無如君甚冤，文章不世用，器業欲誰論。野鳥災王傅，
> 招辭些屈原，平生洛陽友，零落幾人存。（《梅堯臣集編年校注》卷
> 十七）〔註56〕

詩中以師魯比屈原、賈誼，慟其空負才業，未被世用，反受誣陷而病死他鄉，悲痛極矣。

聖俞和師魯交誼既厚，故一旦離別，不免心中牽掛，如〈九月都下對雪寄永叔師魯〉，即回憶昔日共遊之樂，詩云：

> ……忽憶在山中，開戶群峰白。當時吟不厭，盡日坐巖石。徬徨懷
> 故人，憔悴為遷客。……（《宛陵集》卷五）

此詩作於景祐五年，時師魯等人已坐范黨事被貶，故云「徬徨懷故人，憔悴為遷客」。先既有所思，死亦不能忘。在師魯卒後次年，聖俞猶夢見師魯與其對談，恍若平日，及其夢醒，又不禁為師魯身後之蕭條而悲傷。有詩云：

> 昨夕夢師魯，相對如平生。及覺語未終，恨恨傷我情。去年聞子喪，
> 旅寄誰能迎。家貧兒女幼，迢遞洛陽城。何當置之歸，西望淚緣纓。

〔註55〕見《梅堯臣集編年校注》卷十六〈使者自隨州來知尹師魯寓止僧舍語其處物景甚詳因作詩以寄焉〉，其詩中有云：「驛使話漢東，故人遷謫處，……予欲訪其人，炎蒸未能去。」

〔註56〕按此詩中華書局印行之《宛陵集》中未見收錄，而《宋元學案補遺》卷四頁39所引者，「野鳥災王傅」句作「野鳥哭王傅」。

（《宛陵集》卷三十三〈五月二十夜夢尹師魯〉）

夢中歷歷，醒後茫茫，對師魯情念之深，可以概見。

三、蘇舜欽

蘇舜欽，字子美，其先世居蜀地，後徙開封，遂爲開封人（今河南開封縣）。少即「慷慨有大志」。天聖中，與穆伯長共爲古文歌詩，歐陽永叔謂「子美之齒少於予，而予學古文反在其後」，又稱其「爲於舉世不爲之時」，可謂「特立之士」。〔註57〕

子美之與師魯相識，當在與穆伯長作爲古文歌詩之時，因其在〈哭師魯〉詩中謂「憶初定交時，後前穆與歐」，可見當在天聖九年三月永叔赴洛陽任留守推官之前。蘇子美當時雖然年少，卻有志於古道，故師魯長七歲，仍十分推重他，彼此都相互視爲知己，交心暢談。子美在詩中記二人相會情形云：

> 予年又甚少，學古眾所羞。……不鄙吾學異，推尊謂前修。……後
> 會國南門，夜談雪滿樓。青燈照素髮，酒闌氣益遒。（《蘇學士集》
> 卷四〈哭師魯〉）

景祐三年范黨事發，蘇子美聞師魯、希文、永叔等人遭貶謫，雖在喪中，仍冒喪向朝廷上疏，謂不當遣謫剛直正臣，杜塞獻言，並請天子寢息前詔，勤於納諫，以弭國家之大患。〔註58〕又作一首詩來安慰他們，且勸他們切勿哀愁自廢，朋友之情，凜然可見。〔註59〕

慶曆四年初，蘇子美由范希文薦爲集賢校理，監進奏院。同年十一月，進奏院祠神，子美循往例用鬻賣故紙之公錢，召歌妓管絃，宴請賓客，當時之御史中丞王拱辰因早就懷恨杜世昌、范希文等人執政時之諸項措施均對其不便，亟思報復。蘇子美乃杜世昌的女婿，而其平日所作的文章議論，復常侵犯到當時權貴，故得悉此事，即囑其屬魚周詢、劉元瑜加以彈劾，想藉此動搖杜世昌的相位，子美因此被除名勒停。〔註60〕爲此，師魯曾上奏〈論朝

〔註57〕以上參見《宋史》卷四百四十二〈蘇舜欽本傳〉及《歐陽修全集》卷二「居士集二」〈蘇氏文集序〉。

〔註58〕參見《續通鑑》卷四十「仁宗景祐三年五月戊戌」條。

〔註59〕此詩題爲〈蘇子美聞京尹范希文謫鄱陽尹十二以黨人貶郢郡中歐陽永叔移書責諫官不論救而貶夷陵令因成此詩以寄且寬其遠邁也〉，見《蘇學士集》卷六，又見《范文正公集》〈贊頌論疏〉卷中引。

〔註60〕事見《宋史》〈蘇舜欽本傳〉，又見《續通鑑》卷四十七「仁宗慶曆四年十一

政宜務大體疏〉（卷十八）、〈論朋黨疏〉（卷十八）。並在與范希文、韓稚圭、歐陽永叔諸好友信中，為子美犯小過而遭除名之事大表關切，憂忡之情洋溢筆墨。子美記師魯為其營救的情形云：

> 予才入冊府，俄作中都囚。飛章立辨雪，危言動前旒。時雖不見省，凜凜壓眾諭。（《蘇學士集》卷四〈哭師魯〉）

子美被除名後，即在蘇州買水石，作滄浪亭，日常讀書會友，將憤懣發於歌詩，其〈水調歌頭·滄浪亭〉詞，即描寫居滄浪、遊太湖之情境。詞中充滿了自己壯志難酬，憤世嫉俗之情。師魯也和作一闋，稱贊子美能拋棄富貴名利，享受閒居自適之樂。〔註61〕後來當子美在長洲聽到師魯凶耗時，自謂「初聞尚疑惑，涕淚已不收，舉杯欲向口，荊棘生咽喉」，其悲慟欲絕之情，令人感動。對於師魯「生平經緯才」之未能掃平二虜，而今卻「蕭瑟掩一丘」，不禁為朝廷之靖邊無人擔憂；而對於好友之猝逝，「無緣匍匐救，兀兀空悲愁」〔註62〕怨憾不已，雖然二人之境遇各殊，然同好古文，同遭貶謫之苦，所以師魯之死，對子美來說，算是一記椎心之痛了。

第六節　其　他

在師魯的生平交誼中，尚有二位值得一提的長官，其一即在西京時的留守錢惟演。錢氏雖以時文與楊億、劉筠等共稱於時，然卻頗喜獎勵後進，亦不排斥為古文歌詩的永叔、師魯、聖俞、希深等，而將諸人納於幕下，日相游宴，蔚成文風，故推溯古文名家的風雲際會，不能不記錢惟演一筆撮合、披助之功。另一位是師魯知晉、慶時之長官施待制，二人相識雖不久，但施之對師魯及其家屬，亦照顧備至；在師魯被貶謫時，亦頗致書慰問，令師魯銘感五內，他在〈答環慶經略使施待制書〉（卷十一）中，即預祝施氏能早登宰輔之位，以為報賀，並且也曾為他和了二首詩〔註63〕，這在詩作極少的師魯來說，是很難得的。

師魯平日交往，除文人雅士之外，方外之交亦有不少，如卷三〈退說〉

月甲子」條。宋魏泰《東軒筆錄》卷四則載：此事為當時太子中舍李定因子美不欲納其預醵廟會，而致銜怨騰謗於都下所造成。
〔註61〕師魯所填之詞為〈水調歌頭·和蘇子美〉，今文集中未見，然《全宋詞》有載。
〔註62〕以上文句引自《蘇學士集》卷四〈哭師魯〉。
〔註63〕此即卷一之〈和河東施待制〉、〈又和河東施待制〉二詩。

一文中的明禪師、卷五〈送浮圖奉堅〉中的奉堅、〈浮圖秘演詩集序〉中的秘演、〈送迴光浮圖〉的迴光等，且彼此交情均不淺。

　　而其中的奉堅，曾以自述的《三昧儀》請師魯作贊，師魯雖自稱對佛學蒙昧，但我們從奉堅的堅持請託態度來看，師魯不但能「取信於世」，而且本身必是深於佛理、教儀，奉堅才會相信透過師魯簡潔易懂的評述，必能使世人均通其說。只是師魯一生志在經世濟民，故未見闡述佛理之作。

　　又前見的義琛，不但出入師魯門下，尚密為貸錢購田，並於師魯卒後，納其券於師魯家，而師魯子孫賴此生活，可見師魯與方外之交也極深厚。

第四章 人品與才識

第一節 人品

　　歐陽永叔在〈尹師魯墓誌銘〉的開頭便說到：

> 師魯，河南人，姓尹氏，諱洙。然天下之士，識與不識，皆稱之曰
> 師魯。蓋其名重當世，而世之知師魯者，或推其文學，或高其議論，
> 或多其材能，至其忠義之節，處窮達，臨禍福，無愧於古君子，則
> 天下之稱師魯者，未必盡知之。（《歐陽修全集》卷二「居士集二」）

此處就世人推許師魯之文學、議論、材能說起，而慨歎師魯之大節高行卻未
被世人所盡知，故特加表彰，期使世人能了解其人格之崇高。然永叔以師魯
之忠義節行「不可徧舉」，故只「舉其要者一兩事以取信」（〈論尹師魯墓誌〉），
而今時隔久遠，當時人所熟悉之事今人未必知曉，故不揣淺陋，願就所知，
敘述如次，俾使讀者更加瞭解師魯之為人。

一、重禮尚義

　　《說文》云：「禮，履也，所以事神致福也。」《荀子》〈勸學〉篇云：「禮
者，法之大分、群類之綱紀也。」《禮記》〈喪服四制〉則云：「凡禮之大體，
體天地、法四時、則陰陽、順人情，故謂之禮。」《左傳》〈僖廿七年〉又云：
「禮樂，德之則也。」是故，人類的一切言行，應以禮來節制，以禮作為準
則，使趨向於端正、合理，故孔子勸誡弟子云：「非禮勿視，非禮勿聽，非禮
勿言，非禮勿動。」（《論語》〈顏淵篇〉）唯有依禮而行，方能成全君子的美

德，故古聖先賢無不重禮。

《說文》又云：「義，己之威儀也。」行事能合乎時宜，無不美善，自有威儀，故義又引申作宜。《禮記》〈祭義〉即謂：「義者，宜此者也。」義既是行事合宜，亦即是人所當遵行的，故孟子謂：「義，人路也。」（《孟子》〈告子上〉）又謂：「義，人之正路也。」（《孟子》〈離婁上〉）義既爲「人之正路」，故凡理財、正辭、禁民爲非等合乎正理者，無不可謂之義。〔註1〕孟子是最注重仁義者，認爲義是人心之當然，也是我們可以立德的根本，故在論養浩然之氣時云：「其爲氣也，配義與道，無是，餒也。」（《孟子》〈公孫丑上〉）我們在探討師魯的人品時，亦可由此出發。

師魯最爲世人所稱道者，即是上書論范希文、自請同貶事，歐陽永叔在〈論尹師魯墓誌〉中認爲：即此一二事，「則平生忠義可知也」。韓稚圭在所作〈尹公墓表〉中，稱其「文武傑立而貫以忠義」，在爲其子尹朴所作的〈故河南尹君墓誌銘并序〉（《安陽集》卷四十七）中則云：「師魯高文大節，當世師仰，居家未嘗不以古聖賢之道誨其子弟。」而蔡君謨在〈四賢一不肖詩〉中，以「章章節義尹師魯，飭躬佩道爲華榮」頌揚他，這些在在顯示當時師魯友儕均以節義推重他。稍後，周煇著《清波別志》，亦推崇師魯、希文、永叔等「皆第一流人」，「名書國史，炳若日星，初不假於稱讚」（卷上頁4）。而黃東發（震）在其《黃氏日抄》中，除爲師魯之屈鬱抱不外，並謂：「若公文行節義，則自有韓、范、歐陽公公論在，紛紛者何能疵？」（卷五十頁17）明朝戴仁在〈跋文正公與尹師魯書手啓墨蹟〉裡，亦說明師魯所以受希文敬愛的原因，除「以靜退爲樂」、「以古文矯俗」等「行高學古」外，其「請同黜降」之「臣節友誼」，亦爲希文所敬重，故其簡帖往還，「契之若金蘭，而友之若兄弟也」。〔註2〕

師魯不僅對位高權重的希文表現出如此令人激賞之節義，對一般友儕，亦不以其通達與否而變更自己誠摯之情誼。他在〈故朝奉郎司封員外直史館柱國賜緋魚袋張公墓誌銘并序〉（卷十七）中即自云：

予獲見於公固久，嘗語予曰：「吾交天下士多矣，然不以通否易意者，

子也。」公知予若是，不誌其墓，曷紓予悲。

唯其不以朋友之通達與否而改變交誼親疏，故表現在交友方面，總是深獲對

〔註 1〕《易》〈繫辭下〉云：「理財正辭，禁民爲非曰義。」
〔註 2〕見《范文正集補編》卷三，頁 44。

方的信賴，如韓稚圭、范希文、富彥國、歐陽永叔等，即非常推崇師魯之行義。而師魯在知悉朋友有急難時，則必循法盡力援救，如前敘爲狄漢臣辯雪回易公使錢事即其一例。師魯知渭州兼管勾涇原路安撫都部署司事期間，爲部屬石輅因押兵順道省親被治以私罪而上狀辯解，狀末甚且說道：

> 臣與輅共事將及一年，輅之操履臣所具悉，如蒙朝廷移輅差遣及改
> 定罪名，後輅犯贓私罪，臣並甘同罪不辭。（卷二十一〈論雪石輅狀〉）

常人一遇利害關頭，避嫌、脫罪唯恐不及，而師魯卻寧以自己之前途爲冒險，只爲了刷朋友、部屬之冤曲。可見其信任朋友之深、愛護部屬之誠。

師魯平素不但自己注重禮法、崇尙節義，對於能夠以禮待人、篤於節義者，亦特加讚許。如他在〈故永清軍節度推官宣德郎試大理評事知河南府澠池縣事侯君墓誌銘并序〉（卷十五）中，即推崇侯可復重友有節義，他說：

> 君獨喜儒術，與寒士同趣向。私室用度委於家吏，匱豐無所省，晚
> 節貲益衰，處之自若。與人交淡然，其久愈固。持論義不爲貴勢屈，
> 知者尚其節。

喜好儒術、不在意物質生活、交友持久、論議不折於權貴，這些都和師魯思想基調相合，難怪師魯要稱他「既恬乎中，亦遠其志」了。師魯在〈答鄧州通判韓宗彥寺丞書〉（卷十一）中，亦曾稱讚韓氏之篤尙節義，他說：

> 某被罪放逐，於時之士大夫宜見摒棄，不與爲齒；閣下無一日之，
> 惠然見過，開懷議論，與平居交游之舊者無少異，閣下眞篤於義者。

在〈故推誠保德功臣金紫光祿大夫守太子太傅致仕上柱國天水郡開國公食邑四千二百戶食實封一千戶趙公墓誌銘并序〉（卷十三）中，則稱讚趙表微能夠禮賢下士，其言云：

> 公性篤厚，與人言必誠盡，無一外飾。雖年位尊顯，不自爲貴，士
> 子賤微者，皆與之鈞禮。

不以年位尊顯而輕寒士，實爲難得，這一點在師魯爲人所作之墓誌銘中最常標榜，因爲在位者能知禮義，民德自然歸厚，治平之日可期。師魯稱揚張叔謨（子皋）時，即著眼於其能謹嚴禮法，行之有常。他說道：

> （公）通判鄧州，州將素貴，他時佐郡者多詘禮事之。公曰：「朝廷
> 之儀、貴賤有常制。苟過之，非所以愛國體、安大臣也。」持己必
> 以禮，無毫釐過差，人以爲難。（卷十七〈故朝奉郎司封員外直史館
> 柱國賜緋魚袋張公墓誌銘并序〉）

在寫張漢臣（弇）的墓誌時，亦盛推其守禮法、重節義，其言曰：

> 公倜儻尚義節，居貧以約自守，未嘗假所不足於人。人有伺顏色而
> 進誠者，公審其果善士，乃承其意，後皆重償之，無一不報。厚朋
> 友，險夷共之，人莫能致其間言。其人歿雖久，有妄評其短者，公
> 疾之終身。爲著作郎葬母，或率錢數十萬爲助者，公曰：「吾以士葬
> 親，於禮無慊者，惡用賻爲？」乃謝不受。（卷十六〈故朝散大夫尚
> 書兵部郎中知蘄州軍州兼管內勸農事護軍賜紫金魚袋張公墓誌銘
> 并〉）

對於師魯這麼重禮尚義的賢者之死，希文、稚圭、永叔等除致以最高之
敬意和妥爲治喪外，在邵伯溫的《聞見錄》中尙有這麼一段感人的記載：

> 皇祐初，洛陽南資福院有僧錄義琛者，素出入尹師魯門下。師魯自
> 平涼帥謫崇信軍節度副使、均州監酒，過洛，義琛見之，曰：「鄉里
> 門徒數人，欲一望見龍圖。」有頃，諸人出，一喏而去，皆洛中大
> 豪。義琛已密約貸錢，爲師魯買洛城南宮南村負郭美田三十頃，師
> 魯初不知，后義琛復以歲所得地利償諸人。至師魯卒，喪歸洛，義
> 琛哭柩前，納其券於師魯家。師魯素貧，子孫賴此以生。（卷十六）

邵伯溫《聞見錄》前載師魯臨死生不變其色（卷八），獨不能忘懷平生推重之
希文；此又記錄義琛以一僧伽卻對師魯如此厚義，似非專以勸世目的而敘，
實有感於師魯的節義服人吧！

二、安貧樂道

《論語》〈學而〉篇載：

> 子貢曰：「貧而無諂，富而無驕，何如？」子曰：「可也。未若貧而
> 樂，富而好禮者也。」

又〈憲問〉篇載：

> 子曰：「貧而無怨難，富而無驕易。」

以孔子之聖，尚且體認到身處困窮而能不怨天尤人之不易，何況一般世俗中
人，日夜經營不倦者，不外是功名利祿，又豈能視富貴若浮雲，處艱厄貧窮
而無怨？

綜觀師魯一生，雖曾騰達貴顯，然其家用始終未嘗豐厚。當其病死南陽，
賴朋友爲其治喪，歐陽永叔爲其作墓誌，且以師魯身後之困窮而痛責當世君

子。〔註3〕

　　師魯爲人，淡泊名利，始終服膺聖賢之道，雖數處窮困，亦能安之若素。
他在〈與邠州通判劉几太博書〉（卷八）中說道：

　　　　某聞邃於道者，於世事泊如也！功名未立，其如吾何？

在〈答揚州韓資政書〉、〈答福州蔡正言書〉（並卷十）中，亦表示自己到隨州
後，雖然「食物甚賤」，「私用雖窘」，但「讀書日益有味」。如此樂天知命、
安貧樂道的君子，自不爲貧富貴賤而移其志。故曾子固稱頌他高尚的人格道：

　　　　尹公有行義，……而其所學蓋不以貧富、貴賤、死生動其心，故其
　　　　居於隨，日考圖書，通古今爲事，而不知其官之爲謫也。（《元豐類
　　　　藁》卷十八〈尹公亭記〉）

而范希文在〈與季寺丞〉書中，亦提到師魯謫隨後的情形說：

　　　　近得揚州書，甚問師魯，亦已報他貧且安也。暑中且得未動，亦佳，
　　　　惟君子爲能樂道，正在此日矣。（《范文正公集》「尺牘下」）

黃東發在《黃氏日抄》卷六十一〈讀文集〉中稱：歐公之〈與尹師魯書〉，乃
貶後所作，文中強調前世名人遭貶時有戚怨之情，並戒余安道勿蹈覆轍。黃
氏謂「師魯無修此語，則處之心又可知矣。」這是推崇師魯修爲較歐陽永叔
更勝一籌——即不以進退爲意，而能唯道是適。師魯在〈乞與鄭戩下御史臺
照對水洛城事狀〉（卷二十一）中即曾自謂：

　　　　臣十年之中，三次左降，至于榮進，本不繫心。

正因他不將進退索繫於心，所以在受重用時，能盡力奉獻自己，爲社稷生民
謀福祉，被黜降時，亦能克盡職守，不虧其行；而當國家綱紀不振，小人當
道，無法施展抱負時，也絕不貪戀名位，正如他在〈退說〉（卷三）中所云，
並非「以進爲不偶」，以「退爲高」，而是認爲「於退適宜耳」。因而他在〈張
氏會隱園記〉（卷四）中稱讚張氏昆仲之會隱，並述及退隱者與有志退隱者之
樂云：

　　　　夫馳世利者，心勞而體拘，唯隱者能外放而內適，故兩得焉；有志
　　　　者，雖體未得休而心無他營，不猶賢乎哉？

退隱者能「外放而內適」，有志於隱者能「心無他營」，這樣就不會孜孜於追

〔註3〕歐陽永叔在〈論尹師魯墓誌〉中曾云：「又言其死後妻子困窮之狀，欲使後世
　　　　知有如此人，以如此事廢死，至於妻子如此困窮，所以深痛死者而切責當世
　　　　君子，致斯人之及此也。」

－61－

求功名富貴，縱使處約，亦能「固窮」。不以進退為意，師魯不僅能躬親踐履，亦常用來稱許朋友，如張叔讜（子皋）遭小人排擠被貶，以迄告老還鄉，對於榮華功名始終不慊於心，師魯即深表讚許：

> 公既見擠，廢官於洛，及得告，前後幾十餘年。洛中有英公別墅，嘗與親舊縱游，觴詠自適，向時榮名擺落迨盡。搢紳有驟為時用者，公禮之，如進在己先，循循然不慊於色。他人閔公不遇為窮，公不自窮也。（卷十七〈故朝奉郎司封員外直史館柱國賜緋魚袋張公墓誌銘并序〉）

對於河南太常博士致仕何君無論居官、退任均能不慊其心，師魯在為其作銘文時亦大為稱道：

> 進而室，性焉益通；處而貧，心焉自充。仁者固得其壽，君子不謂之窮。（卷十五〈故太常博士致人何君墓誌銘并序〉）

當許州陽翟令趙氏以高齡請老時，師魯頗欣賞他能「美其終」，因為能夠「量力而止」，不「以虛名自役」之難得。〔註4〕故對於出處進退能恬然自適而不留棧名位者深為欽慕，嘗嘉許其人「有古君子之風」〔註5〕；至如王晦叔之權重官宦，雖欲歸老洛陽小園，然始終不能如願，竟老死於官，師魯為其心願難成深表遺憾，所以在為他寫神道碑〔註6〕時就悲歎道：

> （公）末年恩典愈極，終不得謝，有志弗就，良足悲已。

名利繮繩，多少人唯恐不得執御，然一旦達其所願，又有多少人能坦然禮受，甚而適時解脫？唯有安貧樂道，不以進退為意者，方能釋然於懷。故歐陽永叔在〈祭尹師魯文〉中，對師魯這種修為美德大加讚揚：

> 方其奔顛斥逐，困厄艱屯，舉世皆冤，而語言未嘗以自及。以窮至死，而妻子不見其悲忻。用捨進退、屈伸（一作出處）語默，夫何能然？乃學之力！（《歐陽修全集》卷二「居士集二」）

范希文在〈祭尹師魯舍人文〉中亦推崇說：

〔註4〕見卷十四〈故朝奉郎行許州陽翟令贈太常博士趙公墓誌銘并序〉。

〔註5〕卷十三〈故龍圖閣直學士朝散大夫尚書刑部郎中知河中軍府兼管內河堤勸農使駐泊軍馬公事護軍彭城郡開國伯食邑八百戶食實封三百戶賜紫金魚袋劉公墓表〉載，劉燁天禧年間遷司諫時曾請領留司御史臺，後又自請從河中，終則執意請退，師魯認為有難進易退之志，而深加嘉美。

〔註6〕即卷十二〈故推忠協謀同德佐理功臣樞密使金紫光祿大夫行尚書吏部侍郎檢校太傅同中書門下平章事上柱國太原郡開國公食邑四千一百戶食實封一千四百戶贈太保中書令文康王公神道碑銘并序〉。

自謂功名如芥可取，……斥於散地，頹然不爭，惟曰我咎，匪由人傾。

觀此，則知師魯之爲當世推重，並非無因。

三、忠恕仁慈

孔子曾言：「吾道一以貫之。」曾子謂此「一」即是「忠恕」（《論語》〈里仁〉）。朱子更釋之爲：「盡己之謂忠，推己及人之謂恕。」而《大學》則有所謂「絜矩之道」，《中庸》亦云：「忠恕違道不遠，施諸己而不願，亦勿施於人。」《論語》又云：「己欲立而立人，己欲達而達人」（〈雍也〉）、「己所不欲，勿施於人」（〈顏淵〉）均在強調人格實踐的高尚境界——忠恕之道。

師魯一生，出仕則殫精竭慮於國事；交朋友則推心置腹，設身處地爲對方著想；對屬下則謙抑仁慈，故知之者莫不對他敬重有加。

師魯平素甚少矜誇自己之作爲與修養，但爲人行事，則莫不以聖賢之教爲依歸，力求合乎正道，忠誠爲國。他在〈乞與鄭戩下御史臺照對水洛城事狀〉（卷二十一）中有言：

> 臣與狄青雖出處本異，而忠義一心，但專爲枝梧昊賊，不敢邀功生事，庶幾外禦寇讎，上副寄委。

「專爲枝梧昊賊，不敢邀功生事」、「庶幾外禦寇讎，上副寄委」，句句是事實，是肺腑之言，其於國事之忠藎，於此可見，故蔡君謨稱稱述師魯時曾說：

> 臣伏見西事十年，自始至終，尹洙在邊履歷最久，至於飲食寢寐，悉力計寇，薄命無成，……懷忠負義，身爲國用，……盡瘁營公，不恤當路，將欲有益於時也。（《端明集》卷二十五〈奏爲故崇信軍節度副使尹洙爲涇原路經略時借支官錢回易公用別無玷污己因此死於貶所臣以西事十年在邊任使甚久今家貧無依伏乞朝擧牽復舊秩與一子官庶使沈冤闕聖澤事狀〉）

「西事十年，自始至終，尹洙在邊」、「飲食寢寐，悉力計寇」、「盡瘁營公，不恤當路」，何一不見師魯之忠誠？莫怪君謨要力請朝廷恢復舊秩，並與其子一官，以贖其所蒙之冤曲。

師魯在〈謝宣撫樞密韓諫議書〉（卷九）中曾敘述自己的個性道：

> 多謀而賓權，尚法而不忍，此性之僻，自知甚明。

其實詳加推究，師魯是勤於謀國、勤於謀人而拙於謀己。我們從他投身西疆竭盡心力謀畫邊防，以及因城水洛事遭魚周詢誣罔而不怨，可見他是爲國「多

謀」，爲己而「寡權變」了。

　　師魯個性內剛外和，表現在處事方面是嚴以律己，寬以待人。他在〈上呂相公書〉（卷六）中力陳法制不立之弊；在〈論命令恩寵賜與三事疏〉（卷十八）中痛言命令數更、恩寵過濫、賜與不節之害；對於劉滬、董士廉之不受節制，大爲憤怒〔註7〕，這是他崇法務實精神之表現；而另一方面，他亦有不忍人之心，如乞請朝廷寬貸狄漢臣回易公使錢事，爲石輅雪押兵之罪，爲部將孫用以公使錢還債等。以上，雖驗證了師魯「多謀而寡權，尚法而不忍」個性之「僻」，卻更凸顯他爲國盡忠、爲友盡義之卓絕人格，此點不容忽視。

　　師魯與友交往，凡事均能爲人設想，尤其當自己被貶時，更不想連累別人，縱使親密如歐陽永叔，亦不願與其有書信往來，其愛護好友之心較然可見。如〈又答河北都轉運歐陽永叔龍圖書〉（卷十）云：

> 十一月中寫下手書，會論奏部下事，遂不欲通於左右。今辱書承所履甚休，兼具知某向所陳事，……今之相知者多見戒曰當避形跡，見疏者則相目以朋黨。……世態殊可憎，然不足恤；至於勤事持身，亦不敢懈。

前書原在「十一月中寫下」，然時值蘇子美等人遭罷黜，朝廷正興起誅伐朋黨之浪潮，師魯爲不使永叔無端遭殃，遂將寫好之書信擱置，待永叔來書致問才敢作答。師魯雖鄙厭世俗亂誣朋黨之作風，但對好友的關懷絲毫未減，對於本身職責的盡心、操守之修進，亦毫不懈怠。今再試讀數則師魯與友人書，當更能體會其爲友設想之苦心。如〈答諫官歐陽舍人論城水洛書〉（卷九）云：

> 某十九日至解州，聞永叔舍人其日抵陝郡，以數年之別，相去才數十里，不得一相遇，悵然以爲不幸；然某方爲奸人所擠，構虛百端，舉朝莫與爲辨，若見永叔，必極論是非，其不知者將以某祈恩求援於永叔，此不獨重爲某累，又且以累知己，故不得一相見，未爲不幸也。

至交好數年未見，思慕之情必然強烈，但爲了不牽累對方，兩人雖近卻不一見，固以「未爲不幸」自釋，然內心之悽楚卻流露翰墨間，此種友義情懷，豈不令人感佩？又如〈送供奉曹測〉（卷五）一書亦云：

〔註7〕見卷九〈又答秦鳳路招討使文龍圖書〉、〈又與四路招討使幕府李諷田裴元積中書〉、〈答諫官歐陽舍人論城水洛書〉，及卷二十一〈奉詔令劉滬董士廉卻且往水洛城勾當狀〉、〈乞與鄭戩下御史臺照對水洛城事狀〉等文所言。

予自得罪，不欲以文辭發聞於人，雖朋游素厚者未嘗先爲書問，非
以自愛，慮爲朋游累也。今始見君，而遽相稱道懼流俗之善譽者并
以毀君矣，用是敢辭。

師魯於此明言所以不「先爲書問」，「非以自愛，慮爲朋游累也」。縱使如此，
其對曹測能不顧流俗毀譽而作明智之抉斷，大爲激賞，譽爲「倜儻之士」。足
見師魯交友之大原則，是以不使好友受害爲優先考慮，至於自己是否受屈，
並不在計較之中。此種品格，又豈是常人所及！

　　除上述忠恕德行之表現外，韓稚圭亦特別推崇師魯仁慈之天性，他在〈尹
公墓表〉中曾云：

師魯……天性慈仁，内剛外和，凡事有小而可矜者，必惻然不忍發
見顏貌。

又云：

在軍，謙節愛士，雖悍夫冗列，皆降意容接，故人人願盡其力。所
至郡邑，修設條教，務以實惠。及罷去，則人思之。（同右）

待人能寬慈多諒，治軍能「謙節愛士」，守郡能「務以實惠」，毋怪稚圭稱其
「以道而屯，死爲人思」。〔註8〕

四、剛正敢爲

　　師魯之一生行事、立言，均秉持剛正不阿、坦然無欺的準則，因他認爲：

心無苟焉，可以制事；心無蔽焉，可以立言。惟無苟，然後能外成
敗而自信其守也；惟無蔽，然後窮見至隱而極乎理也。（卷四〈志古
堂記〉）

證以他廷論范希文事的剛正無匹；論救不成則自請從降，心懷坦蕩磊落，一
無憂慼忸怩態，正與其「無苟」、「無蔽」之說相合。

　　在爭修水洛城事件中，師魯密友之一的孫之翰，以爲水洛城可交通秦渭，
對防邊有利，主張修築；師魯覺得好友看事欠周密，乃致書論析道：

其（指師魯自己）所治，獨以平涼、潘原二縣，地不過百里，明公
以列城數百，地數千里之大；其於思慮，則明公以廣，某以專；其
於事實，則明公以傳聞，某以目睹。某謂思慮之廣不若專，事之傳

聞不若目睹，雖英識精鑒，洞照幽隱，然大概論之，鮮有異者。（卷
八〈上陝西都轉運孫待制書〉）

此處表現出堅定自信，不亢不卑之一貫精神和氣度。事實上，歐陽永叔在〈尹
師魯墓誌銘〉中即稱他爲「遇事無難易，而勇於敢爲」者，范希文更盛稱師魯
「自慈登瀛，坐揚清風，舉止甚直，議論必直」。就因他秉性耿亮，故議論時事
切直敢言，乃致「黑白太明，吏議橫生」〔註9〕了。但這曲並不在他，他是先
擇善而後才固執之的。關於這一點，韓稚圭在〈尹公墓表〉中有精當的評述：

及臨大節，斷大事，則心如金石，雖鼎鑊列前，不可變也。（《安陽
集》卷四十六）

「鼎鑊列前」而不變其志，足見師魯生性之「剛峭」〔註10〕；「臨大節，斷大
事，則心如金石」一語，又見師魯平日行事準則：只要是道義所在，絕不猶
豫畏縮。梅聖俞在〈尹師魯治第伐樗〉詩中也稱其「獨秉一定議，自將群俗
違」〔註11〕，只要事所當行，何畏俗言橫議，此乃師魯性格之表現。

另外，宋、強至所編《韓忠獻公遺事》說：

公謂：「申公爲相，以進賢自任，恩歸於己，時士皆出其籠絡，獨歐、
范、尹旋收旋失之，終不受其籠絡。」（頁7，又見《范文正公集》
「遺事錄」卷二）

又說：

公謂：「富、范、歐、尹常欲分君子小人，故小人忌怨日至，朋黨亦
起。及其極，君子消退，巨公大人有不能出力救之者。」（頁7）

君子小人之辨，自孔子起就極重視。他說：「君子喻於義，小人喻於利。」（《論
語》〈里仁〉）又說：「君子矜而不爭，群而不黨。」（《論語》〈衛靈公〉）而君
子人格建立的基點就在於義，爲維持人格獨立的尊嚴，豈能與小人同流合污，
或委屈正義去做討好別人之鄉愿？對於非義之事，必能嚴峻以拒，縱使對方
爲權傾天下之執宰亦然，故明、廖道南在其《楚紀》中謂：

文人相傾，自古則然，而況小人之俟君子，若蜂蠆辛螫，必中傷而

〔註9〕 見《范文正公集》〈祭尹師魯舍人文〉。范希文在〈河南集原序〉中亦曾言師
魯「以論事切直貶監郢州市征」。
〔註10〕 蘇子美《蘇學士集》卷四〈哭師魯〉詩云：「君性本剛峭，安可小屈柔。」又
云：「返來入狴犴，吏對安可酬。法官巧追拍，刺骨不肯抽。」可見其性之剛
峭。
〔註11〕 見《宛陵集》卷一。

毒害之。雖然能屈其身，弗能掩其名，然則何益哉？⋯⋯師魯直臣，
其志可則。（卷五十五〈穆風外紀前〉編）

清、李清馥撰《閩中理學淵源考》時，亦盛稱師魯等人君子之風，其言曰：

公（蔡君謨）當時與歐陽文忠犯顏廷諍，培沃朝廷，正直忠厚之風，
與歐陽、徂徠、尹公並稱四君子。（卷十一〈莆陽蔡氏家世學派〉）

師魯「臨大節」、「斷大事」時「剛正不阿」、「勇於敢為」，而守郡治軍則
「謙節待士」。〔註12〕他在送路渙之序中曾云：

渙之才美而甚晦，內方而外和。惟晦與和，某當師仰之。（卷五〈送
路綸寺丞序〉）

《河南集》〈本傳〉稱他「內剛而外和」，「與人言必極辯其是非，遇事無難易
勇於敢為」。是師魯此時自覺其詞鋒太過顯露，應當效法路渙之之隱斂。這正
見出他有自知之明，亦有他謙和自抑之處。而〈退說〉（卷三）一文所云：「予
之不才，於退適宜者，非今日始自知也」，更見出他謙遜之美德，至於有人說
師魯「性高而褊」〔註13〕，真不免厚誣君子了。

五、與人為善、不念舊惡

師魯雖秉性剛直，但愛賢勝過嫉惡。人有一善，即津津樂道；有一長才，
即盼能助其施展，故對於真正才德之士，往往推薦不遺餘力，如仁宗寶元二年
（1039）推薦李之才予葉道卿、康定元年（1040）推薦楚執中予韓稚圭〔註14〕
即是其例。然在推薦人才而需要靠朋友的力量幫忙時，則會特加慎重，以免連
累對方。他在〈與京西轉院劉察院薦樊景書〉（卷十一）中就說：

某頃守郡嘗薦士，其取之初不甚精，以為天下吏員甚眾，官局小大
各有所任，拔十得三四亦不為失人。又其異日無狀，必與其罪，以

〔註12〕黃震輯《古今紀要》卷十八亦載師魯：「為郡邑謙下。」
〔註13〕王銍《默記》頁49載：「尹師魯性高而褊，在洛中，嘗與歐梅諸公同游嵩山，
師魯曰：『游山須是帶得胡餅鑪來，方是游山。』諸公咸謂：『游山貴真率，
豈有此理。』諸公群起而攻之，師魯知前言之謬而不能勝諸公，遂引手扼吭，
諸公爭救之，乃免。」按此處所記與謝希深所作〈遊嵩山寄梅殿丞書〉（見《歐
陽修全集》卷六「附錄」）絕異，希深載遊山事甚詳，然無及此事，僅有「馬
上粗若疲厭，則有師魯語怪，永叔子聰歌俚調」之語，且王氏所言類小說家
語，與師魯生平作為不類，宜不可信。
〔註14〕推薦李之才事已見本文第二章第二節，推薦楚執中事則見於《長編》卷一百
二十九，頁18；另《束軒筆錄》卷四亦載此事。

是無所愧負。若薦人於朋友，則必慎之重之，蓋不如所稱，則為誣
罔；苟以貪墨取罪，則己無所損預，獨朋友坐之，其為愧負，萬萬
於己得罪。

此種寧可自己與罪，不願朋友受累之心懷，實令人讚佩。他又說：

某自廢黜，不喜道當世人過惡，獨見人之善美，不免有所稱譽，向
亦用此取罪，然似發於天性，雖重得罪，不能自己。（同右）

在〈又答河北都轉運歐陽永叔龍圖書〉（卷十）中也說：

某之心，愛賢過於嫉惡，不獨永叔知，他人亦多見信。豈有心之所
愛幸而共世不與之親且厚耶？

可見師魯之愛才能薦、與人為善，乃出於天性，並非干譽要名，亦非朋比結
黨。其所以「愛賢」，只不過是布望能使好人出頭，「人盡其才」，為國家謀福
祉罷了。孔子有云：「與其進也，不與其退也。」（《論語》〈述而〉）或許即是
師魯嘉善稱美人才之所本吧！

師魯行事光明磊落，不徇私、不記仇，他在與韓稚圭信中曾說明自己平
日和別人爭論，都是為了國家之利害；而遭貶謫後，則絕口不提前事，亦不
起懟恨之心。信裡說：

平時與人異同，遂至爭論不息，蓋國家事；今既廢放，若復云云，
乃是懷私忿耳。不惟絕之於口，亦不萌之於心，用是益以自適。（卷
十〈答揚州韓資政書〉）

此種寬大坦蕩之胸懷，亦同樣表現在處理與劉滬、董士廉之爭執上。當劉、
劉二人被繫捕拘往長安時，曾上書陳情，師魯即告誡幕吏石輅、李仲昌勿輕
率毀去此等文字，如到時劉、董二人控告自己有所隱瞞，則可繳上，以便劉、
董能「盡辭於獄」，並免背上「閉塞之議」〔註15〕，這真是君子廓然大公的典
範。後來董士廉銜恨控告師魯動用公使錢，師魯遂遭誣陷，貶為隨州節度副
使，卻毫無怨尤，他在〈別南京致政杜少師啟〉（卷十一）中即對杜祈公說：

久去左右，滅裂教誨，止知廉身，不能慎事，故自謫官，未嘗它尤，
但自咎而已。

難怪魏了翁在作〈均州尹公亭記〉時要大加稱述道：

方范文正以忤大臣黜降，三諫官皆以言得罪，而尹公坐監郢州酒稅。
觀其與歐公書，勉以謹職遠酒，其詞平氣和，無悻悻戚戚之意。未

〔註15〕見卷九〈與幕吏石輅李仲昌書〉。

幾,雖以將帥辟除歷仕西垂,卒坐范黨爲群憸所証,謫均州酒稅。
方公之被証也,劉湜希時宰意,將以竊賄汙公,寘之必死,而卒莫
之得。他日,公與孫公之翰語移日,秋毫無怨湜意。孫公訝之,公
曰:「此湜不能自立之過,於洙奚恨焉!」〔註16〕嗚呼!充是心也,
雖夷齊不念舊惡,殆不是過矣。如公之清躬秉方,聲善疾惡,若推
其所爲,將不得與斯人一日並生斯世也。而可喜可怒,在物不在我;
孰是孰非,責己而不責人,蓋其省愆念德,常若不及,故於攻人之
惡,記人之過,有所不暇。然則即是一端,其眞知篤行、有本者若
是,則世之以文藝知公者,末也。(《鶴山先生大全文集》卷四十九)

魏了翁以上的一段話,可說對師魯人格推崇到極點了,但是,若非師魯眞有
其德其行,豈能受人如此尊敬?

六、通達不憂

師魯認爲:世人往往以聲名的顯晦,地位的尊卑,來區分窮通,其實是
十分謬誤的。他在爲張叔謨所作之墓誌銘中即說道:

吾觀人之情,莫不以顯榮爲通、詘辱爲窮,然死之日曾無銖兩之異
焉,獨善惡之著。其人雖歿,其名猶存,必視其鉅細,爲世之近遠,
故君子置彼而安此。(卷十七〈故朝奉郎司封員外直史館柱國賜緋魚
袋張公墓誌銘并序〉)

能夠明辨善惡,行其所當行,名聲自能流傳久遠,這才是眞正的通達。既能
識破名利桎梏,唯善是行,對於死生亦能置之度外,豁達而不憂。范希文與
韓稚圭討論改訂師魯文集序文時,曾回憶道:

的是不言後事,直至某先言二三事,他心安而不憂,其後它方叩頭
云:「公言已盡矣。」明日,昇疾而來,卻無一言,是相知之深不暇
言也。(《范文正公集》「尺牘」中〈與韓魏公〉)

因此希文「嘆其精明如是,剛決如是」、「死而不失其正」〔註17〕;而稚圭亦

〔註16〕此事又見《五朝名臣言行前錄》卷九頁 10 引《南豐雜識》,所載尤詳,可參
　　　　看。
〔註17〕見范希文〈河南集原序〉,陳振孫《直齋書錄解題》卷十七亦稱師魯「死時精
　　　　明不亂,有過人者」,馬端臨《文獻通考》卷二百三十四「經籍六十一」亦引
　　　　此文。

美其「能安性命而歸正」。〔註18〕歐陽永叔在〈祭尹師魯文〉中，更爲師魯不
以得失死生動其心而心折不已。其文云：

> 方其奔顛斥逐，困厄艱屯，擧世皆冤，而語言未嘗以自及，……至
> 其握手爲訣，隱几待終，顏色不變，笑言從容。死生之閒，既已能
> 通於性命；憂患之至，宜其不累於心胸。（《歐陽修全集》卷二「居
> 士集二」，又見《宋元學案補遺》卷四引）

處憂患，能「不累於心胸」；臨生死，又「能通於性命」，此種修爲誠非一般
人所能及，難怪元黃晉卿（溍）要盛推師魯爲「知道者」了。〔註19〕

第二節　才　識

一、博學有識度

《宋史》〈本傳〉謂：

> 洙內剛外和，博學有識度，尤深於春秋。（卷二百九十五）

《河南集》所附〈本傳〉則說得更詳細：

> 洙內剛而外和，……至前世治亂沿革之變，靡不該貫。人有疑難不
> 能通，洙爲指畫詳解，皆釋然自得，尤長于春秋。〔註20〕

兩處都甚言師魯之博學，尤讚其「深于春秋」。而富彥國之〈哭尹舍人詞并序〉
則云：

> 始君爲學，遭世乖離，掠取章句，屬爲文辭；經有仁義，曾非所治；
> 史有褒貶，亦弗以思。君顧而歎，嫉時之爲，鈎抉六籍，潛心以稽，
> 上下百世，指掌而窺，功不苟進，習無匪彝。（四部叢刊本《河南先
> 生文集》附錄引）

除嘉譽師魯博學潛研，不割裂章句，不矜誇藻飾；尤能循序漸進，通貫古今，

〔註18〕見《安陽集》卷三十七〈尹公墓表〉，又見廖道南《楚紀》卷五十五〈穆風外
　　　紀前〉引，唯廖氏誤將「韓魏公表」誤植爲「司馬光表」。

〔註19〕見《宋元學案補遺》卷四頁 42 引黃晉卿〈跋范文正公與尹師魯帖〉。

〔註20〕曾子固撰《隆平集》卷十五〈儒學行義〉中亦稱師魯「博學有識度」、「人有
　　　疑難不能自決者，造問焉，洙爲指畫講說，皆釋然而去。通六經，尤深於春
　　　秋。」或即參考此二種〈本傳〉而成；晁公武《郡齋讀書志》卷十九所言，
　　　則與《河南集》附錄〈本傳〉同。王洙《史質》卷四十四所述則與《宋史》〈本
　　　傳〉同。

達聖人之旨。所以師魯服仕西京時，王沂公（曾）就頗賞識其才學，而稱其為「文敵」。〔註21〕

　　宋葉氏撰《愛日齋叢抄》卷四曾引董弅《閒燕常談》所載云：

　　　世傳歐陽公作〈醉翁亭記〉成，以示尹師魯，自謂：「古無此體。」
　　　師魯曰：「古已有之。」公愕然。師魯起，取《周易、雜卦》以示公，
　　　公無語，果如其說。〔註22〕

這就是師魯學識淵博的有力證明。歐陽永叔在自跋〈集古錄目序〉亦云：

　　　陳郡謝希深善評文章，河南尹師魯辨論精博，余每有所作，二人者
　　　必伸紙疾讀，便得余深意；以示他人，亦或時有所稱，非余所自得
　　　者也。（《歐陽修全集》〈年譜〉前）

陳善對歐陽永叔之言雖有異議〔註23〕，卻同意永叔對師魯學識之推崇。

　　師魯不僅善於評文，亦善於評人。《續湘山野錄》頁 14 即載師魯評姚嗣宗事云：

　　　杜祁公帥長安，多裁品人物，謂尹師魯曰：「姚生如何人？」尹曰：
　　　「嗣宗者，使白衣入翰林亦不忝；減死一等、黥流海島亦不屈。」
　　　姚聞之大喜，曰：「所謂善評我者！」

由上所述，可見師魯學問識力兼備，而范希文序其文集時，以「少有高識，不逐時輩」稱師魯，不是沒有原因了。

二、議論高闊

　　師魯在〈故三班奉職尹府君墓誌銘并序〉（卷十四）中自言少時即「好論議古今」、「往往與先生辨是非」，而在與李諷等人的書信中，亦敘述自己所以獲得四路招討使鄭戩之器重，乃在於自己的「論議有可采者」、「於邊事有所得者」。〔註24〕至於其論議如何可采？歐陽永叔在〈尹師魯墓誌銘〉中談道：

　　　其與人言，是是非非，務窮盡道理乃已，不為苟止而妄隨，而人亦
　　　罕能過也。（《歐陽修全集》卷二「居士集二」）

〔註21〕參見卷十七〈祭僕射王沂公文〉。
〔註22〕按「此體」乃指以「也」字為絕句之體。
〔註23〕陳善《捫蝨新話》上仕卷一〈文章由人所見〉云：「文章似無定論，殆是由人所見為高下爾。」並以歐公此語為例，謂「所謂『文章如精金美玉，市有定價，不可以口舌增損』者，殆盧語耶？」
〔註24〕見卷九〈與四路招討使幕府李諷田裴元積中書〉。

「是是非非」、「窮盡道理」即師魯一貫議論之本色。韓稚圭稱其論議「如鑑之明，無隱不窺」、「疑昧之決，審乎蓍龜」〔註25〕，即本此而言。

歐陽永叔在古詩〈七友七首〉中，曾如此詠贊師魯：

　　師魯天下才，神鋒凜豪儁。逸驥臥秋櫪，意在驟驟迅。平居弄翰墨，
　　揮洒不停瞬。談笑帝王略，驅馳古今論。良工正求玉，片石胡為轀。
　　（《歐陽修全集》卷二「居士外集一」）

在〈書懷感事寄梅聖俞〉詩中亦詠道：

　　師魯心磊落，高談義與軒。（同上卷）

歐公之詠此詩，正是洛中七友意興風發，初嶄頭角之時，故師魯躊躇滿志，期盼一展才華，永叔所稱「意在驟驟迅」，即指其抱負。而「師魯天下才，神鋒凜豪儁」及「談笑帝王略，驅馳古今論」、「高談義與軒」，則在讚揚師魯才情之高、議論之闊。邵博《聞見後錄》卷十五載雷簡夫為薦眉山老蘇，特以書致韓忠獻（琦）、張文定（方平）、歐陽文忠（修），而其〈上韓忠獻書〉，即亟稱蘇老泉之才美，而謂唯師魯可與相敵。從其中「師魯不再生，孰與洵抗邪？」之句，便可見雷簡夫對師魯之推崇了。〔註26〕

師魯之議論文，可以其文集卷二之「雜議」九篇為代表，今僅以〈敘燕〉、〈述享〉二文為例，試觀其議論之一般：

〈敘燕〉一篇，旨在陳述國家設兵制敵，「在謀」而「不在眾」，「以天下之廣謀其國」又「不若千里之固」，其法即在將眾兵分守於爭地，「掎角以疑其勢，設伏以待其進」，而後「乘間夾擊」，則可戰無不勝了。接著以戰國至宋於燕地爭勝之事為例，證明燕地雖弱，猶能於唐時獨力抗拒外來之契丹欺凌。而宋初雖嘗以天下精銳駐紮於強過於燕之趙、魏來專力對敵，卻「不能攘尺寸地」，主要乃在宋兵「負城有內顧心」，怕一挫衂，即危害國家，故不敢放手搏敵。而今天下稍定，則「士大夫誦聖，謂百世不復用」兵，師魯卻率直地說：天下雖安，然不可去兵備，以防不測。最後點出本文的目的：「儻後世復用之，鑒此少以悟世主。」可見其用心及識見，遠非時人可及。

〈述享〉則舉述自漢至宋郡國建廟及陵寢之制。謂漢唐之制「大率主於

〔註25〕見《安陽集》卷四十三〈祭龍圖尹公師魯文〉，又見《河南集》附錄。
〔註26〕按邵氏此文亦載：「簡夫向年自與尹師魯別，不幸其至死不復相見，故居常恨，以謂天下後生無復可與議論當世事者。」足見雷簡夫平素即十分佩服師魯之議論。

隆而不主於殺」，其旨乃在「篤孝思之意，廣親親之恩」；而歷代君王致祭之所以隆重、敬慎，最主要的乃是「盡夫至誠」。接著便批評當時「盛日祭於園寢，委時享於下國」之不當，「雖美物備致，而至誠不篤」之失義。其文簡賅，論見肯綮，又引實例作證，爲其典型之論議文章之一。

韓稚圭稱其「善議論，參質古今，開判疑滯」〔註27〕，歐陽永叔稱其辯議亦「仲尼、孟子之功」〔註28〕，可說是深知師魯之言。

三、知兵法

歐陽永叔在〈尹師魯墓誌銘〉中論師魯兵事方略之材能云：

> 師魯當天下無事時，獨喜論兵，爲〈敍燕〉、〈息戍〉二篇行于世。自西兵起，凡五六歲，未嘗不在其閒，故其論議益精密，而于西事尤習其詳。其爲兵制之說，述戰守勝敗之要，盡當今之利害。又欲訓土兵伐戍卒，以減邊用，爲禦戎長久之策。（《歐陽修全集》卷二「居士集二」）

《宋史》亦云：

> 當仁宗在位時，宋興且百年，海內嘉靖，上下安佚，然法制日以玩弛，徼倖之弊自西垂用兵，關中困擾，天子憫勞，元元奮然，欲用群材以更內外之治，于時俊傑輩出，尹洙崎嶇兵間，亦頗論天下之事。（卷二百九十五〈論〉）

師魯之熟知兵事，不僅爲朋輩所推崇，連後世之王洙、紀昀亦對其讚賞有加。〔註29〕綜觀師魯所論兵策，多與管子、孫子、吳子等相符（於下章詳述，此略。），故知師魯成就所以偏於事功，是有其原因的。

范希文在慶曆四年奏請師魯轉官時曾云：

> 尹洙才業操行，搢紳所推。由臺閣進用，便可直入兩制。（《范文正公集》「奏議」上〈奏議尹洙轉官〉）

韓稚圭在哀悼師魯時亦云：

> 惟君之生，天與英奇。……如材之美，無用不宜。（《安陽集》卷四

〔註27〕見《安陽集》卷四十六〈尹公墓表〉。
〔註28〕見《歐陽修全集》卷六「書簡」〈與梅聖俞書〉（明道元年）。
〔註29〕明、王洙撰《史質》卷四十四謂：「師魯少以儒學知名，……與穆修復振宋代古文，兼知兵法，於西事尤所練習。」清、紀昀〈河南集提要〉則稱師魯「久歷邊塞，灼知敵情，凡所措置，多有成效。」

－73－

十三〈祭龍圖尹公師魯文〉）

二人對師魯之才情、人品，是如此推崇，故當師魯貶謫而死，友朋均異常悲傷，尤其是韓稚圭，更是哀痛地說道：

> 嗚乎，以公文武之才，犖犖然震暴天下之如是，曾不得一舒所蘊于公卿之位，輔致太平之業，而反遭罹讒諉，遂終貶官，此當世守道之士所以仰天嘆呼，疑為善而得禍，而中人者引以為監，思擇利而自安也。（《安陽集》卷四十六〈尹公墓表〉）

孔子曾對冉伯牛之得病早逝，無可奈何地嘆道：「亡之，命矣夫。斯人也，而有斯疾也。斯人也，而有斯疾也。」（《論語》〈雍也〉）對於師魯之英年猝逝，也會讓人興起「斯人而有斯命」之感慨。不過子夏說得好：「死生有命，富貴在天」（《論語》〈顏淵〉），對於人力無可抗拒的命限，只有釋懷順道。何況像師魯節行如此超章、才業如此挺拔者，縱使不能為當世所重用，其真正知己，亦不會任令其英名被埋沒，紀昀〈河南集提要〉即云：

> 洙為人內剛外和，能以義自守。……其沒也，歐陽修為墓誌，韓琦為墓表，而范仲淹為序其集，皆一代名賢，蓋其氣節幹事，均有足重者。（《四庫全書》「集部三、別集類二」）

能令一代名賢自願傾力料理其後事，彰顯其學行，為其編次文集，非厚德高行者誰能有此！

第五章　年譜及作品繫年

　　師魯作品，今可見者計有：詩十九篇（古體詩〈皇雅〉十篇、絕句五篇、律詩四篇），詞一闋，雜議九篇，雜文九篇，記十二篇，序十篇，書啓五十六篇，行狀、墓表、誌銘、祭文計三十七篇（含〈河南府司錄張君墓誌銘〉），表疏九篇，箚子十三篇，奏狀二十一篇，奏議（代耿傅作）五篇，申狀十三篇，總計二百二十三篇，另有《五代春秋》兩卷，並行於世。

　　其作品可考知年代者，以卷十三之〈故太中大夫尙書屯田郎中分司西京上柱國王公墓誌銘并序〉爲最早，在仁宗明道二年（1033），師魯時年三十三歲。今依其作品出現年代、卷數次序分別繫於各該年最末一欄，其上則將師魯及其相關時賢事蹟擇要敘述，並加該年重要記事，俾便了解師魯作品與時代脈動之關聯，亦可由此導入探索師魯思想之形成背景與其特殊機緣：

紀　元	師魯事蹟	相關時賢重要事蹟	時　事	作品
宋眞宗 咸平四年辛丑 （1001）	師魯生於河南洛陽。　兄子漸（源）已六歲。父仲宣去歲中明經進士。	王晦叔（曙）已三十九歲。　王孝先（曾）已二十四歲。　杜世昌（衍）已二十四歲。　穆伯長（修）已二十三歲。　范希文（仲淹）已十三歲。　石曼卿（延年）已八歲。　謝希深（絳）已七歲。　孫之翰（甫）已四歲。　余安道（靖）已二歲。　六月，王元之（禹偁）卒，年四十八。	三月，以呂蒙正、向敏中同平章事，以王旦、王欽若參知政事。　六月，頒九經於州縣學校。　十月，契丹入寇，張斌等屢敗之。	

宋眞宗 咸平五年 （1002）	師魯二歲。	梅聖俞（堯臣）生。	正月，以張齊賢爲邠寧、環慶等州經略使，以丁謂爲夔州路轉運副使。 三月，李繼遷陷靈州。 五月，選河南民丁爲兵。 六月，李繼遷圍麟州，守臣衛居實敗之。 七月，募河北丁壯。	
宋眞宗 咸平六年癸卯 （1003）	師魯三歲。	田元均（況）生。	二月，遣使賑京東、西、淮南水災。 三月，授六谷酋長巴勒結爲朔方軍節度。 四月，置河東神銳、神虎軍。 同月，遼軍攻定州，行營副署王繼忠戰歿。 九月，呂蒙正罷爲太子太師。 十月，開沿邊方田，鑿河以遏敵騎。	
宋眞宗 景德元年甲辰 （1004）	師魯四歲。 弟巨川（湘）生。	富彥國（弼）生。	正月，大赦，改元。 八月，契丹大舉入侵，眞宗親征澶州。 十一月，宋軍設伏誅殺契丹統軍使蕭達蘭，契丹士氣大衰，眞宗遣曹利用至契丹議和。 十二月，澶淵之盟訂立，宋稱契丹爲兄，歲幣銀十萬兩，絹二十萬匹。	
宋眞宗 景德二年乙巳 （1005）	師魯五歲。	江鄰幾（休復）生。 石守道（介）生。	正月，以遼人議和，大赦天下。 同月，散河北強壯歸農，選河北守臣。省河北戍兵。 二月，孫僅使契丹。 十月，歸幣於遼，自是歲以爲常。	
宋眞宗 景德三年 （1006）	師魯六歲。	文寬夫（彥博）生。 蘇才翁（舜元）生。	二月，罷寇準爲刑部尚書，知陝州，以王旦爲平章事。 十月，趙德明請降，詔以爲定難軍節度使，封西平王。	
宋眞宗 景德四年丁未 （1007）	師魯七歲。	歐陽永叔（修）生。 王仲儀（素）生。 張安道（方平）生。	正月，眞宗如西京謁諸陵。 五月，置登聞鼓院、登聞檢院。 八月，置龍圖閣直學士，以杜鎬充之。	
宋眞宗 大中祥符 元年戊申 （1008）	師魯八歲。	韓稚圭（琦）生。 蘇子美（舜欽）生。 石君乘（牰）生。 狄漢臣（青）生。	正月，眞宗爲掩飾澶淵和議之辱，造天書，行封禪，天書降於承天門。 四月，始建昭應宮以奉天書，七年後築成。 六月，天書又降泰山醴泉北，眞宗遣使迎還。 十月，眞宗至泰山封禪。	

宋眞宗 大中祥符二年 己酉 （1009）	師魯九歲。	蘇明允（洵）生。 范希文讀書長白山。穆伯長登進士第，調海州理椽，後以忤通判，被削籍，隸池州。	四月，以丁謂爲修昭應宮使。七月，以昭應宮爲玉清昭應宮。 九月，召親王赴龍圖閣觀書。 十月，詔天下並建天慶觀。	
宋眞宗 大中祥符三年 庚戌 （1010）	師魯十歲。	歐陽永叔父逝，隨母往依叔父歐陽曄，遂家于隨州。	二月，交州黎至忠卒，交趾亂。三月，以李公蘊爲靜海軍節度，封交趾郡王。 四月，皇子受益生（即仁宗）。 六月，遼遣使告糴。 十月，遼伐高麗。	
宋眞宗 大中祥符四年 辛亥 （1011）	師魯十一歲。	韓光弼（國華）生。邵堯夫（雍）生。	二月，祀后土地祇于脽上。五月，詔州城置孔子廟。 七月，免閩浙湖廣丁身錢。 十二月，獻天書於朝元殿。	
宋眞宗 大中祥符五年 壬子 （1012）	師魯十二歲。	蔡君謨（襄）生。	正月，河決棣州。 二月，京西饑。 四月，以向敏中爲平章事。 九月，以王欽若、陳堯叟爲同平章事，充樞密院使。趙安仁罷，以丁謂參知政事。 十一月，初置玉清昭應宮使，以王旦爲之。 十二月，立德妃劉氏爲皇后。	
宋眞宗 大中祥符六年 癸丑 （1013）	師魯十三歲。		正月，禁出使內臣干預公事。六月，楊億罷翰林學士，爲太常少卿，分司西京。 七月，除農器稅。	
宋眞宗 大中祥符七年 甲寅 （1014）	師魯十四歲。		正月，升應天府爲南京。 五月，詔模刻天書，奉安於玉清昭應宮。 六月，王欽若、陳堯叟罷樞密使。以寇準爲樞密使，同平章事。 十月，玉清昭應宮成。	
宋眞宗 大中祥符八年 乙卯 （1015）	師魯十五歲。	三月，范希文中進士，任廣德軍司理參軍。	二月，淮浙饑。 四月，寇平仲（準）罷樞密使。以王欽若、陳堯叟並任。 五月，榮王元儼宮失火，延燒內藏、左藏庫、朝元門、崇文院、秘閣。九月，注輦國遣使來貢。〔註1〕 十二月，皇子行加冠禮。	

宋眞宗 大中祥符九年 丙辰 （1016）	師魯十六歲。	歐陽永叔借書於隨州李氏，得韓昌黎文六卷，乞以歸讀而愛之。	正月，以張旻爲宣徽南院使，兼樞密副使。 六月，京畿蝗。七月，飛蝗過京師，眞宗詣玉清昭應宮、開寶寺等焚香祈禱，禁宮城音樂五日。 八月，陳堯叟罷樞密使、同平章事，爲右僕射。
宋眞宗 天禧元年丁巳 （1017）	師魯十七歲。	周茂叔（敦頤）生。范希文遷文林郎，權集慶軍節度推官，始復范姓。	二月，進封李公蘊爲南平郡王。召馮元侍講，自是率以爲常。 同月，陳彭年卒，眞宗親臨其喪。 五月，詔以仍歲蝗旱，遣使分路安撫。 七月，王旦以病堅請罷相。 八月，以王欽若同平章事。 九月，李迪參知政事。王旦薨，眞宗親臨其喪。 是歲，諸路民饑。
宋眞宗 天禧二年戊午 （1018）	師魯十八歲。	范希文爲譙郡從事。	正月，賑河北饑。 二月，京西饑。 六月，以曹利用知樞密院事。有彗星出北斗。 七月，以李士衡爲三司使。 八月，立昇王受益爲太子，改名禎，大赦天下。
宋眞宗 天禧三年己未 （1019）	師魯十九歲。	司馬君實（光）生。曾子固（鞏）生。范希文除秘書省校書郎。	三月，天書降於乾佑山。 四月，迎天書入內。 六月，以王欽若有罪免，以寇平仲同平章事，丁謂參知政事。 同月，滑州決河，泛澶、濮、鄆、齊、徐境。 八月，以天書再降，大赦天下。大會釋、道於天安殿。 十二月，富州蠻納土，詔卻之。
宋眞宗 天禧四年庚申 （1020）	師魯二十歲。長子處厚（朴）生。 弟巨川（湘）由大父蔭得官，初權偃師酒，又掌衛州牧馬。	張子厚（載）生。	正月，以曹瑋爲宣徽北院使，鎭國軍留後，僉署樞密院事。二月，遣使安撫江、淮、浙、利州路饑民。 三月，安撫益、梓州路饑民。 四月，向敏中卒，眞宗親臨喪。楊億復爲翰林學士。 六月，寇準罷右僕射兼中書侍郎平章事。爲太子太傅、萊國公。七月，貶爲太常卿。 七月，以李迪爲平章事，馮拯爲同平章事。十一月，建天章閣，編聖政錄。丁謂、李迪罷，謂旋復相。

宋眞宗 天禧五年辛酉 （1021）	師魯二十一歲。	王介甫（安石）生。范希文監泰州西溪鎭鹽倉。	正月，京東大水，遣使安撫。十二月，置同勾當三館、秘閣，以內侍皇甫繼明爲之。	
宋眞宗 乾興元年壬戌 （1022）	師魯二十二歲。	七月，王孝先爲平章事，錢惟演爲樞密使。十一月，錢惟演罷樞密使。	正月一日，改元乾興。二月，眞宗崩，太子禎即位，是爲仁宗。六月，內侍雷允恭伏誅。丁謂罷。七月，以魯宗道、呂夷簡參知政事。十月，太后同御殿垂簾。十一月，以劉筠爲御史中丞。諸州給先聖廟學田。	
宋仁宗 天聖元年癸亥 （1023）	師魯二十三歲。	歐陽永叔應舉隨州，試左氏失之誣論，坐賦逸官韻，不中。	正月，詔改元。京東、淮南水災，遣使安撫。三月，行崇天曆。四月，令近臣舉官充臺諫。五月，行邊郡入中芻粮見錢法。九月，馮拯罷，以王欽若同平章事。閏九月，寇平仲卒于雷州。十一月，禁江南諸路巫邪。	
宋仁宗 天聖二年甲子 （1024）	師魯二十四歲，中進士，授絳州正平縣主簿。其後六年，歷任河南府戶曹參軍、安國軍節度推官、知邵武軍光澤縣。	范希文遷大理寺丞，子純佑生。	三月，賜舉人第。十一月，立皇后郭氏。	
宋仁宗 天聖三年乙丑 （1025）	師魯二十五歲。	四月，范希文上書請救文弊、復武舉、重三館之選、賞直諫之臣及革賞延之弊。	四月，以劉燁知河南府。六月，涇原屬羌寇邊。十一月，王欽若卒。十一月，以張知白同平章事。	
宋仁宗 天聖四年丙寅 （1026）	師魯二十六歲。	范希文丁母憂。歐陽永叔自隨州薦名禮部。	四月，卻川陝獻織繡。六月，大雨震電，京師平地水數尺。仁宗避正殿，減常膳。七月，罷陝西醋務，減兩川錦綺貢。九月，廢襄、唐二州營田務。十一月，賑京城饑。	
宋仁宗 天聖五年丁卯 （1027）	師魯二十七歲。弟巨川卒，年二十四。	范堯夫（純仁）生。韓稚圭中進士，授將作監丞，通判淄州。歐陽永叔於是春試禮部，不中。是年，梅聖俞娶謝濟之	正月，晏同叔罷樞密副使，以諫議大夫夏竦繼任。五月，趙德明命其子元昊襲取回鶻、甘州，立爲太子，西夏益強。十月，罷陝西青苗錢。	

		（濤）女（謝希深之妹）。以叔父梅詢蔭，補太廟齋郎，出任桐城縣主簿。		
宋仁宗 天聖六年戊辰 （1028）	師魯二十八歲。本年，弟巨川之妻女相繼亡逝。	十二月，范希文爲秘閣校理，晏同叔所薦。	二月，張知白卒，以張士遜同平章事。 五月，交趾寇邊。六月，罷戎、瀘諸州穀稅錢。九月，以陳從易、楊大雅知制誥。	
宋仁宗 天聖七年己巳 （1029）	師魯二十九歲。	春，歐陽永叔在京師，試國子監爲第一，補廣文館生。秋，赴國學解試，又第一。 十一月，范希文以上疏請太后還政故，出判河中府。 本年，蘇子美任太廟齋郎。	正月，曹利用罷。 二月，呂夷簡同中書門下平章事，夏竦參知政事。 六月，玉清昭應宮火災。王孝先罷。 八月，夏竦復爲樞密院副使，陳堯佐、王隨叔並參知政事。	
宋仁宗 天聖八年庚午 （1030）	師魯三十歲。六月，中書判拔萃科，入第五等。任武勝節度掌書記，知河南府伊陽縣。 是年，母張太夫人卒。其兄子漸舉進士及第，爲奉禮郎，後累遷太常博士。	正月，歐陽永叔試禮部第一。三月，中進士甲科。五月，任將仕郎，試秘書省校書郎，充西京留守推官。 三月，蔡君謨舉進士。五月，爲漳州軍事判官。五月，韓稚圭丁母憂。是年，富彥國中制科。〔註2〕	正月，曹瑋卒。 五月，大雨雹。 六月，仁宗親試書判拔萃科及武舉，得余安道、尹師魯、武舉十三人。 七月，策制科。 九月，罷轉對。 十月，置天章閣待制，以鞠詠、范諷爲之。 十二月，高麗來貢。	
宋仁宗 天聖九年辛未 （1031）	師魯三十一歲，在西京洛陽與歐陽永叔、謝希深、梅聖俞等人遊往。	三月，永叔至洛陽，爲留守推官。 同月，范希文遷太常博士，移判陳州。 當年，梅聖俞任河南縣主簿。秋後，調任河陽縣主簿。	正月，錢惟演改西京留守，判河南府。 六月，遼主隆緒死，子宗眞立，改元景福。 七月，遣龍圖閣待制孔道輔等使契丹。	
宋仁宗 明道元年壬申 （1032）	師魯三十二歲。秋盡，與歐陽永叔等人從謝希深奉御香告廟，禮畢，同遊五人皆見峭壁大書神清之洞。	夏，穆伯長卒於淮西道中，年五十四。冬，韓稚圭服除，遷太子中允，改太常丞，直集賢院。	二月，以張士遜同平章事。八月，晏同叔任參知政事。十一月，西夏王趙德明卒，子元昊立。宋封元昊爲西平王。	

宋仁宗 明道二年癸酉 （1033）	師魯三十三歲。 是年，師魯和永叔寺因飲酒不甚節制，遭王晦叔嚴色訓斥。	張堯夫（汝士）卒，年三十七。 程正叔（頤）生。 四月，范希文召還，判國子監，為右司諫。十二月，因言事忤宰相呂夷簡，徙知睦州。 六月，韓稚圭監左藏庫。 九月，錢惟演去西京，王晦叔繼之。 十月，王晦叔加檢校太傅，充樞密使。 十一月，王孝先判河南府。 十二月，歐陽永叔進階承奉郎。	三月，劉太后崩。四月，仁宗始親政。 呂夷簡罷，以李迪同平章事。八月，置端明殿學士，以宋綬為之。	〈故太中大夫尚書屯田郎中分司西京上柱國王公墓誌銘并序〉（卷十三）。〔註3〕 〈河南府司錄張君墓誌銘〉（見《歐陽修全集》卷三「居士外集二」）本文云：「戊申，葬先君墓次，實用道二年八月也。」
宋仁宗 景祐元年甲戌 （1034）	師魯三十四歲。 九月，以王晦叔薦，任館閣校勘。	謝濟之卒，年七十五。 正月，范希文出守睦州。六月知蘇州，八月徙明州轉運使，九月詔復知蘇州。 三月，蘇子美登進士第，授光祿主簿，知蒙城縣。 五月，歐陽永叔以王晦叔薦召試學士院。六月，授宣德郎試大理評事兼監察御史，充鎮南軍節度掌書記，館閣校勘。七月，王晦叔加同平章事，八月卒於官，年七十二。 八月，王孝先為同平章事、樞密使。 九月，韓稚圭徙開封推官。 同月，錢惟演卒於隨州，年五十八。 此年，梅聖俞卸河陽縣主簿，赴東京應試，落第。	正月，元昊寇邊。二月，罷御試書判拔萃科。 同月，夏趙元昊擾西邊州府。 九月，立曹氏為皇后。	〈故中大夫守太子賓客分司西京上柱國陳留縣開國侯食邑九百戶賜紫金魚袋謝公行狀〉（卷十二）。〔註4〕
宋仁宗 景祐二年乙亥 （1035）	師魯三十五歲。	正月，蘇子美丁父憂。 二月，王孝先為左僕射平章事，杜世昌為御史中丞。十月，范希文除禮部員外郎，天章閣待	二月，李迪罷工部尚書、平章事。 五月，廣西蠻寇邊。十二月，唃斯囉大敗元昊於河湟。	

	制。十二月，爲吏部員外郎，權知開封府。 同月，韓稚圭遷度支判官，授太常博士。 石守道由御史臺辟爲主簿，終罷，不召。		
宋仁宗 景祐三年丙子 （1036）	師魯三十六歲。 五月，以范希文事，自請降黜，被貶爲崇信軍節度掌書記，監鄖州酒稅，尋改唐州。 是年，師魯次子卒。	蘇子瞻（軾）生。 五月，范希文上百官圖，責宰相呂夷簡序遷近臣失當，落職知饒州。 同月，歐陽永叔上言切責司諫高若訥，高以其書上聞，永叔被降爲峽州夷陵令。 蔡君謨作四賢一不肖詩褒獎師魯等人，而蘇子美亦上疏論賞薦事。 韓稚圭除右司諫。蔡君謨任西京留守推官。	五月，趙元昊取回鶻之瓜、沙、肅州。同月，朝廷禁越職言事。 七月，大雨震電，太平興國寺火災。	〈皇雅十篇〉（卷一）。〔註5〕 〈敘燕〉、〈息戍〉（並卷二）。〔註6〕 〈故推忠協謀同德佐理功臣樞密使金紫光祿大夫行尚書吏部侍郎檢校太傅同中書門下平章事上柱國太原郡開國公食邑四千一百戶食實封一千四百戶贈太保中書令文康王公神道碑銘并序〉（卷十二）。〔註7〕 〈乞坐范天章貶狀〉（卷十八）。〔註8〕 〈送路綸寺丞序并詩〉（卷五）。〔註9〕
宋仁宗 景祐四年丁丑 （1037）	師魯三十七歲。 三月，父仲宣卒於鄖州任，年七十一。	十二月，歐陽永叔移知光化軍乾德縣。同月，范希文徙知潤州。	四月，呂夷簡、王孝先罷相，以王隨、陳堯佐同平章事。 七月，有星數百西南流。 十二，京師、定、襄、代、忻、并等州地震。	〈故龍圖閣直學士朝散大夫尚書刑部郎中知河中軍府兼管內河堤勸農使駐泊軍馬公事護軍彭城郡開國伯食邑八百戶食實封三百戶賜紫金魚袋劉戈墓表〉（卷十三）。〔註10〕
宋仁宗 景祐五年（寶元元年）戊寅	師魯三十八歲。 十一月，葬父、弟巨川於河南壽安。 服喪期間，時與歐陽永叔議論時事。	三月，司馬君實中進士。 四月，蘇子美知長垣縣。 八月，韓稚圭假太常卿昭文館直學士充北朝正旦國信使。 十一，范希文徙知越州。 同月，王孝卒，年六十一。先	三月，王隨、陳堯佐罷，以張士遜、章得象同平章事。 十月，詔戒朋黨。 十一，祀天地於圜丘，大赦，改元寶元。 十二月，命夏竦、范雍經略西邊。 冬，趙元昊自稱大夏始文英武	〈尹闕縣築堤記〉（卷四）。〔註11〕 〈故朝散大夫給事中知同州軍州事兼管內勸農使上柱國隴西縣開國伯食邑五百戶賜紫金魚袋李公行狀〉（卷十二）。〔註12〕 〈故推誠保德功臣金紫

			興法建禮仁孝皇帝，始叛宋。	光祿大夫守太子少傅致仕上柱國天水郡開國公食邑四千二百戶食實封一千戶趙公墓誌銘并序〉（卷十三）。〔註13〕〈故三班奉職尹府君墓誌銘并序〉（卷十四）。〔註14〕〈故將作監主簿陳君墓誌銘并序〉（卷十四）。〔註15〕〈故永安縣君李氏墓誌銘并序〉（卷十四）。〔註16〕〈故天水尹府君墓誌銘并序〉（卷十五）。〔註17〕〈祭僕射王沂公文〉（卷十七）。〔註18〕
宋仁宗 寶元二年己卯 （1039）	師魯三十九歲。　六月，服除，復太子中允，知長水縣。	二月，謝希深出守鄧州，梅聖俞將宰襄城，與希深偕行。六月，歐陽永叔復舊官，權武勝軍節度判官廳公事。　七月，范希文兼鄜延、環慶路沿邊經略安撫使、鄜延路馬步軍都部署。　八月，盧隱之（察）卒，年五十五。　十一月，謝希深卒，年四十五。閏十二月，富彥國知諫院。　是年，韓稚圭以利、益路饑，出為體量安撫使。蔡君謨加朝奉郎試大理評事。　蘇子由（轍）生。	三月，西夏趙元昊寇邊。　六月，削趙元昊賜姓、官爵。並在陝西用兵。　十一月，西夏寇保安軍，爲狄漢臣所敗。	〈書禹廟碑陰〉（卷四）。〔註19〕〈題楊少師書後〉（卷四）。〔註20〕〈送邱齋郎〉（卷五）。〔註21〕〈上葉道卿舍人薦李之才書〉（卷六）。〔註22〕〈上陝倅尙屯田書〉（卷六）。〔註23〕〈故夫人王氏墓誌銘并記〉（卷十四）。〔註24〕〈故鄉貢進士謝君墓誌銘并序〉（卷十四）。〔註25〕〈故供備庫使銀青光祿大夫檢校尙書兼御史大夫知霸州軍州兼管內勸農事上騎都尉南陽郡開國公食邑三千八百戶張公墓誌銘并序〉（卷十四）。〔註26〕〈故福建路勸農使兼提點刑獄公事朝奉郎尙書主客員外郎上輕車

			都尉耿公墓誌銘并序〉（卷十五）。〔註27〕 〈故宣德郎守大理寺丞累贈司封員外郎皮公墓誌銘并序〉（卷十五）。〔註28〕 〈故夫人黃氏墓誌銘并序〉（卷十五）。〔註29〕 〈故永清軍節度推官宣德郎試大理評事知河南府澠池縣事侯君墓誌銘并序〉（卷十五）。〔註30〕
宋仁宗 康定元年庚辰 （1040）	師魯四十歲。三月，從涇原路副部署葛懷敏辟，師魯權簽書涇原、秦鳳經略安撫司判官事。其後，夏竦、韓稚圭、范希文復辟為陝西路經略安撫判官。六月，師魯數上疏論兵事。十一月，首次與狄漢臣見面，善其兵才，薦於韓稚圭、范希文。十二月，與稚圭同入對崇政殿，加集賢校理。後又兼參議都部署司軍事，並賜緋魚袋。	二月，韓稚圭受命安撫陝西。 三月，范希文復天章閣待制，知永興軍，稚圭所薦。 五月，稚圭、希文同為陝西經略安撫副使。八月，希文兼知延州。 六月，歐陽永叔召還，復充館閣校勘，仍修崇文總目。十月，遷太子中允。十一月，同修禮書。 十一月，狄漢臣為涇州都監。 是年，蔡君謨改著作佐郎、館閣校勘，蘇子美遷大理評事。	正月，西夏元昊寇延州。 二月，改元康定。 五月，呂夷簡復相。 以夏竦經略陝西。八月，命晏同叔知樞密院事，杜世昌等為副使。	〈攻守策頭問耿傅〉（卷三）。〔註31〕 〈答黃秘丞書〉（卷六）。〔註32〕 〈上呂相公書〉（卷六）。〔註33〕 〈故朝散大夫尚書刑部郎中直昭文館上柱國賜紫金魚袋陳公墓誌銘并序〉（卷十四）。〔註34〕 〈祭謝舍人文〉（卷十七）。〔註35〕 〈乞便殿延對兩府大臣議邊事〉、〈乞講求開寶以前用兵故事〉、〈論諸將益兵〉、〈又論諸將益兵〉、〈論遣將不當強而使之〉、〈乞減省寨柵〉、〈乞計置邊事特出睿斷〉、〈乞帥臣自募傔從〉、〈乞省寨柵騎軍〉、〈乞募士兵〉、〈乞饗民爵以給募兵之用〉、〈乞半手一次詣闕奏事二首〉（以上並卷十九）。〔註36〕 〈奏軍前事宜狀〉（卷二十）。〔註37〕 〈論金明寨狀〉（卷二十）。〔註38〕 〈奏閱習短兵狀〉（卷二十）。

			〔註39〕 〈奏論戶等狀〉（卷二十）。〔註40〕 〈鬻爵法〉（卷二十二）。〔註41〕 〈議攻守〉、〈用屬國〉、〈按地圖〉、〈制兵師〉、〈備北狄〉（以上並卷二十三）。〔註42〕〈申揀選軍馬狀〉（卷二十四）。〔註43〕 〈乞招清邊弩手狀〉（卷二十四）。〔註44〕 〈申鄉兵教閱狀〉、〈申鄉兵弓手輪番教閱狀〉（並卷二十四）。〔註45〕 〈申和僱人修城狀〉（卷二十四）。〔註46〕
宋仁宗康定二年（慶曆元年）辛巳（1041）	師魯四十一歲。 正月，師魯至延州與范希文謀出兵，希文堅持不可。 二月辛丑，還至慶州，知任福敗績，賊侵劉磻堡未退，乃遣環慶路都監劉政將銳卒數千往援，未至，賊引去，夏竦尋劾奏師魯擅發兵，降通判濠州。	二月，石曼卿卒，年四十八。 四月，以任福軍敗，韓稚圭被貶為右司諫，知奏州；范希文降為戶部員外郎，知耀州。五月，希文再徙知慶州兼管勾環慶路部署司事。九月，稚圭復為起居舍人，希文復為戶部郎中。 五月，歐陽永叔權同知太常禮院，辭以見修「崇文總目」，上許之。十一月，攝太常博士。 十二月，加騎都尉。「崇文總目」成，改集賢殿書院校理。 是年，梅聖俞任鹽湖州稅。	二月，西夏寇渭州，任福敗死於好水川。 八月，西夏元昊陷豐州，夏竦免。分陝西為四路，分別以韓稚圭、王沿、范希文、龐藉等任經略。十一月，祀天地於圜丘，大赦，改元。	〈過興平哭耿諫議喪呈經略韓密學〉（卷一）。〔註47〕〈憫忠〉、〈辨誣〉（並卷三）。〔註48〕〈又上呂相公書〉（卷六）。〔註49〕〈故將仕郎守河南府登封縣主簿兼尉衛君墓表〉（卷十三）。〔註50〕 〈故朝奉郎太子中舍知漢州雒縣事騎都尉王君墓碣銘〉（卷十三）。〔註51〕 〈故贈秘書丞左君墓誌銘〉（卷十五）。〔註52〕 〈故金紫光祿大夫檢校右散騎常侍除授右監門衛將軍持節惠州諸軍事惠州刺史兼御史大夫輕車都尉隴西郡開國侯食邑一千七百戶李公墓誌銘并序〉（卷十五）。〔註53〕 〈奏為乞令環

				慶路與涇原路相應廣發兵馬牽制賊勢事〉（卷二十）。〔註54〕 〈奏爲近差赴鄜延路行營其兵馬乞移撥往環慶路事〉（卷二十）。〔註55〕 〈奏爲已發赴環慶路計置行軍次第乞朝廷特降指揮〉（卷二十）。〔註56〕 〈奏爲到慶州聞賊馬寇涇原路牒劉政同起發赴鎮戎軍策應事〉（卷二十）。〔註57〕 〈奏爲擅易慶州兵救援涇原路事〉（卷二十）。〔註58〕 〈奏爲金湯一帶族帳可取狀〉（卷二十）。〔註59〕
宋仁宗 慶曆二年壬午 （1042）	師魯四十二歲。 八月，以韓稚圭奏，通判秦州。 九月，直集賢院，上奏論命令數更、恩寵過溢、賜與不節之弊，詞甚切直。 是年，三子生。	三月，杜世昌受命宣撫河東。 四月，韓稚圭爲秦州觀察使，范希文爲邠州觀察使。五月，布文復龍圖閣直學士。 五月，歐陽永叔應詔上書，極陳弊事。八月，請外。九月，通判滑州。 九月，孫之翰由杜世昌薦，爲秘閣校理。 十月，狄漢臣爲涇原都監知原州。後三月，又兼本路經略安撫招討副使。 同月，文寬夫知渭州兼涇原路都部署，經略安撫沿邊招討使。 十一月，復置陝西四路都部署，經略安撫兼沿邊招討使，以韓稚圭、范希文、龐藉領之。 是年，梅聖俞喪偶。	三月，契丹來求關內地。四月，宰相呂夷簡薦富彥國報聘。七月，彥國返，再使契丹。九月，加歲幣十萬兩，與契丹平。 閏九月，西夏元昊寇鎮戎軍，葛懷敏敗死。夏人大掠涼州。	〈舟次壽州寄濠州江均少卿〉（卷一）。〔註60〕 〈王氏題名記〉（卷四）。〔註61〕 〈秦州新築東西城記〉（卷四）。〔註62〕 〈答環慶招討使范希文書〉（卷七）。〔註63〕 〈在永寧寨答秦鳳招討使韓觀察議討賊利害書〉（卷七）。〔註64〕 〈答秦鳳路招討使文龍圖書〉（卷九）。〔註65〕 〈故贈太常博士致仕何君墓誌銘〉（卷十五）。〔註66〕 〈秦州申本路招討使狀〉（卷二十四）。〔註67〕

宋仁宗 慶曆三年癸未 （1043）	師魯四十三歲。　正月，師魯改太常丞，知涇州。五月，復改爲右司諫，知渭州，兼管勾涇原路安撫都部署司事。十月，師魯上書乞朝廷寬貸狄漢臣用公使錢事。	三月，仁宗廣開言路，人多薦歐陽永叔爲臺諫，於是召爲太常丞，知諫院。四月，朝廷以范希文、韓稚圭並爲樞密副使，二人五讓，均不許，乃就道。同月，蔡君謨遷秘書丞，知諫院，兼修起居注，以王仲儀、余安道、歐陽永叔之諫。是月，石守道作〈慶曆聖德詩〉。八月，富彥國受命爲樞密副使，韓稚圭爲陝西宣撫使，范希文爲參知政事。十二月，韓稚圭上言修水洛城不便事。	正月，夏人來請和，自稱爲子。四月，遣使至夏。三月，呂夷簡罷相，以晏同叔代。夏竦爲樞密使。四月，夏竦罷樞密使，以杜世昌代。鄭戩爲陝西四路馬步軍都部署兼經略安撫招討等使。	〈和河東施待制二首〉（卷二）。〔註68〕〈與范純佑監簿書〉（卷七）。〔註69〕〈上環慶路招討使范希文書〉（卷七）。〔註70〕〈賀參政范諫議啓〉（卷七）。〔註71〕〈賀樞密副使富諫議啓〉（卷七）。〔註72〕〈謝宣撫樞密韓諫議書〉（卷八）。〔註73〕〈議西夏臣伏誠僞書〉、〈議修堡寨書〉、〈議斬首級賞罰書〉（並卷八）。〔註74〕〈上陝西都轉運孫待制書〉（卷八）。〔註75〕〈上樞密杜太尉啓〉（卷八）。〔註76〕〈上四路招討使鄭侍郎議禦賊書〉、〈又上四路招討使鄭侍郎議禦賊書〉（並卷八）。〔註77〕〈與四路招討使幕府李諷田裴元積中書〉（卷九）。〔註78〕〈又與四路招討使幕府李諷田裴元積中書〉（卷九）。〔註79〕〈論命令恩寵賜與三事疏〉（卷十八）。〔註80〕〈奉詔體量本路將佐狀〉（卷二十一）。〔註81〕〈奉詔及四路司指揮分擘本路兵馬弓箭手把截賊馬來路狀〉（卷二一）。〔註82〕〈論雪部署狄青回易公使錢狀〉（卷二十一）。〔註83〕〈申宣撫韓樞密乞修安國鎮狀〉（卷二十五）。〔註84〕

宋仁宗 慶曆四年甲申 （1044）	師魯四十四歲。 五月，因修水洛城事，自渭州徙知慶州。 六月，又改知晉州。 八月，起爲起居舍人，直龍圖閣，知潞州。 十一月，爲蘇子美因用鬻故紙公錢召妓開席宴賓而牽連范希文等名士遭斥逐事，上〈論朋黨疏〉，並論朝政宜務大體，勿苟於任察。 是年，長子尹朴卒，三子亦卒。	年初，蘇子美由范希文薦，任集賢校理，監進奏院。 三月，石守道直集賢院，兼國子監直講，韓稚圭所薦。 六月，王仲儀知渭州。范希文爲陝西、河東路宣撫使。 八月，富彥國爲河北宣撫使，歐陽永叔爲河北都轉運按察使。 蔡君謨直史館，同修起居注。 九月，杜世昌拜同中書門下平章事兼樞密使。 十月，蔡君謨以親老乞鄉郡，授右正言、知福州。石守道通判濮州。 十一月，蘇子美以用鬻故紙公錢召妓宴客，遭除名勒停集賢校理，同案多人遭除名、斥逐。 同月，梅聖俞簽署忠武軍判官。	三月，參知政事范希文等欲復古勸學，數議興學校。上乃下詔令州縣皆立學校，行科舉新法。 四月，夏元昊遣使來上表。九月，呂夷簡卒。遼伐西夏。 十月，夏敗遼，夏、遼平。 十二月，冊封元昊爲夏王。	〈送王勝之贊善〉（卷五）。〔註85〕 〈又答秦鳳路招討使文龍圖書〉（卷九）。〔註86〕 〈與水洛城董士廉書〉（卷九）。〔註87〕 〈與幕吏石輅李仲昌書〉（卷九）。〔註88〕 〈答諫官歐陽舍人論城水洛書〉（卷九）。〔註89〕 〈答河東宣撫參政范諫議啓〉（卷十）。〔註90〕 〈答樞密韓諫議書〉（卷十）。〔註91〕 〈故朝散大夫尚書兵部郎中知蘄州軍州兼管內勸農事護軍賜紫金魚袋張公墓誌銘并序〉（卷十六）。〔註92〕 〈論朝政宜務大體疏〉（卷十八）。〔註93〕 〈論朋黨疏〉（卷十八）。〔註94〕 〈論城水洛利害表〉（卷十八）。〔註95〕 〈奉詔令劉滬董士廉卻且往水洛城勾當狀〉（卷二十一）。〔註96〕 〈乞與鄭戩下御史臺照對水洛城事狀〉（卷二十一）。〔註97〕 〈論雪石輅狀〉（卷二十一）。〔註98〕 〈申四路招討司論本路禦賊狀并書〉（卷二十五）。〔註99〕
宋仁宗 慶曆五年乙酉 （1045）	師魯四十五歲。 三月，兄子漸卒於河內郡，享年五十。 七月，坐前在渭州動用公使錢事，貶知隨州，崇信節度	正月，孫之翰知鄧州，范希文罷參知政事，出知邠州兼陝西四路緣邊安撫使。富彥國爲京東、西路安撫使，知鄆州。杜世昌罷爲尚書左丞，知兗州。 三月，董士廉詣闕訟水洛城事。	三月，罷科舉新法。 十月，初頒曆于夏國。	〈退說〉（卷三）。〔註100〕 〈潞州題名記〉（卷四）。〔註101〕 〈送隨縣尉李康侯〉（卷五）。〔註102〕 〈送迴光浮圖〉（卷五）。〔註103〕 〈賀兗州杜相公啓〉（卷十

副使。　此年，四子構生。	韓稚圭自請外補，終罷樞密副使，加資政殿學士，知揚州。同月，歐陽永叔上書論朋黨事，爲希文、彥國、稚圭等辯駁。四月，蘇子美遷居蘇州，築滄浪亭。　八月，歐陽永叔以欺張氏財事貶知滁州。十一月，范希文罷安撫使，知鄧州。　是年，石守道卒，年四十一。　黃魯直（庭堅）生。	。〔註104〕　〈答河北都轉運歐陽永叔龍圖書〉（卷十）。〔註105〕　〈又答河北轉運歐陽永叔龍圖書〉（卷十）。〔註106〕　〈答鎮州田元均龍圖書〉（卷十）。〔註107〕　〈與鄧州孫之翰司諫書〉（卷十）。〔註108〕　〈又與鄧州孫之翰司諫書〉（卷十）。〔註109〕　〈上鄧州范資政啓〉（卷十）。〔註110〕　〈答揚州韓資政書〉（卷十）。〔註111〕　〈王先生述〉（卷十三）。〔註112〕　〈故太中大夫右諫議大夫上柱國南陽縣開國男食邑三百戶賜紫金魚袋贈太傅韓公墓誌銘并序〉（卷十六）。〔註113〕　〈故兩浙轉運使朝奉郎尚書司封員外郎護軍賜紫金魚袋韓公墓誌銘并序〉（卷十六）。〔註114〕　〈故朝奉郎尚書司門員外郎通判河南府西京留守司兼畿內勸農事上輕車都尉贈緋魚袋盧公墓誌銘并序〉（卷十六）。〔註115〕　〈故西京左藏庫使銀青光祿大夫檢校工部尚書使持節普州諸軍事普州刺史兼御史大夫充廣南東路駐泊兵馬鈐轄兼提舉本路巡檢兵馬賊盜公事上柱國太原縣開國伯食邑九百戶王公

				墓誌銘并序〉（卷十六）。〔註116〕〈故朝散大夫尚書司封郎中充秘閣校理知均州軍事兼管內勸農事上柱國李公墓誌銘并序〉（卷十七）。〔註117〕〈奉詔分析董士廉奏臣不公事狀〉（卷二十二）。〔註118〕〈覆奏監察御史李京箚子狀〉（卷二十二）。〔註119〕〈分析公使錢狀〉（卷二十五）。〔註120〕〈申四路安撫使范資政乞於乾華州聽候朝旨狀〉（卷二十五）。〔註121〕
宋仁宗慶曆六年丙戌（1046）	師魯四十六歲。 七月，希文以邠酒及花蛇散寄贈。 師魯在隨，曾於寓所北阜結茅爲亭。去隨後，州人理其所建茅亭，名爲尹公亭。	七月，余安道分司南京，許居韶州。 是年，韓稚圭轉給事中。歐陽永叔仍知滁州軍州事，年四十而自號「醉翁」。	五月，京師雨雹、地震。 六月，有流星出營室南。 八月，伊洛溢。 十一月，詔捕湖南猺賊。罷河北榷鹽。	〈岳州學記〉（卷四）。〔註122〕〈答福州蔡正言書〉（卷十）。〔註123〕〈答張固太博書〉（卷十）。〔註124〕〈隨州聞劉易入終南山〉（卷一）、〈又答汝州王仲儀待制書〉、〈答鄧州通判韓宗彥寺丞書〉、〈又答鄧州通判韓宗彥寺丞書〉、〈答環慶經略使施待制書〉、〈寄鄧州丁憂李仲昌寺丞書〉、〈答江休復學士書〉、〈與京四轉院劉察院薦樊景書〉、〈答光化軍致仕李康伯率府書〉（以上均卷十一）。〔註125〕
宋仁宗慶曆七年丁亥（1047）	師魯四十七歲。 正月，徙監均州酒稅。得疾，舁至南陽就	正月，杜世昌以太子少師致仕。 三月，文寬夫爲右諫議大夫、樞密副使，旋改參知政事。	三月，詔寬恤、求直言。 同月，賈昌朝罷同平章事，判大名府兼河北安撫；以夏竦爲樞密	〈送供奉曹測〉（卷五）。〔註126〕〈別南京致政杜少師啓〉（卷十一）。〔註127〕〈故金紫光祿

醫，不癒，四月十日卒於南陽。 其後，均州人感其德，爲繕修尹公亭。	使。	大夫秘書監致仕上柱國清河縣開國子食邑六百戶食實封一百戶張公墓誌銘并序〉（卷十七）。〔註128〕 〈故朝奉戎封員外直史館柱國賜緋魚袋張公墓誌銘并序〉（卷十七）。〔註129〕

〔譜後〕

　　宋仁宗嘉祐元年丙申（西元 1056）十月戊辰，追復師魯爲起居舍人、直龍圖閣，樞密使韓稚圭所請。〔註130〕

附　註

註　1：據《宋本皇朝編年綱目備要》頁 36 載其事云：「是歲，注輦國來貢。使者言其國東距海五千里，西至天竺一千五百里，南至羅蘭二千五百里，北至頓田三千里，舟涉千一百五十日乃達廣州，約其道路蓋四十一萬一千四百里。其國主日：十年來海無風濤，中國其有聖人乎？於是遣使入貢，其所上表詞致如中國云。」按《宋史》卷四百八十九「外國傳五」有〈注輦國傳〉，載其國地理位置、物產及來華行程頗詳，可參看。羅香林〈宋代注輦國使娑里三文入華行程考〉（原載大陸雜誌第三三卷第六期，今收於大陸雜誌史學叢書第三輯第三冊《宋遼金元史研究論集》頁 47～52）則謂：注輦即印度半島南端之 Cola，亦即唐玄奘法師《大唐西域記》卷十所云之珠利耶。……有注輦與瑣里二名。

註　2：此據《登科記》，見《范文正公年譜》頁 6 所引。

註　3：師魯文集中作品可以考見其年月者，以此篇最早。爲顧及行文順暢，版面齊整，作品繫年之依據一律置於附註中說明，如此篇即以本文云：「明道二年十月二十九日葬洛陽大樊原」而知。

註　4：末署：「景祐元年十一月日，山南東道節度掌書記……尹某狀」。

註　5：明廖道南《楚紀》卷五十五〈穆風外紀前〉載：「師魯爲太子中允，時范仲淹尹開封，每見帝，論時政，指陳輔臣過舉，貶知饒州，洙與余靖上疏救之，謫監鄖州。洙上聖雅曰：天監下民……」按此〈聖雅〉即〈皇雅〉。

註　6：集附錄〈本傳〉云：「會貶范仲淹，……乃請罪於朝，落校勘，復爲掌書記，監唐州酒稅。時西北久安，洙作敘燕、息戍二篇，以爲武備不可弛於世。」以此，則此二篇當作於景祐三年；然稚圭〈尹公墓表〉則云：「舉書判拔萃，遷山南東道節度掌書記，知河南府伊陽縣。時天下無事，政闕不講，以言兵者爲妄人，公乃著敘燕、息戍等十數篇以匡時弊，時人服其有經世之才。文康王公知而荐之，召試充館閣校勘，遷太子中允。」若據此，則應繫於景祐元年以前。今依集附錄〈本傳〉繫於此。

註　7：本文云：「景祐元年秋八月，……公薨於位，……即以其年十月葬河南府河南縣……，公既葬二年，虞部君泣謂某曰……，洙不敢讓，……。」

註　8：本文云：「伏睹朝堂榜示范仲淹落天章閣待制，知饒州，……願從降黜，以昭明憲。」按《長編》卷一百十八載，希文落職、師魯請降均在景祐三年五月。

註　9：序云：「澳之寺丞自郢中有南陽之行，……友人尹某因道古人送言之義，將有以序其行。」

按師魯貶監郢州酒稅為景祐三年五月。次年三月丁父憂，至寶元二年服除時，則改知長水縣，故繫於此。

註 10：文末云：「景祐四年月日刻石。」

註 11：本文云：「寶元元年春，伊闕築堤于縣之東，……凡三十日堤成。」

註 12：文末記：「景祐五年十月日」。

註 13：本文云：「景祐……五年……十一月一日薨於河中，……公薨年十二月，嗣子奉公之喪葬河南萬安山之原。」

註 14：本文云：「景祐五年十一月二十八日葬河南壽安，仲兄洙泣而誌其壙曰……」

註 15：本文載：「君以景祐五年正月二十三日葬於河陽……」

註 16：本文云：「景祐五年正月庚申，葬夫人於河陽太平鄉北閣里。」

註 17：本文云：「景祐五年四月三十日，諸子奉君及郭夫人之喪合葬於河南太尉鄉萬安山之原，唐州從事君以誌文為請。」

註 18：按王沂公（孝先）卒於此年十一月，故繫於此。

註 19：末署：「寶元二年十一月二十日記。」

註 20：末署：「寶元二年月日尹某記。」

註 21：末署：「寶元二年上元夕，洙謹序。」

註 22：本文云：「八月初作書託鄭開封附去浙中，後十餘日聞有兩掖之召。」

註 23：本文云：「近蒙復官，為令畿邑。」

註 24：本文云：「年二十一，以疾終，實寶元元年五月，明年二月二日葬河陽太平鄉北閣里。」

註 25：本文云：「寶元二年某月某日，二子奉君之喪葬於北郊之原。」

註 26：本文云：「寶元二年，長孫舉公及天厚君之喪葬於洛陽北邙山大樊原。」

註 27：本文云：「寶元二年十月二十七日，監丞君奉公及夫人之喪葬於河南緱氏唐興鄉解賈村之南原。」

註 28：本文云：「寶元二年十月二十七日，太博奉公之喪葬河南永安縣某鄉某里。」

註 29：本文云：「今葬有日，敢因父書求文以誌於壙。……寶元二年正月六日，葬河南永安唐興鄉雙塔里。」

註 30：本文云：「寶元二年九月丙午，嗣子奉君之喪從葬緱氏原。」

註 31：本文云：「西師之興，幾一歲矣。」按仁宗於陝西用兵乃在寶元二年六月開始。

註 32：本文云：「近聞承詔，當至都下一吐奇論，……使識者聞之，知處置得失與軍之勝敗，盡繫於人，爛然無疑。」按此指入對崇政殿事。

註 33：官銜具名：「朝奉郎守、太子中允、新差簽署涇原、秦鳳兩路經略安撫判官公事、騎都尉尹某。」

註 34：本文云：「寶元二年罷州，……以十一月二日終於家。……其年二月二十二日，嗣子奉公之喪葬於河陽太平鄉北閣里。」按此文不通，若「其」字為「明」字之誤，則當置於此；設「其年」下漏「十」字，則當為寶元二年作品。

註 35：按《歐陽修全集》卷二〈尚書兵部員外郎知制誥謝公墓誌銘并序〉云：「公以寶元二年四月丁卯來治鄧，其年十一月己酉以疾卒於官，即以明年八月得州之西南某山之陽遂以葬。」故置於此。

註 36：除首篇末署「康定元年五月日」之外，餘另據《長編》卷一百二十七「康定元年六月甲申」條載：師魯於此時數上疏論兵事，所引內容即指此諸疏。

註 37：官銜署名：「……簽署陝西經略判官公事騎都尉臣尹某。」

註 38：本文云：「右臣今月十三日到金明寨，問得添修舊城次第，已自九月下手，……冬恐轉

不易。」

註 39：題下小注云：「代延帥作。」

註 40：本文云：「右臣竊見陝西方郭第一等人戶中，……乞下陝西都轉運司，委轉運司使因巡歷所到州軍，與本處同共定。」

註 41：本文云：「臣前次上殿奏乞召募邊兵，其間合要例物及修蓋營房須有所費，竊慮三司未能應副，臣欲乞朝廷創立鬻爵之法。」

註 42：卷首注有「奏議五首，伐耿傳作」。按師魯效力西疆始於康定元年三月，康定二年正月即赴延州，至二月返慶州時耿傳已亡，且諸文中所論均康定元年事，如：「今春朝廷選命將帥，分守邊郡。」（〈議攻守〉）、「未能拔朔方之城，馘元昊之首，使其游魂於疆場之外者幾一年矣。」（〈按地圖〉）

註 43：卷首載：「申狀八首，申陝西招討司狀。」本文云：「昨日見龐待制言邊芻甚貴。」按夏竦爲陝西招討使在康定元年五月，次年八月即罷。而龐藉任陝西都轉運使則在當年八月，故繫於此。

註 44：本文云：「近准樞密院箚子，添招本州禁軍。」《續通鑑》卷四十二「仁宗康定元年四月甲午」條載：「遣使籍陝西強壯軍。」。

註 45：《續通鑑》卷四十二「仁宗康定元年八月」詔：「陝西、京東、西路新置弓手，……每歲十月後，正月前，分番上州教閱，半月即遣歸農。」此二狀即在申述教閱事宜。

註 46：本文云：「昨日曾聞欲和僱人夫修築延州外寨。」《續通鑑》卷四十二「康定元年四月辛丑」條載：「發陝西近裡諸州役兵築延州金明栲栳寨。」

註 47：詩句「去年使旆西征日」，乃指師魯康定元年權簽署涇原、秦鳳經略安撫判官事，而耿傳陣亡則在康定二年二月。

註 48：〈憫忠〉爲任福等人作，〈辨誣〉爲耿傳作，二人均亡於好水川之役。

註 49：官銜具名：「四月日，朝奉郎守、太子中允、充集賢校理、新差通判濠州軍州事、騎都尉、賜緋魚袋尹某。」

註 50：本文云：「康定二年六月三日以疾卒，……君卒後五十七日葬，……會日迫，不克納其壙，遂表于墓。」

註 51：本文云：「王君以康定元年三月某日卒官。二年十一月某日，葬于河南……，其孤尚恭喆謂某曰：……願得文以揭于墓。某與君遊最舊，不敢以讓云。」

註 52：本文云：「康定二年八月日，屯田員外郎、知華州事河南左君得告於廟，來葬其先君於河南緱氏縣……，先事告同郡君某曰：……，請予誌其墓。」

註 53：本文云：「以康定二年四月一日終於官。……即以其年十二月十八日葬於河南府河南縣龍門鄉南五里。」

註 54：本文云：「尋于正月六日到延州，得范某牒，曾乞奏留此一路，未議攻討。」

註 55：本文云：「臣尋於正月二十六日到延州見范某計議軍須。」

註 56：本文云：「切緣鄜延係先得朝旨出兵路分，今已俯及時日，卻有異議。……臣已于二月十五日起離延州，赴環慶路計置次第。」

註 57：本文云：「今月二十二日到慶州。」

註 58：本文云：「今月二十二日，據抽押兵士殿直蔡從狀申稱……」

註 59：本文云：「臣昨在延州陳金湯族帳一帶可取之狀，……尋于二月二十五（當爲二）日到慶州，……今來鎮戎軍事宜稍息，見發赴永興軍候見夏某。」

註 60：詩云：「誰知去郡遲遲意，猶逐淮波日夜東。」此處「去郡」即指師魯離開濠州，往秦州赴任，濠州即在淮河旁，故云「猶逐淮波日夜東」。

註 61：本文云：「天祐甲子，距今百三十有九年。」按天祐甲子乃唐昭帝天祐元年（904）。

註62：末署：「慶曆二年八月十五日記。」

註63：本文云：「去年曾奉教到濠州，……今到才一月，奏大府筭庫簿書尚未省，又復走道徒。」

註64：本文云：「適蒙手教，并示及慶州書。前歲太尉欲爲此計，當時虜雖破劉、平，尚有疑大國之心。」

註65：本文云：「初受命，即拜手啓，以是不敢更具謝禮。」按希文被命爲環慶路招討使在是年十一月。

註66：本文云：「康定二年六月六日終於家。……即以明年四月某日葬於新安縣某鄉某里。」

註67：官銜：「直集賢院、通判秦州軍州事。」

註68：詩云：「千里觀風使節來。」按《長編》卷一百六十六載施昌言出使河東，乃在慶曆三年十月，故繫於此。

註69：本文云：「前累得尊文書讓官事，極善。……某近得旨，預聞軍事。」此指四月時，希文辭樞密副使職；五月，師魯知渭州兼管勾涇原路安撫都部署司事。

註70：本文云：「近聞統蕃漢之眾，親至涇州關輔，人心頓然帖息。」

註71：希文在本年八月爲參知政事。

註72：富彥國受命爲樞密副使在本年八月。

註73：按別本「謝」字上有「渭州」二字。稚圭爲陝西宣撫使在本年八月。

註74：按此乃師魯上陝西宣撫使韓稚圭之議論，三篇題上別本均注「又一首」，且〈議西夏臣伏誠僞書〉即指是年正月夏人請和稱子事。又文中云「今日捧教承，已及德順軍。」時師魯正管勾涇原路安撫都部署事，故繫於此。

註75：官銜具名：「十月二十七日，朝奉郎、行右司諫、直集賢院、知渭州兼管勾涇原路經略安撫部署司公事、上騎都尉、賜緋魚袋紫尹某。」

註76：本文云：「平涼，用武之地，……今艱難中，當重其選，反以愚懦處之，但懼上損國威，仰累恩館。」按平涼即宋時渭州州治。

註77：按鄭戩爲四路招討使即在是年四月。

註78：本文云：「若以前日在涇爲智，今日在渭爲愚，……受署殆今五月，斷獄不過十數人，皆歷歷可記。」

註79：本文云：「會韓公來，以舊獄訴於公。」此指稚圭爲陝西宣撫時事。

註80：按題下有小注云：「慶曆三年至隴川上。」而《長編》、《續通鑑》均繫於「慶曆二年九月壬午」條下，今兩存之。

註81：官銜署名：「朝奉郎、行右司諫、直集賢院、知渭州、同管勾涇原路經略安撫部署司公事、上騎都尉、賜緋魚袋借紫臣尹某。」本文云：「臣初到，亦未盡知其材略。」

註82：本文云：「本路經略司累據諸處探到賊界點集。」

註83：按《長編》及《續通鑑》於「慶曆三年十月甲子」條均載師魯爲狄漢臣雪回易公使錢事，故置於此。

註84：按師魯兼管勾涇原路都部署司事在慶曆三年五月至次年四月，而稚圭任陝西宣撫使則自慶曆三年八月至五年三月，故置於此。

註85：按勝之受謗，乃因子美用鬻故紙公錢召妓宴樂事，而爲宋祁、張方平所劾。

註86：本文云：「承賜手教，詢劉滬被繫始末、城水洛利害。……今聞朝廷命使定城水洛利害。」

註87：本文云：「適會鄭公罷去，遂蒙中旨從本路之議。」

註88：本文云：「承從郡署已至德順軍，所留劉滬、董士廉文字，蓋共留往諸處取索。及往

長安，文字不緣章奏，既捕之，即是罪人，安得妄上文字，眩惑朝廷耶？」

註 89：本文云：「然謂晉、慶不當爲意，似未見諒。」「晉、慶」即指師魯被徙知慶州，又改晉州之事，此爲歐陽永叔之建議也。

註 90：本文云：「近聞蔡、石皆外補，又緣飲會事多斥善士。」

註 91：本文云：「自使節還都，不敢輒上賤記，……兼以某兒姪喪亡，曲加存慰，不勝感涕。」

註 92：本文云：「慶曆十四年十二月，二子奉公及福昌君之喪葬於河南龍門山之上。」按「十四年」之「十」字應是衍文，蓋慶曆僅有八年。

註 93：按題下有小注：「爲進奏院飲會事」，文前署：「十一月日」，而進奏院飲會事即在該年十一月。

註 94：文前署名：「十一月日，朝奉郎、起居舍人、直龍圖閣、知潞州軍州事、輕車都尉、賜緋魚袋借紫臣尹洙」，此疏即針對因進奏院飲會事使多位名士遭斥逐而作。

註 95：題下小注云：「知渭州時」，本文謂：「右臣得招討司牒奉朝旨復修水洛城事」，據師魯〈又答秦鳳路招討使文龍圖書〉（卷九）言，得招討司牒在慶曆四年二月十九日。

註 96：本文云：「中書樞密院同奉聖旨，所有水洛城，御差魚周詢往渭州，與本路經略部署司疾速同共支撥軍馬糧草應付，早令了畢。」按《續通鑑》載，魚周詢往陝西勘察水洛城利害在仁宗慶曆四年三月甲戌。

註 97：本文云：「臣到慶州未十日，因孫沔陳乞疾患，不赴涇原路，卻還舊任，就移臣知晉州，……事體之間，深有可疑。」

註 98：本文云：「今遇郊禮慶澤之後。」此「郊禮」乃指慶曆四年十一月之饗大廟、祭天地也。

註 99：本文有「況今年已是正月」之語，因師魯兼管勾涇原路都部署事乃從慶曆三年五月至慶曆四年五月，故知此時爲慶曆四年之正月。

註 100：本文云：「今年貶官漢東。」按漢東即隨州漢東郡。又《夢溪筆談》卷二十云：「尹師魯自龍圖閣謫官，過梁下，與一佛者譚。師魯自言以退爲樂，其人曰：此猶有所係，不若進退兩忘。」內容與本文類同，故繫於此。

註 101：末署：「慶曆五年五月十一日，起居舍人、直龍圖閣、知州事尹某序。」

註 102：本文云：「自予貶官，有見顧者，……重其別，姑贈以言。」此處「貶官」，即指貶知崇信節度副使。

註 103：本文云：「予謫隨之一月，光師來相過，……於其行，敍吾說以爲別。」

註 104：本文云：「伏承相公丞解台司，出鎮東土，拜恩虔恭，即日上道。」此指杜世昌罷爲尚書左丞，知袞州事，時在是年正月。

註 105：本文云：「近日得都下信，君謨、守道悉以外補，又以會飲微過多斥善士。……范公既領西撫，則未能卒還。」按希文罷參知政事，出知邠州兼陝西四路緣邊安撫使在該年正月。

註 106：本文云：「十一月中寫下手書，會論奏部下事，遂不欲通於左右。……今之相知者多見戒曰當避形迹，見疏者則相目以朋黨。」按此書當作於慶曆五年春，因其時范希文、富彥國相繼領外職，杜世昌、韓稚圭亦步之，故歐陽永叔於該年三月即上書論朋黨事。

註 107：本文云：「范公既有西撫之行，富公何故久留於外耶？」

註 108：文末云：「到隨，當別作書。」此當爲赴隨州途中所作。

註 109：此爲師魯至隨後所作，見上註。

註 110：本文云：「今明公鎮鄧，鄧距隨不遠。」按希文知鄧州，在慶曆五年十一月。

註 111：本文云：「鄧州附到七月三日所賜書。」

註 112：本文云：「先生葬有日，次子豫狀先生行事來告曰：……慶曆四年十一月某日終于蒲，葬用明年之十月某日云。」

註 113：本文云：「慶曆三年……，五年二月某日，樞密奉公之喪歸，葬於相州安陽縣之新安村。」

註 114：本文云：「公之季弟樞密副使琦以慶曆三年追榮三代，……五年二月二十二日，樞密奉太傅、太夫人及公之喪葬於安陽之新安村。」

註 115：本文云：「慶曆五年十月辛酉，臧奉公及清河君之喪葬於河陽某村之西北原。」

註 116：本文云：「慶曆五年七月二十五日，沂、炳奉公之喪葬於河南縣洛苑鄉司徒里。」

註 117：本文云：「娶劉氏，……後公十二年，以慶曆五年八月二十二日終於寧州官舍。……以其年十二月庚申合葬於鄧州穰縣禮義鄉於保里。」

註 118：《續通鑑》卷四十七「仁宗慶曆五年三月戊午」條云：「董士廉又詣闕訟水洛城事，輔臣多主之。琦不自安，懇求補外。」同月辛酉條又載：「琦罷樞密副使，加資政殿學士，知揚州。」而師魯奉詔分析董士廉奏狀，即在此事之後不久。

註 119：本文云：「今琦加資政殿學士，制書復有褒言。」

註 120：按董士廉詣闕告師魯動用公使錢事，乃在慶曆五年三月訟水洛城事之同時，而七月，師魯即以此事被貶。可參見 118 註。

註 121：本文云：「洙去年方離渭州。」

註 122：末署：「慶曆六年八月日記。」

註 123：本文云：「自君謨在朝廷為言事之臣，遂不作書，逾三年矣。」按君謨知諫院乃在慶曆三年四月。

註 124：本文云：「謫官來，止作報書。……又承別拜恩命，……」此所云「別拜恩命」，乃指次年正月之監均州酒稅。

註 125：按此均為貶隨州後之作品，然未知確切年月，姑置於此。

註 126：本文云：「予遷武當之一月，曹君護淮陽戍兵來，抵郡下。」按武當屬均州。

註 127：本文云：「某自春初臥病，聞拜新命，欲俟稍安即修賀啟，……今致政還第，方敢少露悃愊。」

註 128：本文云：「慶曆七人二月某日，刑部及二弟奉公之喪葬於河南某鄉之某原。」

註 129：本文云：「今年，其仲弟子憲以書來求銘，將以慶曆七年二月某日葬於河南某鄉之某原。」按此篇誌誌文與上篇誌文當為同時作品。

註 130：據《長編》卷一百八十四「仁宗嘉祐元年十月戊辰」條所載。

第六章　經世思想

　　宋之立國，承五代文化凋弊、道德沉淪、社會動亂之後，故宋初君臣，莫不力圖革弊立新，以開創國家新機運；然而外患未除，局勢難安，再加上國內制度不善，冗官充斥，財用節制無方，以致造成宋室國力之衰靡不振。有志之士，身處此內憂外患之煎迫中，莫不希望學以致用，裨能經世救國，范希文之名言：「不以物喜，不以己悲，居廟堂之高，則憂其民，處江湖之遠，則憂其君。」、「先天下之憂而憂，後天下之樂而樂」（〈岳陽樓記〉）正是當時士君子憂國憂民之「憂患意識」的代表，也是韓、范、歐、尹等名士忠臣的懷抱。師魯曾說：

> 養高遠權，介者之所守；經國成務，英賢之通識。與夫追蹤於獨行，
> 不若蒙利於當世。（卷七〈賀樞密副使富諫議啟〉）

由此可見其力求用世之情切，而不屑為那些逃避現實之隱者。「經國成務」是他的願望；「蒙利於當世」便是他的目標。他的志趣、抱負在此，他的事功成就亦在此。

第一節　政治思想

　　師魯之政治思想，可分別從其治理州縣的教化理念、對於政治缺失的革新主張，以及其實際施政的綜合表現，來加以探討。

一、教化觀

　　師魯治理州縣事務，是以福民利民為目標，故其教化理念均從服務民眾、

造福桑梓著手，概分之，約有下列數端：

（一）法古為治

　　師魯文學創作上提倡古文，崇尚古道，表現在實際政治事務的處理上，便是「法古」的觀念，尤其是唐虞、三代之政教施為，以及近世的唐貞觀之治，均為師魯欣慕、法式的模範，故其在〈進貞觀十二事表〉中強調：

> 聖人鑒治亂，莫若前代；然於事易校、於時易通，莫若世數之相近者，故《周書》〈無逸〉歷陳商王中宗、高宗、祖甲之德，不及虞夏。臣以為方今憲法前古，宜在有唐，唐治之盛者，在于太宗，舊史具存，爛然可述。（卷十八）

唐虞、三代均可憲法，然貞觀之世近宋，又有史籍可考，「於時易通」，故師魯主張先取法貞觀之治，再由貞觀逐步上推三代、唐虞，故其又言：

> 竊惟聖心所慕，當追三代之盛，而諸儒稱頌，亦謂比隆唐虞，賤臣區區，獨以謂政教威賞未臻乎貞觀之治，輒取唐史官吳兢所錄貞觀時事切于今者，得十二事以獻，伏望陛下留神觀覽，詳而思之，勤而行之，則貞觀之治不難企及。由貞觀以復三代，由三代以致唐虞，豈遠乎哉？在勉于初、克于終而已。（同上）

宋世之政教威賞既未達貞觀之地步，師魯便錄取切合其世之貞觀時事呈獻皇帝，望其「詳而思之」、「勤而行之」，此種法上、務實的精神，即是師魯經世濟民的根柢。而法古的施行步驟如何呢？即「在勉于初、克于終而已」！做事能夠有始有終，自然有成。而能否持志堅定、始終如一，其關鍵便在於自己的「心」是否能把握，故師魯說：

> 如有志於古，當置所謂文章功名，務求古之道可也。古之道奚遠哉？得諸心而已。（卷四〈志古堂記〉）

所謂的古道，並非虛無渺邈、不切實際的空論，它就存在於我們日常生活言行舉止中，只要能遵循「本心」之正以行事，古道便呈現在大家眼前，為大家所身體力行，故師魯又云：

> 誠能忘己之私，唯行之宜，雖謗若咎，勇且不顧，奚古人之遠哉？（卷四〈伊闕縣築堤記〉）

今人若能「忘己之私，唯行之宜」，則君君、臣臣、父父、子子之道大見施行，國治民安，又何必艷羨古人，三代之治亦不過如此！

　　由上述可知，師魯之「法古」理念，並非徒託空言的高調，而是簡易可

行的辦法，只看人們願不願意去除私念、遵循本心之正以行事罷了！

（二）仁德化民

孔子曰：「爲政以德，譬如北辰，居其所而眾星共之」（《論語》〈爲政〉）又曰：「道之以政，齊之以刑，民免而無恥。道之以德，齊之以禮，有恥且格。」（同上）這都是說明施政化民重在德治，唯有以身作則，以德感人，方能使民「不令而行」（《論語》〈子路〉），達到施政理想的境界。

在師魯認爲，以仁德施政，是最能感動人心而且效果最好的，故於〈襄州峴山亭記〉（卷四）一文中說道：

> 至哉！仁之施於政，其感人深切而無窮已也！……若純乎仁者，不
> 必身被其化，後之人聞其風則咨嗟歔欷，宜乎思之而不忘，久之而
> 益彰也。

即因仁政感人也深、化民也遠，故師魯特別重視仁德教化，對於宋初帝王之仁心仁政，他始終念念不忘，故在其詩文中往往稱述，如：

> 天監下民，亂靡有定，甚武且仁，祚厥眞聖，仁實懷徠，武以執競。
> （卷一〈天監〉）

> 合我將臣，正厥有罪，無庸傷民。（卷一〈西師〉）

> 帝戒二俘，同即爾誅，予惟民無辜，休息是圖。時其輯矣，寧威獨
> 夫。（卷一〈耆武〉）

以上即爲讚揚宋太祖之仁政。

> 皇帝曰吁，念彼黎庶，匪鯨匪鯢，復爲王土。（卷一〈大鹵〉）

> 皇其我圖，親講農事，有子有孫，力田孝悌。鼓舞至仁，薰焉如醉。
> （卷一〈帝籍〉）

此處爲推崇宋太宗以仁德恤民。

> （方單于之請和，諸將請勵兵襲其還道）皇曰有眾，予實念茲，戰
> 無必勝，矧其歸師。借曰大獲，疇能盡之，益俾餘孽，毒吾朔陲。
> 乃俞其盟，北州以綏。（卷一〈帝制〉）

> 皇底於治，欽哉惟刑。在疑而宥，罔察爲明。愛怒弗肆，孰爲重輕。
> 毋一弗辜，惟典之平。……鑒於前人，繫於仁德。皇德在仁，寖而
> 成風，公侯卿士，靡不率從。（卷一〈皇治〉）

此乃敍寫宋眞宗之「皇德在仁」。至於稱道宋仁宗之爲政，則云：

聖君慈仁，未嘗以威怒肆一不辜，其請傅死者，率用恩貸，昔帝無
以尚此。（卷二〈原刑〉）

師魯稱述李允及之爲政云：

公爲政平易，務以靜鎮，不喜作爲聰明。部吏或犯法，須其自章，
然後置于理，其用心寧失有罪，不忍獄自己發，故所至有長者稱。（卷
十二〈故朝散大夫給事中知同州軍州事兼管內勸農使上柱國隴西縣
開國伯食邑五百戶賜紫金魚袋李公行狀〉）

「爲政平易」、「不喜作爲聰明」，則政令易知易行。以理按法，則公正不枉。
政令易知易行，則民樂善有爲；法理公正，則民不輕蹈法網，此即仁心治政
之績效。又如敘述王兼濟之仕宦時，亦強調其「爲政清簡」、「所至皆便其治」，
故去郡之時，「吏民千里問候，歲時不絕」。〔註1〕「清簡」、「便其治」均是爲
民著想，亦即是仁德的表現。師魯於〈故金紫光祿大夫秘書致仕上柱國清河
縣開國子食邑六百戶食實封一百戶張公墓誌銘并序〉中稱戴張習之（宗誨）
之施政：

公漸英公之訓，以愛民恕物爲任。凡治民，必本風俗，尚節儉，教
之植木藝穀，以資其生，故民蒙其利而懷其愛。（卷十七）

此即師魯所重視之仁德教化。

（三）利世澤民

前面說過，師魯經世的目標即在「蒙利於當世」，故他對於「功名」的解
釋，即異於他人，他說：

夫古人行事之著者，今而稱之曰功名。……蓋其用也，行事澤當時
以利後世，世傳焉，從而爲功名。（卷四〈志古堂記〉）

此處將「功名」解釋爲「澤利世人之行事」，可見其經世致用之決心。即如慶
曆五年正月，杜祈公（衍）罷相，師魯曾以其居相位時日淺短，「法制利澤未
大施於下、用是於邑」爲悵，可知其政治理念乃是以福國利民爲圭臬，其行
事亦以能澤被天下爲標竿。

當蔡君謨、石守道外補、蘇子美以飲會事被貶，師魯雖心懷憤慨，但仍
勸永叔猶當操慮朝政，不可因外遣而忘懷國事，其言云：

聖上慈明，永叔以忠亮被遇，不當以外內易慮，忘懷本朝也。（卷十

〔註1〕見卷十三〈故太中大夫尚書屯田郎中分司西京上柱國王公墓誌銘并序〉。

〈答河北都轉運歐陽永叔龍圖書〉〉

其著眼點即在於：賢臣若因外遣、去位而忘懷國事，則最後受害的仍是民眾，這並非國家之福、眾人之幸。故賢者雖身遭偃蹇困頓，仍應勉力勤勞國事。孔子曰：「居之無倦，行之以忠。」（《論語》〈顏淵〉）《淮南子》〈脩務訓〉亦云：「夫聖人者，不恥身之賤，而愧道之不行，不憂命之短，而憂百姓之窮。」（卷十九）這便是師魯所要求於永叔的。

師魯曾強調，爲民父母官者，應多替百姓設想，如〈伊闕縣築堤記〉中便說：

> 夫捍災慮患，令事也。……嘗聞古之爲令者，其慮民也深，教之恤
> 之，又興利樹功，非以名己能，蓋審其生殖，謹其禍災而已。（卷四）

師魯認爲能愛民如子，爲其「捍災慮患」，是爲政者的基本職責，而爲民「興利樹功」，也非在矜誇自己的才能，只不過是利民、「慮民」罷了。故當他初到渭州，便替民眾解決前任郡守所占民田不還傭資、且令百姓納稅的事。而好事者則指他依附韓稚圭，對所做的事多所變更，是特別偏私渭州居民，師魯回答說：

> 公家之事，苟利於民，則韓公、鄭公與某行之皆一也，何必分彼此
> 哉？（卷九〈與四路招討使幕府李諷田裴元積中書〉）

可見他的舉措，是以便民利民爲上，絲毫不貪功；而對於各項措施如有不便處，自然力主更張。在爲韓國華所作的墓誌中，師魯便特別稱頌韓氏：

> 在三司，更張事凡二十七條。其興利，使民樂趨而上收其贏；其立
> 法，使人易守而難犯。故所施置，通久而少弊。（卷十六〈故太中大
> 夫右諫議大夫上柱國南陽縣開國男食邑三百户賜紫金魚袋贈太傅韓
> 公墓誌銘并序〉）

綜觀師魯一生，始終兢兢業業爲國事憂勞，雖曾三度貶降，卻未改變其爲國爲民服務的初衷，此即其「利世澤民」經世思想的如實表現。

（四）立教成治

師魯認爲三代之治，乃因教育成功所致；兩漢以下，風氣日漸衰替，去聖人之道愈遠，亦因不重視教育之故，他在〈岳州學記〉中即如此說道：

> 三代何從而治哉？其教人一於學而已！自漢而下，風化日陵，政之
> 寬暴，民之勞逸，皆繫於吏治。吏之治，大抵尚威罰，嚴期會，欲
> 人奔走其命令，其馭之若是之丞也，又安先之以教育，漸之以德義

者乎？故號稱循良而能以學校教人者，十不一二，去聖益遠。（卷四）

既不能先期教育民眾認識法規政令，又不能以德義服人，只想以刑罰來威脅民眾，自會使民風日漸敝壞，道德日漸沈淪。民心既不歸附，又如何能期望達到知禮義、尚孝悌的三代之治呢？故當滕子京（宗諒）在巴陵推展學政時，師魯即加稱讚：

> 巴陵之服儒者畢登於學，公延見必禮。獎其勤，以勵其游惰；尚其能，以勉其未至。雖新進不率者皆革頑爲恭、磨鈍爲良，出入閭里，務自修飭，郡人由是知孝悌禮義，皆本於學也。公之樹教及人，豈不切於近、通於久乎？（同上）

可見學校教育影響眾人效果宏大，而爲師魯所重視。

（五）寬以待民

師魯認爲做爲一個官吏，應具有「毋矜己、毋盡法、毋報怨」的觀念。而所謂「毋盡法」即指待民勿過分嚴苛、無情，應多加寬容，使其能生活安適，而感懷國家之恩澤。故他在推薦樊景給友人時即云：

> 某嘗與景論爲政，景以馭吏寬民爲先，是敏於政者。（卷十一〈與京西轉院劉察院薦樊景書〉）

能以「馭吏寬民」爲爲政之先務，便是「敏於政者」，故師魯在爲人作墓誌時，對能寬民、愛民者，每每稱述不已，如推崇趙表微（稹）：

> 爲政尚寬，凡處事，要其歸不害於禮，而未嘗立異見以名己功。（卷十三〈故推誠保德功臣金紫光祿大夫守太子少傅致仕上柱國天水郡開國公食邑四千二百戶食實封一千戶趙公墓誌銘并序〉）

讚揚謝濟之（濤）：

> 凡治郡，部吏有一善，必孜孜稱薦；或犯法，雖甚惡之，直其罪而已，未嘗有過刑，故終身無一嫌怨者。（卷十二〈故中大夫守太子賓客分司西京上柱國陳留縣開國侯食邑九百戶賜紫金魚袋謝公行狀〉）

嘉美張盡節（顯忠）：

> 爲政尚寬易，所至，民宜其治。御家有法，撫疏屬皆以恩。（卷十四〈故供備庫使銀青光祿大夫檢校尚書兼御史大夫知霸州軍州兼管內勸農事上騎都尉南陽郡開國公食邑三千八百戶張公墓誌銘并序〉）

他如皮漢公（子良）、李舜工（垂）、張漢臣（弇）、王可久（世隆）諸人，均以爲政寬平，而爲師魯所表彰〔註2〕，可見「寬以待民」即爲師魯施政教化的重要理念之一。

（六）持身奉法

前述師魯認爲爲政者應「寬以待民」，宜民生理；但對於官吏本身，則強調應謹守法規，不僅不可循私偏袒、怠忽職責，更不能踰越本分、濫用職權。他在〈上陝西都轉運孫待制書〉（卷八）中表示：

> 竊以州郡之於監司，奉教約、遵憲度而已。反此，雖無害於治，不得爲無過。

「奉教約、遵憲度」即謹守職責、不踰本分的表現。師魯舉眞宗時事，諷勸仁宗注意朝臣逾越權分之舉，其言云：

> 嘗聞：景德初，河北轉運使劉綜上言：「供備庫使白守素武勇，請正除刺史。」眞宗謂近臣曰：「將帥有功，列狀具聞可也。疇勞命秩，自有常典，綜何預焉？」監司之居外，猶御史之在朝也。眞宗持賞罰之柄，不欲移于群下，聖意如此，伏望陛下稽法先訓，咨詢故典，察迎合之言，革朋比之風，則天下幸甚！（卷二十二〈覆奏監察御史李京劄子狀〉）

《易經》謂：「君子思不出其位。」（〈艮卦〉象辭，又見《論語》〈憲問〉曾子曰）即指人各盡己職，所思不出其位，則君臣上下大小，都能各適其分，則天下事務便得處置完善，而臻於治平。

秉持上述爲政理念，師魯對能「持身奉法」的官吏，亦多所讚揚，如他在〈故太常博士致仕何君墓誌銘并序〉即稱頌何氏：

> 持身奉法，不爲強屈，嘗與上官爭辨殺人獄，終出之，後得劫者，眾益伏。（卷十五）

又讚許他爲官清廉精明：

〔註2〕諸人爲政事蹟，可分別參看師魯〈故宣德郎守大理寺丞累贈司封員外郎皮公墓誌銘并序〉（卷十五）、〈故朝散大夫尚書司封郎中充秘閣校理知均州軍事兼管内勸農事上柱國李公墓誌銘并序〉（卷十七）、〈故朝散大夫尚書兵部郎中知蘄州軍州兼管内勸農事護軍賜紫金魚袋張公墓誌銘并序〉（卷十六）及〈故西京左藏庫使銀青光祿大夫檢校工部尚書使持節晉州諸軍事晉州刺史兼御史大夫充廣南東路駐泊兵馬鈐轄兼提舉本路巡檢兵馬賊盜公事上柱國太原縣開國伯食邑九百戶王公墓誌銘并序〉（卷十六）諸文。

掌州，庚吏襲故迹，欲上下通爲姦利，憚君初至，未有以致其略，
乃作匿名書，求君黜聰明，并以金帛投於廇垣。君曰：「是必某吏所
爲。」捕送之，伏罪。（同右）

推究其因，何氏能不畏強暴，不貪厚賂，即在其能秉持爲官「持身奉法」之
原則，故爲師魯所欽佩。又如師魯述陳仲通（貫）：

爲吏尚嚴明，持法不私，所臨州，姦愿無所貸，嫉盜賊爲最甚。（卷
十四〈故朝散大夫尚書刑部郎中直昭文館上柱國賜紫金魚袋陳公墓
誌銘并序〉）

文中大事宣揚陳氏愛民利民事迹主要即在彰顯他能嚴守法紀、潔身自愛、造
福閭里。在作耿徽之（克從）墓誌時，稱美他居官「廉直果斷」、「不避貴勢」，
「條理獄事，與法吏辨刑章，常以議宜取勝」。〔註3〕記述親家王師黯（汲）
之生平時，又稱道他嚴法處事，不畏強勢，卒能庇護其民。〔註4〕若此種種，
均顯示師魯要求爲政者在教民化民之前，必先「持身奉法」，所謂「子帥以正，
孰敢不正？」（《論語》〈顏淵〉）、「苟正其身矣，於從政乎何有？不能正其身，
如正人何？」（《論語》〈子路〉）這正是師魯從政教化的理念。

二、政治主張

宋初立國，鑒於唐末、五代藩鎮權力過重，造成君弱臣強之局勢，故太
祖即位，即採趙普重文輕武、集權中央之政策，以杜絕前代積弊。然制度之
革新，非朝夕可成，設無君臣之通力合作，實難竟其全功；尤其西北有契丹、
西夏二強敵覬覦，更令宋室之發展處處受挫，大有芒刺在背、寢食難安之感。
宋初制度之改革，實爲一時權宜措施，難免有矯枉過正之處；然眞、仁之後，
泥守祖宗法度，以爲不可輕變，致有弊病叢生而不知所措之窘態。有識之士，
自不願見國家就此日趨衰敗，以至於沈淪不復之地步，故師魯即針對當時朝
政的闕失，作了如下的改革意見：

（一）矯　察

宋初君主重權，太宗置正言、司諫，使掌奏議，用以杜絕大臣專政，然
台諫出於天子親擢，故成爲天子直屬之官；當時又開言路，求言勵諫，未嘗

〔註3〕見卷十五〈故福建路勸農使兼提點刑獄公事朝奉郎尚書主客員外郎上輕車都
　　　尉耿公墓誌銘并序〉。
〔註4〕見卷十三〈故朝奉郎太子中舍知漢州雒縣事騎都尉王君墓碣銘〉。

以言罪人，故自宰相以下，皆爲台諫彈劾之對象。〔註5〕師魯認爲人君能開言路、納諫誠然不錯，但應矯正察察爲明的心態，勿因廣聽而使忠賢受汙，並引發朋黨之弊病。他說：

> 國朝規唐制，設登聞、四檢廣言事之路，而憲防未著，非以懲艾訐訕、敦勵忠讜也。若乃議切人主，建明時政，固上之所欲聞也；至於抉摘隱微、牟斂細科，寧有補於政哉？夫黈纊非以蔽聰，外屏非以蔽明，蓋任視聽不足盡乎聰明也！（卷二〈矯察〉）

「至治本在於務大體，不在乎任察」〔註6〕，若想消弭告密、誣訕之習，則對於無端攻訐他人隱私、自謀其利而罔顧生民福祉者，須加以嚴屬懲罰。師魯建議道：

> 可申嚴著令，凡人之隱慝，非律所得言者，罪之；謀利有遺民者，報罷。則昌言日進，而險詖徼幸者少儆矣。（同右）

孔子曰：「眾惡之，必察焉；眾好之，必察焉。」（《論語》〈衛靈公〉）這才是監察的本意，亦即師魯所謂以「眾之好惡」、「臣下忠邪」爲辨察要務的「大體」。

（二）審　斷

仁宗之世，亟謀求治，故每聞有可爲之議，即立即施行，而未加審愼計畫，是故弊端四起而不見其利。師魯認爲帝王的任何一個決斷，均關係著國家興衰存亡與百姓生計，所以在作決斷時必須審愼。他說：

> 夫攬御臣之柄，以強主威，孰不由斷哉？然斷者或審之以昌，或任之以亡。（卷二〈審斷〉）

並舉周公、孔子「審於己」爲「聖」、漢高祖「審於人」爲「明」之例，與商辛「任於己」之「暴」、桓、靈「任於人」之「昏」作照對，說明「與其斷而不番，不若優游之愈」的道理。並且箴誡世主「聖或所不能，暴或所不爲，若昏與明，後世其鑒哉！」（〈審斷〉）王夫之《宋論》稱讚仁宗「有大德於天下，垂及今而民受其賜」，卻也批評他「有大弊政以病民者二百年，其餘波之害，延於今而未已」，而其結論是：

> 是故君天下者，一舉事而大利大害皆施及無窮，不可不審也。聽言

〔註5〕參見梁天錫撰〈從遵堯錄看宋初四朝之軍事與政治〉，《大陸雜誌史學叢書》第三輯第三冊，頁31。
〔註6〕見卷十八〈論朝政宜務大體疏〉。

輕，則從善如流，而從惡亦如流。行法決，則善之所及者遠，而惡
之所被者亦長矣。（卷四〈仁宗〉，頁 81）

師魯被御史李京劾奏在知渭州時借支錢粮事，並謂韓稚圭處置水洛城事
不當乃緣自師魯始，而請加其罪，師魯即云：

朝廷若以事狀顯明，不須按覆，即時裁處，自繫聖斷。御史所守，
則有職分，若京之所陳，雖增臣過惡萬端，或乞加臣峻典，于言事
之體皆未為失，唯不當慮臣別有指說。……若夫刑賞廢置，乃朝廷
大柄，非言事者得專之也。（卷二十二〈覆奏監察御史李京箚子狀〉）

凡所陳述，無非希望天子能夠明斷，或刑或賞、或廢或置，均出自宸衷，而
不能將此御臣大柄，任於權臣，否則將興怨於天下而貽患於後世了。

（三）省刑薄斂

《尚書》云：「民惟邦本，本固邦寧。」（「夏書」〈五子之歌〉）此即謂人
君應固守其民，方能安邦國。而如何固民呢？師魯主張減省刑罰。而欲減省
刑罰，「莫若究其源」，其源即在「謹兵籍」、「制經用」而已。他說：

夫兵食不浮、國用不冗，然後賦斂可輕、山澤可弛，人人自愛而重
犯法也；如不究其源，雖曰下輕恤之詔，察小大之獄，欲犯法者不
宛則庶矣；期于刑省，不其難哉！（卷二〈原刑〉）

《管子》〈牧民篇〉云：「倉廩實則知禮節，衣食足則佑榮辱。」民若衣食溫
飽，則不輕犯罪。民用既足，則國用不匱；國用不匱，則民能安居樂業，而
國家益趨富強。然國用不匱的先決條件，在「兵食不浮」、「國用不冗」。而「兵
食不浮」、「國用不冗」的基礎乃在「謹兵籍」、「制經用」，能做到「謹兵籍」、
「制經用」，則不待「下輕恤之詔，察小大之獄」，人人必能自愛自重，而躋
於貞觀之治了。〈牧民篇〉所云：「政之所行，在順民心，我存安之，故刑罰
不足以恐其意，故知予之為取者，政之寶也。」正可為此做詮釋。

若想減輕刑罰、賦斂來安定人心，則不當更巧立文詞來徇私妄為，故師
魯在〈覆奏監察御史李京箚子狀〉中即云：

臣聞歷代用刑，多有過濫。列聖臨御，未嘗獨任威罰及于一臣。……
今京欲用偏至之詞塞辨治之實，此原或開，人無所措，臣所謂上損
國體者，以此而言也。（卷二十二）

《管子》〈牧民篇〉曾云：「省刑之要在禁文巧，守國之度在飾四維。」就是
說明唯有真正的省刑薄斂，使民知禮尚義，才能擁有人民、安定家邦。

（四）考　績

宋朝考績制度，五品官以下全為「自上功狀」、「自紀績效」來求取賞典，師魯認為：「以庸制祿」是朝廷的恩典，而「難進易退」則是一般人臣的常情，只要朝廷重用真正的人才，則眾臣便無非分之心，自能「廉恥興行」、「風俗敦厚」；設若讓臣子「自紀績效」來干求恩賞，那麼「衒鬻者」將「被錄」，而「沈默者稀遷」，這是不公平的。前述東坡之最終官階僅止於朝奉郎，即是不願干求之例。而覬覦賞恩者眾，也會造成奔競之風。有鑒於此，師魯建議遵循貞觀故事，於「門下置具員」，「以次補庶官」，並言：

> 申命有司，自五品而下，謹其官簿，取歲月當遷者，籍其治行於朝
>
> 而命之。有司失舉與自上功狀者，鈞其罰。（卷二〈考績〉）

如此，恩爵賞罰之大柄出自朝廷，則眾人貪冒之心便可大滅，而崇讓之風亦可恢復。

（五）廣　諫

宋初君主，本極重諫言，如太祖乾德元年詔制舉三科，其首即「賢良方正，能直言極諫」；而太宗之改拾遺、補闕為正言、司諫，使專掌奏議，亦為求諫；真宗初即位，便謂：「朕樂聞朝政闕失，以儆朕心」，又重田錫之諫，皆所以求言納諫，以廣言路。〔註7〕仁宗親政，亦汲汲求治，故條陳日進，眾士爭奮。然景祐三年之貶諫臣，禁越職言事，則頗斨忠謀讜論之進路。故師魯為〈廣諫〉（卷二）一文，引述大禹戒虞舜、周公戒成王之道，望仁宗「雖聞怨詈」，亦能「皇自敬德」，且期以「克終厥戒」。其在〈庶工〉詩中即稱述太宗之能虛懷求諫，不罪言臣，其詩云：

> 巍巍袞台，盛德以居。任賢伊何？昌言是庸。勉告爾猷，罔恤廼躬。
>
> 豈無狷辭，怫于予衷。予不爾疾，爾無面從。（卷一）

如此真誠納諫，國政自舉，而君臣之間亦可「道隆」而「辭達」了。師魯之所以盼仁宗「克終厥戒」，亦無非希望希望朝政日興、國勢日振而已！

（六）選賢任能

宋太祖鑑於五代藩鎮之攬權亂國，遂銳意重文輕武，期天下長統於趙氏，故採中央集權政策，軍政大權總歸皇帝一身，連節度軍州之職，亦以文臣知代，望能以文人儒士一新天下氣象。惜宋初帝王策士取才卻未能重用，且蔭

〔註7〕以上參見本章註5引文，頁29。

補冗官充斥，而造成實有幹濟之材者不得用，尸位素餐的庸懦之輩卻操持國政大柄，甚或蓄意排擠賢良。此種現象，在歷朝開國之初甚為罕見。宋世國勢之積弱，此為其源。

師魯在一篇題為〈送邱齋郎〉的序中，即對宋代策士之法大表不滿，他說：

> 天子臨軒策賢良之士，何為哉？得非質今事、考古誼，使足施於世耶？然未聞某事某所建也，某事某所廢也，豈朝廷不亟行其言，徒試其才識，而取異日用耶？將謂賢良者務高其說而不切於行耶？收其異日之用，則今登科者益用於朝，為朝廷言，主乎得人，猶不繫乎樹策之始行與否也。如不切於所行，務高其說，以取重於名者，殆非詔策之本意。（卷五）

師魯認為：既名為「策賢良」，就當求其可行。如取而不用，又何必耗此用人之費？縱使為儲材而試，然日後亦未見彼等有所建樹，此種「務高其說，以取重於名」的方式，實「非詔策之本意」。故望朝廷甄才策士，能使其「切於行」而「大施於時」。

對於郡設學校之措施，師魯亦有意見。因當時之太學生只是「發明章句」、「究極義訓」，其目的則是「至於祿仕」而已，何況他們的「經義訖不一施」；至於「卿大夫家階賞典得仕者」，只要年紀一到，朝廷僅象徵性地考校章句，而且全部選用補官，這種「門選益衰」、「世德罕嗣」的現象，絕非選賢任能之道，故師魯作〈敦學〉（卷二）一篇，主張「祭酒實其任」、「由門調者宜籍於師氏，策以經義，始得補官」。藉此來獎勵有才幹者，勸勉學有未到者，方能使學者益進，而「仕者能世其家」，達到選用人才的真正目的。

對於因西陲兵興而衍生的畸形吏政，師魯甚表不滿，他批評道：

> 自西師之興，金帛糧槫之積，凡資於兵者，其費益廣；鐵革翰羽之用，凡須於兵者，其取益夥。費之廣，則吏之聚斂者進焉；取之夥，則吏之幹力者進焉。上任其能，下收其功，自監司所部，及於郡縣；由初任至於久吏宿官，莫不以是為治之優，為政之先。於是，吏之強者益肆，弱者亦趨。甚者，不恤困窮，不察有無，殫利以夸精，嚴期以名勤。有以治體為言者，必詆之曰：方事之艱，當求所以富國強兵之要，烏體之為哉？故吏益才而民益愁，為吏者寧當然耶？
>
> （〈卷五〈送光化縣尉連庠〉〉）

師魯認爲自古未嘗無兵，但對於戰爭所需之物資、財用，需量力而爲，否則不僅重擾民眾，也造就一批專事搜刮、「以材自名」、以「利自進」的酷吏，言豈是國家恤民之道、生民之法？亦枉費開國祖宗恤民、惠民的初衷了。故師魯以爲：朝廷應重用能通達下情的良官，而非鼓勵專精賦斂的材吏。只有重用賢吏，方能「民遂其生」，只有選任良能，才不致徒增民怨。民眾既能安居樂業，則富國強兵之所需，自可不待求即能自足了。

綜上所述，可知師魯對於朝廷之選用人材，亟爲關心，殷切盼望政府能「選賢與能」，達到「人盡其才」的理想，並期以「任之」而「能終」〔註8〕，則國事之興辦，庶幾能畢舉而無憾了。

（七）節賞賜

對於仁宗朝之恩賞過濫，師魯頗爲憂慮，如爲如再不加節制、改進，將危及宗廟之存亡。他說：

> 夫爵賞，陛下所持之柄也。近時，外戚內臣以及士人，或因緣以求恩澤，從中而下，謂之內降。臣聞唐氏衰政，或母后專制，或妃主擅朝，樹恩私黨，名爲斜封。今陛下威柄自出，外戚內臣賢而才者，當與大臣公議而進之，何必襲斜封之弊哉？（卷十八〈論命令恩寵賜與三事疏〉）

「爵賞」既是皇帝所持之大柄，如要大臣順從天子「斜封」之賞，則將敗壞朝廷綱紀；如不從，又將「沮陛下德音。」「壞綱紀」，是「忠臣所不忍爲」，而「沮德音」則將使皇帝之「威柄日輕」。何況朝廷所要求大臣的，乃在於「盡公不阿」，如今反以「私昵撓之」，這將如何勸勵大臣「守正不私」呢？師魯又說：

> 夫賜與者，國家當以勸功也。比年以來，嬪御及伶官、內臣之屬，賜與過厚，人間傳言：內帑金帛皆祖宗累朝積聚，陛下用之不甚愛惜，今之所存無幾。……往歲，聞邊將王珪以力戰賜金，則無不說服；或見優人所得過厚，則往往憤歎，人情不可不察。（同前）

雖然朝廷所以用度龐鉅，主要耗在邊陲用兵，然而民眾並不能詳知「內府豐匱之數」，只見「取于民者日煩，即知畜于公帑者不厚」，何況宋朝之冗員充斥，制祿、祠祿均厚，加上恩賞、恩蔭之既隆且濫〔註9〕，無怪民眾有「陛下

〔註8〕師魯在〈論朋黨疏〉（卷十八）中曾云：「知賢而不能任，任之而不能終，於治國之道，其失一也。」

〔註9〕有關宋朝恩賞之厚，可參看《廿二史箚記》卷二十五「宋郊祀之費」、「宋制

用之不甚愛惜」的感受。師魯認為民眾既「獨見陛下行事感動」，則人主應深察「朝政日弊」而「人心日危」之事實，亟思「日新盛德」，「與民更始」，方能挽救天下於危亡。

三、施政表現

師魯於仕宦生涯中，無時不以「福國利民」為其施政目標，今歸納其施政的表現，大致可分成三項來敘述：（一）寬政愛民；（二）汲汲有為；（三）無慊於心。

（一）寬政愛民

前述師魯主張「行事澤當時以利後世」，又謂「捍災慮患」為「令事」，均可見其為政大要。其為渭州民眾解決前郡守強佔民田事，稱頌韓國華為民興利，推崇趙表微、張盡節等人為攻寬易事〔註10〕，亦可知其為民服務之標準所在。而當其離開隨州、均州之後，都有人為其修建亭臺，以誌不忘，這便是師魯寬政愛民的回應。

（二）汲汲有為

師魯之施政，既本「為國為民」之原則，故對於個人之出處得喪，毫無怨尤，處窮亦不自哀惻。當他被魚周詢誣以動用公使錢遭貶時，諸友均為其惋憐與不平，然而他獨引隨縣尉李康侯是知己。他說：

> 李君亦見我，惠書幾千言，皆張大仁義之說，無一語哀予之窮者，
> 豈以身之窮不足累於心乎？夫自處不卑者，期人則深，予喜李君知
> 我，而嘉其自處之高也。（卷五〈送隨縣尉李康侯〉）

能「自處不卑」，一時之窮達又何能動搖其心志？對於那些遭廢放而自怨自艾，甚或退隱佛門，逃避世事，以為「齊其身之榮辱窮通然後能平其心」者，師魯大為鄙視。他以屈、賈、顏回為例，認為只要能真心喜樂聖人之道，即不會有此身外之憂，其言曰：

> 屈原、賈誼為放逐之辭，皇皇焉切，以深所不忘者，君也。彼豈以
> 身之窮辱能累其心耶？先聖稱：顏子簞食瓢飲，人不堪其憂，回也

祿之厚」、「宋祠祿之制」、「宋恩蔭之濫」、「宋恩賞之厚」及「宋冗官冗費」諸條，頁329～335。

〔註10〕參見本節「甲、教化觀」之「利世澤民」、「寬以待民」條。

> 不改其樂。蓋夫樂古聖人之道者，未始有憂也，尚何榮辱窮通之有
> 哉？（卷五〈送迥光浮圖〉）

既病逃避現實之可憐蟲，又樂孔聖之道，宜乎師魯不以榮辱窮通累其心，亦可見師魯純乎儒者之用世風範了。

師魯本主張將所學貢獻於世，使「人盡其才」，俾能導引社會風氣，使趨淳厚，亦可使國家富強，使天下安康。然當環境有所限制，未能伸展一己壯志時，亦不妨施用於家，蓋齊家乃治、平之前奏。老子曰：「治大國若烹小鮮」（《莊子》第六十章），能將治國之術實用於家，則他日進躍龍門，何愁無能作爲？故在爲陳仲雍作墓誌時說道：

> 賢者以道進退，無失得。其次尚功名，以術濟其用，不則施其家，
> 以仁其宗。要其歸，異夫獨善者，是不以無用廢有用乎！（卷十四
> 〈故將作監主簿陳君墓誌銘并序〉）

以聖人之道爲出處進退的依據，即不會臨事徬徨失措；能曠達用世，即不會辜負有用之身。「異夫獨善者」、「不以無用廢有用」，深刻凸顯師魯的用世哲學。

范希文序師魯文集，即稱其「有心於時」，而永叔作師魯祭文，亦歎其「志可以狹四海」，曾子固作〈君師魯〉詩，更謂：

> 眾人生死如塵泥，一賢廢死千載悲。漢初董生不大用，厥政自此慙
> 隆姬。至今董生沒雖久，語者爲漢常嗟歎。尹公素志任天下，眾亦
> 共望齊皋伊。（《元豐類藁》卷三，頁8）

子固以師魯媲仲舒，並讚其素以天下爲己任，固然推崇備至，亦可見師魯汲汲於國事之真貌。

（三）無慊於心

師魯爲官，旨在經世濟民，既不謀陞進，又不以黜退爲意，故其處事，唯依理之所當然。而數次因事貶降，雖非其罪，但都能以坦蕩之懷面對，此緣於其心無所慊也。即以發兵援劉磻堡事被降爲例，師魯並無絲毫怨言，因爲他做他該做的事，於心無愧，故並不在意官位之進退。在〈與四路招討使幕府李諷田裴元積中書〉（卷九）中，他便說道：

> 諸君察某心，豈主於營官哉？……某讁官當時，寧有慊於心耶？古
> 者刺史嚴明，郡守有投劾解印綬者，某豈重去此一官哉？

「仰天愧于天，俯不怍於人」（《孟子》〈盡心上〉），這便是師魯施政表現的最佳寫照。

第二節　國防思想

　　師魯一生成就，側重於保國衛民之事功；而最能表現其事功者，便在國防思想，今依強兵之策、富國之道與軍旅表現，分別敘之：

一、強兵之策

　　《說文》云：「兵，械也，从廾持斤，并力之貌。」兵即軍械、武器。引申之，凡持武器任戰鬥之將士，由將士所組織的軍隊亦稱兵，由軍隊對壘的方式所產生的兵法謀略，及軍隊對陣之戰爭均謂之兵，故《孫子》〈計篇〉云：「兵者，國之大事，死生之地，存亡之道，不可不察也。」（卷一）張預注曰：「國之安危在兵，故講武練兵，實先務也。」而用兵之目的何在呢？《淮南子》〈兵略訓〉云：「古之用兵者，非利土壤之廣而貪金玉之略，將以存亡繼絕，平天下之亂，而除萬民之害也。」（卷十五）又云：「兵之所由來者遠矣，黃帝嘗與炎帝戰矣，顓頊嘗與共工爭矣，⋯⋯自五帝而弗能偃也，又況衰世乎？」（同上）《鶡冠子》則曰：「兵者，百歲不一用，然不可一日忘也，是故人道先兵。」（卷上〈近迭〉第七）國防兵備，是用來守衛疆土、保護國家人民之必要設施，縱使平日不用，亦不可廢弛，故自古即有因秋冬之際，致民田獵以講武之法，孔子謂：「以不教民戰，是謂棄之」（《論語》〈子路〉），可見自來古聖先王於天下平熙之時，亦不敢忘戰。

　　永叔誌師魯墓云：

> 師魯當天下無事時，獨喜論兵，爲〈敘燕〉、〈息戍〉二篇行于世。
> 自西兵起，凡五六歲，未嘗不在其間，故其論議益精密，而于西事
> 尤習其詳，其爲兵制之說，述戰守勝敗之要，盡當今利害。

而強至亦稱師魯「雲風壯略竦邊人」〔註11〕，足見其兵策材略有可稱道者，今分別敘述於下：

（一）論增強邊備

　　師魯在加強邊場防禦力量上，有如下的建議：

1. 增大將兵馬

　　師魯曾指出：宋室對西夏用兵的二大缺點，乃「大將兵少」與「法制不立」。他認爲：大將兵少，則無勝利的希望。他說：

〔註11〕見《祠部集》卷九〈讀尹師魯集〉。

> 今涇州乃涇原大將治兵之所，戰士才數千，假使虜眾數數來寇，閉
> 壁則邑落被掠，出戰則鎮守孤危，且眾寡不敵，必召屬城之兵以爲
> 自助之勢，大將既已先擾，外軍復無統一，此必敗之理也。（卷六〈上
> 呂相公書〉）

又說：

> 雖戰守隨機，大概論屬城之兵主於守，大將之兵主於戰。唯能使之
> 戰，然後庇其屬城，保其險固也。今大將之兵與屬城均於自守，俟
> 虜至，然後呼集屯戍，迫以期會，戰地戰日皆非素定，此則自救不
> 暇，豈能決勝哉？（同前）

所以，他主張增加大將所統兵馬，使達到士兵三萬人、馬五千匹之標準，至
於外圍屯戍之兵馬，則可視情況配置調度，俾邊防戰力進可攻、退可守。

雖然歷史上不乏以寡擊眾之戰例，但師魯以爲：「凡臨事機應變出奇，雖
百倍之眾尚有以制之，然未有預以寡少之兵而必十倍之勝也」，更何況兵員過
少，尚有如下之憂慮，他說：

> 合而陳之，則見其弱形，彼氣吞之，一也；多爲奇兵，則懼於勢分，
> 二也；離去城壁以據要險，則慮其攻襲，三也。此三者，雖善將者
> 無如之何！（同前）

雖明知「國家兵數有限」，但師魯以爲「事當應急，必有枝梧」，故以秦李信
兵少不能任事之例〔註12〕，來說明所見邊城兵寡之窘迫，並爲諸將請益兵員，
以利制敵。他說：

> 昨葛懷敏與臣言，夏竦所將兵在涇州，止及二千。益以懷敏所請之
> 兵，共未及五千人。若虜眾大至，必當堅守，臣所慮者，不患其攻
> 城，不患求戰，惟患其審我虛實，知我利害，視涇、渭之城爲自
> 守之壁，引眾前進，大爲俘掠，則猖獗之勢未可輕也。臣請益涇州
> 屯兵滿三萬、騎五千，俟虜之來，或應變出奇，或分兵據險，以逸
> 待勞，勝勢多矣。縱使賊勢方銳，且堅壁自守，賊憚我全軍，必未
> 敢南向輕進，則進退之勢，皆得以制之。（卷十九〈又論諸將益兵〉）

兵員充足，戰力強盛，則或進或退，自可控制自如，縱戰或不能勝，然足以
自守，亦可扼敵進路，故師魯謂當益諸將兵馬，以增強邊備。《續資治通鑑》

〔註12〕卷十九〈論諸將益兵〉中載：昔秦伐楚，王翦請兵六十萬。有李信者，請止
　　　　用二十萬，故秦帝不從翦，言者謂「信能任其事也」，然信果敗，而翦終成功。

卷四十四「仁宗慶曆二年閏九月癸巳」條載：「自劉平敗於延州，任福敗于鎮戎，葛懷敏敗於渭州，賊聲益震，然所以復守巢穴者，蓋鄜延路屯兵六萬八千，環慶路五萬，涇原路七萬，秦鳳路二萬七千，有以牽制其勢故也。」可見師魯堅請增益諸將兵馬，非為無因。

2. 籍丁民為兵

師魯認為國家用兵西疆，平日耗費龐大，而物資輸送亦不大便利，若遇警期，則情勢必將更為艱鉅，財貨必將倍加勞費，故深為朝廷憂慮。他說：

> 今西北四帥，戍卒十餘萬，一卒歲給無慮二萬，以十萬眾較之，歲月二十億。自靈武罷兵，計費六百餘億，方前世數倍矣。平世屯戍且猶若是，後雖無他警，不可一日輒去，是十萬眾有益而無損期也。國家厚利募商入粟，傾四方之貨，然無水漕之運，所輦致亦不過被邊數郡爾。歲不常登，廩有常給，頃年亦嘗稍匱矣。儻其乘我薦饑，我必濟師饋饢，當出於關中，則未戰而西邊己困，可不慮哉？（卷二〈息戍〉）

為此，他提出了一種具體可行的辦法，即是「籍丁民為兵」，並且提出訓練計畫說：

> 為今之計，莫若籍丁民為兵，擬唐置府，頗損其數，料京兆西北數郡，上戶可十餘萬，中家半之，當得兵六七萬。貲其賦，無他易。畜馬者，又蠲其雜徭，民幸于庇宗，樂於隸籍。農隙講事，登材武者為什長、隊正，盛秋旬閱，常若寇至。以關內、河東勁兵傅之，盡罷京師禁旅，慎簡守帥，分其統、專其任。分統則兵不重，專任則將益勵。堅其守備，習其形勢，積粟多，教士銳，使虜眾無隙可窺，不戰而懾。兵志所謂：「無恃其不來，恃吾有以待之！」其廟勝之策乎？（同前）

籍丁民為兵，於農閒時講武，以增強邊備實力，此即為師魯之計策之一。

3. 募土兵

除在京師西北數郡籍丁民為兵，以充實邊力外，師魯另上〈乞募土兵〉之策，認為「以此禦敵，軍威必振」〔註 13〕，至於其理由，則於〈制兵師〉一文中可見。他說：

〔註 13〕見卷十九〈乞募土兵〉。

今朔方不庭，邊鄙聳動，且契丹與元昊舅甥之族，壤地相制，勢同
輔車，義必連衡，朝廷亦當虞北虜之變，而預爲之防。今禁御重兵
盡戍西鄙，若北方伺隙竊發，爲患不細。方今之宜，莫若於秦、晉、
趙、魏、齊、魯之間置土軍三十萬，度州縣版籍丁民之數而分其部
伍，擇里中富強武力之人而列爲將校。每歲農隙，督之講肄，舉漢
世故事，命郡將臨事。且農人勤力，率皆壯健，既隸戎籍，服於訓
練，不日則盡爲精兵。無事則俾之力田，有警則發之禦寇，縣官無
尺帛斗粟之費，而享富國強兵之利矣。（卷二十三）

平常兵士，雖有驍勇者，然「怯弱者亦多」，如「未經訓習」，「便令戍邊」，
「恐臨戰退縮，更至敗事」。故師魯請於邊州「別立軍額，召募兵眾武勇材
力」〔註14〕，藉強軍威，如此既可減少軍費，又可充實戰力，實爲可取之策。

（二）論攻守之道

師魯既「喜論兵」，復嫻於邊事，故所論戰守之策，永叔以爲「盡當今利
害」（〈尹師魯墓誌〉）。

師魯認爲：邊事之要，在能鞏固邊防，使敵不敢犯邊，他論道：

夫事四夷，非王者事，今天子仁聖，誠使虜不敢犯邊，復何事於虜
哉？此策之上也。（卷六〈又上呂相公書〉）

如何使敵不敢犯邊，《孫子》〈九變篇〉云：「無恃其不來，恃吾有以待之也；
無恃其不攻，恃吾有所不可攻也。」（卷八）此正是最佳的防禦之道。師魯之
論攻守，審慎、務實，無不切合時勢。

1. 加強實際防禦

慶曆四年五月，當元昊再度向宋稱臣時，師魯曾向韓稚圭上〈議西夏臣
伏誠僞書〉，其中反覆申論西夏臣伏之疑點，正質反析，引古徵今，並以人身
之疾恙喻國家之憂患，深論戒愼根治之必要，否則誤爲表相所惑，縱有良醫
亦不能爲功

師魯以爲：西夏之所以臣伏，其著眼在利而已。彼只須於章奏上稍抑名
號，即可獲宋之重賂，且能使宋人驕心怠邊，何樂而不爲？師魯雖主張「中
國固當鞭笞四夷而臣屬之」，然於「其來臣者誠與僞」更當辨明。以宋軍用兵
西夏，不曾山擊，未嘗勝利，而其主動來降，豈不可疑？故師魯以爲國家應

〔註14〕同上註。

知恥知病，注重實際之防禦工夫，其言：

> 知所以爲敗，可以不敗；知所以爲備，可以待之，此禦戎之常也。(卷
> 八〈議西夏臣伏誠僞書〉)

如不知根治病源，一昧貪圖苟安，則後果勢必難以收拾。故而沈痛指出：

> 今既重賄之以結和矣，則爲虜之備，必異於此。邊壘雖未即廢，當
> 增而浚者必休其役。戍卒雖未即罷，當聚而練者必散而處。舉是而
> 推之，則上下之情無有不懈也。是亦有疾者雖瘳於外而根於中，當
> 其伺隙而發，則已痼於中而亟於外，雖良醫難爲計矣。(同前)

事實上，師魯也指出：宋室之媾和，並不足以穩固對方不叛之心。宋室之重
賄，亦不足以厭足對方之需索。既然講和「不足固其心」而要「以兵拒之」，
「則不若今日之有備且練」；與其「重賂」「資於敵」，不如「以供士費」，因
唯有堅強自己，方是最佳的防禦之道，故師魯論攻守，首重實際之防禦工夫。

2. 重城池兵備

攻防之所需，除兵馬刀械外，師魯以爲不可不重城池。他論道：

> 城，武備之一，譬於兵，爲器之大者也。古聖王捍患庇民，弓矢甲
> 胄與城郭溝池交相爲用，以利後世，世人不推究古始，以爲王者專
> 任德教，不必城守爲固，果如是，武庫甲兵將安用耶？聖人以不教
> 戰爲棄民，兵不可得而廢，猶城之不可廢。《卷四〈秦州新築東西城
> 記〉》

對於一般人認爲「虜數敵中國，今作城柢以自守，非制虜術」，師魯大不以爲
然，他說：

> 今之所患，邊壘未能盡固耳。果盡固，雖虜至，吾兵得專力於外，
> 勝勢多矣！如虜以吾城守既備，息其窺邊之謀，則兵制所謂「無智
> 名、無勇功」，善之善者也。(同前)

《孫子》〈謀攻篇〉云：「百戰百勝，非善之善者也。不戰而屈人之兵，善之
善者也。」(卷三) 又云：「上兵伐謀，其次伐交，其次伐兵，下政攻城。」(同
上) 能鞏固城池，寢息敵人入侵之謀，正是《孫子》所謂「不戰而屈人之兵」
的善善戰略。

3. 主分兵而守

師魯以爲宋初官兵不敢與虜戰，乃因宋軍心存「戰不必勝」之疑懼，而
原其弊，則在於「兵不分」，故師魯主張分兵而守。其言曰：

> 并寇既平，悉天下銳專力於虜，不能攘敓尺寸地，頃嘗以百萬眾駐
> 趙、魏，詫敵退，莫敢抗。世多咎其不戰，然我眾負城有內顧心，
> 戰不必勝，不勝則事亟矣，故不戰未嘗咎也。原其弊，在兵不分。
> 設兵分為三壁，於爭地犄角以疑其勢，設覆以待其進，邊壘素固，
> 毆民以守之，俾其兵頓堅城之下，乘間夾擊，無不勝矣。（卷二〈敍
> 燕〉）

師魯言兵不分之弊有六：

> 使敵蓄勇以待戰，無他支梧，一也；我眾則士怠，二也；前世善將
> 兵者，必問幾何，今以中才盡主之，三也；大眾儻北，彼遂長驅，
> 無復顧忌，四也；重兵一屬，根本虛弱，纖人易以干說，五也；雖
> 委大柄，不無疑貳，復命貴臣監督，進退皆由中御，失於應變，六
> 也。（同前）

兵不分既有此六弊，若能將兵分守，便可易弊為利，故師魯論分兵之利云：

> 兵分則盡易其弊，是有六利也。……以趙、魏、燕南，益以山西，
> 民足以守，兵足以戰，分而帥之，將得專制。就使偏師挫衂，它眾
> 尚奮，詎能繫國安危哉？故師覆于外而本根不動搖者，善敗者也。（同
> 前）

師魯以為兵分而帥的最大好處，在「將得專制」，縱使某師挫敗，它師仍全，
故以六國雖敗於秦「幾百戰」，「猶未及其都」為例，證明分兵「守國之固」，
勝於「陳勝、項梁舉關東之眾，朝散而夕滅」的「新造之勢」。

4. 督兵尚持重

　　師魯帥兵，一向主張鎮定持重，不可魯莽輕出，其於〈上四路招討使鄭
侍郎議禦賊書〉中即云：

> 昨日兩得指揮那移狄部署下兩軍馬，於鎮戎軍、儀州守把，似恐太
> 速。見石輅回，奉傳尊意：如賊人寇，須且持重，觀其形勢。此最
> 得策！今來事宜雖急，然未見的實入寇去處，惟望鎮重以待之。（卷
> 八）

當耿傅戰死，小人誣傳「督將進」，卒致挫敗；師魯則以傅與諸將書「戒以持
重，慮為虜誘」，稱其督軍之審慎，而為作〈辯誣〉（見卷三），駁斥流言。可
知師魯主張帥兵持重，非有實利，不宜輕易出兵。其在〈乞省寨柵騎軍〉箚
子中亦云：

> 沿邊堡塞，本為守禦，當在險固之地。若虜眾大至，必不宜與之平
> 地較勝。（卷十九）

《孫子》論兵法云：「合於利而動，不合於利而止。」（卷十二〈火攻篇〉）又
云：「進不求名，退不避罪，惟民是保，而利合於主，國之寶也。」（卷十〈地
形篇〉）《淮南子》亦云：「兵不必勝，不苟接刃；攻不必取，不為苟發，故勝
定而後戰。」（卷十五〈兵略訓〉）所謂「合於利而動」、「勝定而後戰」，即指
將帥督軍臨敵，應當持重，衡度最有利時機揮軍出擊，方能有功。

5. 以智取敵

前述師魯之策，均側重守勢，然久守耗財，且止於不敗而已，無能克敵
立功，於弭亂平暴，終有不濟，故師魯言：

> 苟宿兵塞下，曠日持久，守禦之備雖嚴，供饋之力必屈，此則方今
> 自守之害也。（卷二十三〈議攻守〉）

他以為「中國重於出師，利在守境」，既重出師，則當尋求克敵制勝之道，又
言：

> 元昊坐擁羌胡之眾，陸梁沙漠之外，未可以力取，但當以計勝之。
> 今之為計，莫若擇西師之精銳者分屯邊郡，命有方略材武之將統；
> 其羸老者悉退還長安、蒲津，則外省歸饋之勞，內有嚴備之名矣。……
> 若徇悠悠之談，以太平既久，兵不可動，但執保邊之說，使邊城將
> 帥擁重兵、據堅壘，人人為自固之謀，臣恐數年之後，財匱力屈，
> 恐朝廷之憂，不在元昊也。（同前）

此處師魯即指出久守之憂，並以元昊「未可以力取」，「但當以計勝之」，而其
計乃：擇精銳，以材勇之將統之，而去其老弱者，則可省饋、嚴備，此誠為
務實之策。

對於賊人之入寇，師魯則以為莫與之正面交戰，而審其虛實，隨機出擊，
並厚撫邊塞諸部落，使其乘隙進襲敵軍，則戰易有功。其言云：

> 凡賊之入寇，利在剽掠，若敕邊郡險其走集，遠其斥候，使賊至野
> 無所得，城不可攻，而觀畔蓄銳，發機擊之，蔑不克矣！保塞、羌
> 胡亦不減七八萬，常苦邊臣之侵漁，故屢有翻覆，宜申敕鎮戎：厚
> 加撫馭，賜堅甲、絮衣、利兵、勁矢，命諸將監護，使分路進討，
> 彼救左則攻右，救右則攻左，賊必疲於奔命，且彼進無攻劫之利，
> 退有牽制之患，數年之間，兇黨必潰，則可係大憨而戮薰狁，告成

功而薦祖廟矣！（卷二十三〈用屬國〉）

「觀畔蓄銳，發機擊之」，即《孫子》〈九地篇〉所謂之「乘人之不及，由不虞之道，攻其所不戒」也。而「彼救左則攻右，彼救右即攻左」，亦脫胎自《孫子》〈虛實篇〉所言「善攻者，敵不知其所守」之用兵法也。

（三）論軍隊訓練

師魯經略邊事，非常注重平時之訓練，期望由平素之教練，獲致戰場上之成功，并保全兵馬，不使受到傷害。其見諸處馬軍弓弩手不習刀劍短兵，夏月亦不教閱弓弩，深知戰陣如遇險隘而弓弩無法施爲時，則此等弓弩手將束手就擒，而敗覆之機率即高，故其在〈奏閱習短兵狀〉中即謂：

馬步軍除弓弩外，更須精學刀劍及鐵鞭、短槍之類，所貴施爲弓弩

不得處，便有短兵之利可以取勝，又免至夏月廢卻教閱。（卷二十）

他強調，弓弩手雖使用長兵以爲武器，平時亦當熟習刀、劍、鞭、槍等短兵，以免兩軍對陣，無力抗敵。

至於鄉兵、弓手之教閱，師魯以爲：

一月一替，一年得三箇月教閱，所貴均平。或只定作三番，於一年

內擇三箇月，農忙之際免教，亦不廢三箇月教閱之實。（卷二十四〈申

鄉兵教閱狀〉、〈申鄉兵弓手輪番教閱狀〉同）

無論教閱方式如何，然「不廢三箇月教閱之實」，則兵習於訓練，臨陣不亂，才能制敵。

（四）論法制建立

師魯在〈軍政〉（卷二十二）〔註15〕中言道：

臣竊見諸路兵馬，自來分與諸將，則統制不一，臨時差撥，則兵將

不相諳練，蓋由節制不分，名級未辨，是以難于處置。臣聞：有部

分然後有號令，有號令然後有賞罰。今部分未立，號令何由而舉？

賞罰何由而施？以此用兵，從古未有。以臣愚見，必若身之使臂，

臂之使指，然後號令明而賞罰行。

此言宋軍「統制不一」，故有「兵將不相諳練」之情事，而賞罰、號令亦不得而施舉，如此用兵，何能克敵而制勝？其次，宋初軍帥名品雖差異甚大，然

〔註15〕按此篇〈軍政〉，別本均作〈軍制〉，王士禎眉批亦云：「毛本作軍制，是。」
今依文例，仍作〈軍政〉。

皆可署事同議，此不僅非古制，且「凡臨事得聯署者皆得預議，議一而後可行」之法，將造成「不獨號令不行於下，亦既眾人議之，則自信者寡矣」之現象，故師魯以為：

> 軍中之政，有異見者當獻議而已，不當必大將之從己也。（以上見卷六〈上呂相公書〉）

欲根除此種「法制不立」之弊端，最主要的方法是讓大將能統一軍權，其餘幕佐除提供建議外，一律聽從大將指揮。他建議道：

> 諸路大將外，止署副貳者一員參署軍政，別置主軍大將八員，四員外守城鎮，四員專隸麾下，皆聽命大將，如身之使臂，臂之使指，無敢不從。此法制不立之害，可得而革也。（同前）

師魯看出「今之軍政」問題深重，「非大更置之莫能成功」，尤其是軍旅法制之紊亂，故宜及早整飭，建立制度。

師魯以為軍旅之進退，當由各路主將指揮，除幕佐不得「聯署」「預議」外，亦不宜由朝廷宣命，從中指揮，俾主將能隨機應變，因地制宜。其理由是：

> 兵者詭道，貴在神速。千里制勝，恐後事機。……況臨時應變，主將之任，豈可賊兵寇境更候朝廷指揮？（卷二十〈奏軍前事宜狀〉）

故師魯請求「今後軍旅進退，乞不直降宣命」，實有其因。《孫子》〈謀攻篇〉有云：

> 知勝有五：知可以戰者勝，……將能而君不御者勝。

王哲注曰：

> 君御能將者，不能絕疑忌耳。若賢明之主，必能知人，固當委任以責成效。推轂授鉞，是其義也。攻戰之事，一以專之，不從中御，所以一威，且盡其才也。況臨敵乘機，間不容髮，安可遙制之乎？
> （《孫子十家注》卷三）

軍由中御，則大將不能應機權變，勝負之數可以想見，是以師魯乞請軍旅進退由大將專責，以免疲困人馬，虛耗國力。《孫子》〈虛實篇〉亦云：

> 夫兵形象水，水之行避高而趨下，兵之形避實而擊虛；水因地而制流，兵因敵而制勝，故兵無常勢，水無常形，能因敵變化而取勝者，謂之神。

軍旅進退由朝廷直降宣命，則形勢已成；形勢已成，則不能因敵變化；不能

因敵變化，勝利如何可期？故師魯云：

> 夫聖人不能違時，亦不失時。今因戎狄之畔而制軍旅之法，此其時
> 也！在陛下施行而已！（卷二十三〈制兵師〉）

至於師魯理想之軍制如何？他在〈軍政〉中擬道：

> 逐路大將一人：本路兵馬進退、戰守皆專制之，敗衂則任其責。
>
> 副貳一人：大將所制之事皆佐之，敗衂則從坐。
>
> 列將十人：分掌本路之兵，步騎相參，大率以五千爲准，不必定其
> 數。大將量其才而授之，專主所將之軍，其進退即稟命於大將。一
> 軍之勝負，大將上其狀而賞罰之，本路處置即皆不預。
>
> 隊將五十人：每列將一人各給隊將五人，所主隊兵之進退，皆稟命
> 于列將。（卷二十二）

如此分層負責，將如所言「若身之使臂，臂之使指」，亦可「號令明而賞罰行」
了。

　　然師魯亦認爲：元帥或大將既已授權部屬，即應充分信任，不可反覆不
定、猶豫不決，否則容易彼此心生芥蒂，而妨礙軍事之運作，破壞紀律之貫
徹，「於事雖小」而「害於體爲至大」，這是師魯所述「某得以諫名官，凡事
之曲直，猶當於天子前辨之，今乃不能自辨於元帥，反囁嚅於幕府」的原因
了。〔註16〕師魯並非怯懦怕事之輩，但元帥實「不當以事詘於部將」，故不敢
唐突軍帥，踰越法制。

（五）論軍紀賞罰

《淮南子》〈兵略訓〉云：

> 神莫貴於天，勢莫便於地，動莫急於時，用莫利於人，凡此四者，
> 兵之幹植也。……所謂人事者，慶賞信而刑罰必；動靜時，舉錯疾，
> 此世傳之，所以爲儀表者固也。

又云：

> 下不親上，其心不用；卒不畏將，其形不戰。（同前）

可見賞罰有信，則兵利於用；苟「卒不畏將」，則軍紀蕩然，而無可恃以克敵。

　　師魯認爲山外之敗，不能將責任全諉於任福諸將之不夠謹愼，設非王仲
寶輩之苟安怕死，任福等人亦不至於戰潰身亡。他在〈又上呂相公書〉（卷六）

―――――――――――――――――――――――――――――――――――
〔註16〕此爲師魯〈又與四路招討使幕府李諷田裴元積中書〉（卷九）中語，「元帥」
　　　　乃指鄭戩。

中議論此事之責任道：

> 自山外之敗，議者歸咎諸將不能持重以取敗亡，此知其末未究其本
> 也。諸將獨不用韓經略言，分而趨利，此一事可責耳。假使合而為
> 一，持重不戰，其全師不過如王仲寶，豈能制虜之俘掠以取勝哉？
> 仲寶壘去賊不十里，賊去不能追，然朝廷不加罪責者，以任福輩戰
> 敗耳。儻福輩不進，仲寶雖欲不戰，不能也。戰，亦不免於敗矣。
> 何者？彼逸我勞，彼整我囂，彼人人自趨利，我畏死有遁心，又加
> 以數倍之眾，豈有不敗哉？不獨向時之役，是乃虜常勝而我常敗也。

忠義戰死者遭咎，偷安保全者免責，如此賞罰不明，如何砥礪士氣、勸勉軍
心呢？毋怪要感慨「虜常勝」而宋「常敗」了！武侯曾問吳起：「兵何以為勝？」
而吳子回答說：

> 以治為勝。……若法令不明，賞罰不信，金之不止，鼓之不進，雖
> 有百萬，何益於用？（《吳子》〈治兵第三〉）

有鑒於此，師魯對於田元均之能嚴明軍紀，甚表推許，他說：

> 兵久驕，遂至殺害守將，若又貸之，則無復法制矣。明公行此一事，
> 使主威復立，雖四夷之功，無以易此。（卷十〈答鎮州田元均龍圖
> 書〉）

既稱許田元均維護軍紀之功，可比美弭平四夷之績，又自陳其論議劉滬、鄭
戩事，乃在於維繫軍法綱紀：

> 臣等所論偏裨違犯節制，蓋恐壞軍中綱紀；所論大臣罷兵後侵擾軍
> 政，實係國家安危，非止為本路一時之事，願陛下思守邊之遠略，
> 念社稷之大計，若此日不行威斷，則異時必生朝廷之患。（卷二十一
> 〈奉詔令劉滬董士廉卻且往水洛城勾當狀〉）

《吳子》〈論將第四〉云：「禁令刑罰，所以威心。」偏裨既已違犯節制，大
臣罷兵後又侵擾軍政，如不能以刑罰懲治，又何以「威心」？故有「此日不
行威斷，則異時必生朝廷之患」的警語。

對於將帥如何施恩樹威，師魯在〈與延帥論事狀三首〉中有言：

> 洙謂恩貴於周，威則懲一而警百也。昧者反是，樹恩以私於人，故
> 人有竊議。屬威以束其下，故怏怏反怒，蓋任於威而偏於恩也。撫
> 循以示恩，則眾無不洽；號令以申威，則犯者獨誅。如是，法且立，
> 而怨何由興哉？（卷二十四）

「撫循以示恩」、「號令以申威」，即師魯軍紀賞罰之方式，唯有「賞信而罰明」，號令方能暢行無礙，而戰亦可求勝了。〔註17〕

（六）論人才選拔

宋時邊患頻仍，爲靖國安民，實有動員之必要。然而坐言者眾，有實效者寡，甚且時有粉飾太平、諱言兵事之大臣在朝議中牽絆掣肘，故邊務常延宕不決或朝令夕改，士無戰心。當有人能奮勇有爲時，師魯自然激賞，如薦狄漢臣於韓稚圭、范希文即其例。

1. 重用有真才實學者

陳仲通（貫）年輕時，「倜儻、有異節，通孫、吳諸兵法，喜議邊事」，並曾向朝廷上〈形勢〉、〈選將〉、〈練卒〉三篇奏議，所見多與師魯相合，凡事又能審慮，所以稱譽他道：

> 達於事，不疑其用，明之至；盡其忠，不隱於上，誠之至。壯歲議邊，白首益屬，不以不試詘其言，不以疏遠易其志，推公此心，豈專功名，蓋以治國未能去兵，故兆謀於事先，慮危於久平。（卷十四〈故朝散大夫尚書刑部郎中直昭文館上柱國賜紫金魚袋陳公墓誌銘并序〉）

「不以不試詘其言」、「不以疏遠易其志」，報國之心是何等地強烈！「兆謀於事先」、「慮危於久平」，識見是何等地超卓！只因「治國未能去兵」，故眾人安享太平時，仲通能爲國先憂，若能爲時所用，何來「豈非命耶」之歎？國家能重用材士，則邊患可減。能真心待士，則人人莫不視死如歸。他〈過興平哭耿諫議喪呈經略韓密學〉詩（卷一）云：「始信推心待國士，能令視死如鴻毛。」即在呼籲朝廷應重用真正之人才。

2. 適才適任

《淮南子》〈兵略訓〉云：「選舉足以得賢士之心。」唯將士若無強烈之企圖心，而強使就任，則其成效必大減，甚或誤事，故師魯〈論遣將不當強而使之〉一文，即強調用才適任之重要：

> 臣聞近日所遣邊將，其中或應命而往，非必盡有決戰卻敵之心，亦

〔註17〕爲鼓勵將士齊心殺敵，師魯文集卷二十二中有〈獲首級例〉，依「諸處軍隊」、「管押軍隊人員」、「管押軍隊使臣」、「主兵官員」、「使臣軍員」等次序，按所殺獲敵人首級數量之多寡及重要性，並衡量己方折損而酌情加以轉遷、賞賜，其中敘述頗爲詳盡，未知是否師魯創定。

有自求退免，朝廷強而使之者。以臣所見，凡能自陳效用，臨事猶
或敗衄，若其預陳不能其任，豈可責以成功？（卷十九）

勇猛自效者猶不免敗創，更何況預陳不能勝任之人？故師魯建議朝廷：

降詔諸路大將，責以禦賊之任，仍令條上方略。其所陳請，望盡與
應副，若自陳不堪其任，并所說迂遠者，乞移任內地。（同前）

3. 帥臣得自募傔從

帥臣統鎮一方，若能視實際需要，量才選能，則較朝廷所取「或武藝雖
精而未能絕人」，「或諳悉邊防事宜而不通方略」之人，更能見其實效。師魯
即以宋太祖任邊將李漢超、郭進、李謙浦、董遵誨等人為例，說明「自古將
帥皆有部曲為之爪牙」之理，並請朝廷：

令在邊臣僚，見總兵要者，各許召募人作牙校、軍將，各自量定人
數，俟其功效粗著，即乞朝廷量其所能，或授以班行，或列于軍校，
且令本處効用，若改授內地應牙校等，並令具名聞奏，隨才錄用，
即不許帶行。《卷十九〈乞帥臣自募傔從〉》

帥臣得自募傔從，則行事能寬裕自如，而傔從之陞進，有制度可依循，又能
避免徇私曲護，故師魯力主之。

4. 守將不宜輕更

師魯以為敵軍壓境，守將「非大不善則不當更置」，且應以具才略者輔弼。
若輔弼者真能擔當事，則此要更換亦「不為晚」。理由是：

大凡敏於事者，使之臨郡縣，布威樹化，即日而民洽者有之；若要
審上下之情偽，練守禦之害，軍須物數周知其用，雖使朞月猶恐未
盡。今虜之來，朝夕不可料，恐新者雖材而不暇施為，舊者或練習
而不擾也。（卷二十四〈與延帥論事狀三首〉）

臨陣對敵，首重從容鎮靜，方能審慮對策。陣前易將，不徒使軍心浮散，且
新官上任，若稍欠經驗，則進退之間難以拿捏，而有失便利，故師魯以為兵
將非可速成，不宜輕更。

二、富國之道

師魯論富國之道，除入粟授爵之籌聚民資外，主要著眼於減省國防之支
出，蓋減省無謂之浪費，即可添增有用之財源，是亦同於富國。今將其富國

之策略述於下：

（一）入粟授爵

　　糶爵之制，自漢已有。宋眞宗咸平末年，河北轉運使劉綜上言：

　　　　西漢晁錯言：使民入粟，授以爵，塞下之粟必多。文帝從之。今河
　　　　北諸州聚兵，糧饋勞費，望行漢制以濟軍儲。（《續資治通鑑》卷二
　　　　十五「宋眞宗景德二年二月癸未」條）

師魯在〈乞糶民爵以給募兵之用〉（卷十九）箚子中亦云：

　　　　夫糶爵者，參用古義，非若賣官之制。

　　師魯糶爵之法，除上引箚子稍作敘述之外，隨後所上之〈糶爵法〉（卷二
十三），則詳加說明。內容主要希望朝廷能以「空名爵」來授予入粟之民，且
將爵位只定爲二等：

　　　　第一等爵：許畜女使，許使渾銀飲食器。凡欲授第一等爵者，如元
　　　　係州府縣鎮城郭等戶，即入粟一百石；如不係戶等，即入粟五十石。

　　　　第二等爵：許以珠金爲婦女服飾。如犯公罪，許贖。凡欲授第二等
　　　　爵者，入粟五百石。

　　　　右入粟每百石，令入錢三十貫。（〈糶爵法〉）

除定爵等之外，師魯還另提補充、限制，使其更易施行：

　　　　其未有爵之人，除士族別無禁制外，舉人曾經鄉貢、并州郡牙校、
　　　　職員、京百司人使，並與依第一等爵例，將來詔下諸州仍乞立近限，
　　　　如不願授爵者，即任便變易。若限外有陳告，並科違制之罪。其畜
　　　　女使及銀器者，賞錢三十貫，所畜女使放從良，銀器沒官。犯珠金，
　　　　賞錢百五十貫，所賞錢並以犯事人家財物充。婦人無夫及男女十五
　　　　以下，即不許人陳告。（同前）

至於爵位名稱及「更有合條約事件」，則請朝廷下中書、門下參酌施行。

　　師魯以爲糶爵可以「不益賦于農畝，不重斂于富人」，「所取者至輕，所
致者甚眾」，可給募兵之用，可「添置營房，支給例物」〔註18〕，然終被鄭戩
等以「困生民之本」爲由而廢置〔註19〕，深爲可惜。

〔註18〕見卷十九〈乞糶民爵以給募兵之用〉。

〔註19〕《長編》卷一百二十七「康定元年六月甲申」條，載鄭戩等人所上之奏疏云：
　　　　「爲國者，禮義不可不立，法度不可不行，風俗不可不純。今洙所言，是棄
　　　　三者之益而困生民之本也。……」按鄭戩等人所舉列之理由，若與師魯〈乞

（二）減省冗兵

　　宋世官冗費鉅，國用日重，再加上契丹、西夏兵興，更加重歲幣與龐大的兵額用度，使朝廷財用漸趨匱乏，師魯於〈制兵師〉（卷二十三）一文中即言：

> 國家誕受天命，光有萬國，太平之運垂將百年，然而倉廩虛竭，無豐羨之畜，百姓凋弊，有愁歎之聲，究索其原，皆兵之害。計今四方廂禁諸軍，殆至百萬，其不可用者且半，則冗食耗國，固可知矣。

兵額龐大，且多「不可用者」，則不徒無益國事，且將耗竭國庫，故主張裁減冗兵冗馬，務實邊備，其〈乞省寨柵騎軍〉（卷十九）一文即云：

> 今邊鄙所市芻秸，其值甚重，邊人畜馬為國家用者，以利所誘，必損其馬之所食，以鬻于官，此不獨虛費國用，且又瘦瘠彼土良馬，此甚害也。……乞詔逐路大將，其本路合須騎軍，具以數聞，如是騎軍已多，即揀選懦弱者退還，仍每揀汰一騎軍與添步卒二人補之，不惟減省邊費，更兼益得兵數。

此即以邊防騎軍繁冗，虛耗國庫，故亟言精簡，以務實際。

（三）省罷無益修築

　　師魯不贊成大量修建堡寨，因為不但耗費龐大，且不切實用，他說：

> 切見虜累入塞，皆以戰勝，有所克獲，是以不致力於堡寨。（卷八〈議修堡寨書〉）

他認為：在重要之堡塞外，修建供弓箭手住的堅固堡子，只須三五處，便可加強防禦功能。如此，一則可減少許多費用，次則可減免被敵攻陷之機會，三則可多得弓箭手，並在堡寨防守，實利多而弊少，故主張省罷無益修築。另〈乞減省寨柵〉一箚中亦指出：

> 緣賊兵數少，其寨柵亦可禦過；若大隊兵至，即全不濟事，又分卻大將兵勢，以此較量，必合減省。（卷十九）

　　師魯在〈與水洛城董士廉書〉中，曾說明自己不贊成修城之原因道：

鬻民爵以給募兵之用〉一文相較，實有強詞奪理，不切實際之嫌。如師魯謂鬻爵可「不益賦於農畝」，「不重斂于富人」，鄭戩等人則以為「箕斂民財」、「使夷狄有輕中國之心」；師魯以「司封出空名爵」使民入粟，彼則以為「使下愚之民咸得僭上所為，驅之忘本」，又恐「三等之上戶皆受爵號，即牙前弓手、散從官、手力之類悉出孤貧浮客」。如此類迂腐之觀念，何能使宋之國運振衰起敝？

某與狄侯以才略之不廣，兵眾之寡少，不能遠爲守備，故建不修之議。（卷九）

在〈又答秦鳳路招討使文龍圖書〉中亦言：

拓地廣塞，亦古人之常，但揆己之才略，度今之兵力。若既城之後，分兵而守，輸粟以濟，緩急寇來，又當遠救，懼以敗事耳。（卷九）

宋室備胡，多置邊堡，地廣力分，兵員自嫌不足，物資之供輸亦不便利，驍勇如狄漢臣、熟習邊事如韓稚圭，並力言城水洛之不便〔註20〕，則師魯之議省罷無益修築，實有其道理。

（四）按民籍制兵

師魯以爲：如能按民籍來組織部伍，則平時可從事農桑生產，戰時可徵召上陣，不僅「節用」，且可「豐財」。其言曰：

臣料北人之計，以爲元昊之叛，若數年之間兵革不解，國家士馬疲於西鄙，物力困於中原，則又思擁眾渝盟，求逞其欲。今若按民籍而制兵，當農閒而講事，武威震於外，財用豐於內，雖使冒頓復出，結贊載生，亦無以施其暴。若以軍戎之事重於更張，則宜分遣使臣盡選廂軍之伉健者配隸禁旅，仍詔郡國罷募此輩，茲亦豐財節用之一術也。（卷二十三〈制兵師〉）

近人金毓黻《宋遼金史》謂：「宋人北不能服契丹，西亦不能服西夏，尋其原因，一由宋室國力之弱，二由契丹西夏相結也。」（第八章〈西夏與宋遼金之關係〉）由前文可見，師魯早已洞穿契丹之計謀，故上此「按民籍而制兵」之策，庶能「豐財節用」，扼止遼、夏侵土之野心。

三、軍旅表現

《四庫全書》〈河南集提要〉云：

（洙）久歷邊塞，灼知敵情，凡所措置，多有成效。

而黃震則以師魯爲國効忠，卻屈鬱終身，甚爲不平，黃氏云：

尹公論郭后事，四賢之一也。其後始終西師五六歲，效謀居多，議訓土兵伐戍卒以減邊費，此國家至計，豈特西師宜然？然而從事西師者，屈鬱莫公爲甚！（《宋元學案補遺》卷四引）

〔註20〕見《長編》卷一百四十九「慶曆四年五月」條。

師魯之軍旅表現到底如何？今試析如後：

（一）挺然忘身

師魯公忠體國，爲邊事運籌帷幄，備極憂勤，他在〈與四路招討使幕府李諷田裴元積中書〉（卷九）中即自言：

> 平涼去年經虜寇殘破之後，朝廷不以某不才，擢在此任，亦思有以自報，朝夕勤事，非公宴不邇聲妓。

不喜矜伐之師魯，卻自陳「朝夕勤事，非公宴不邇聲妓」，可見其忠勤報國之心何等懇切。

當知渭州時，曾致書問樞密使杜世昌，究竟自己知渭州，是世昌「徒采其名試任之」，抑眞「可任而任之」？書云：

> 若試任之，則邊要事重，固不當試也。如果謂可任，則望終始保庇，庶幾有所樹立。某言此者，誠以寇讎在，師兵在屯，凡百措置，未有一事不繫於樞府者，則某官見庇之深，不獨私於某，是亦留意於邊事也。（卷八〈上樞密杜太尉〉）

可見師魯對國事用心之眞，諫誠長官之誠，莫怪杜世昌要器重師魯，提拔不遺餘力了。

韓稚圭在祭文中曾稱師魯：

> 仁義之勇，過於虎羆。

於墓表中又云：

> 今夫文武之士，平居議論慷慨，自謂忠義勇決，世無及者。一旦遇急難而試之，往往魄喪氣奪，百計避脫，雖以富貴誘之，猶捍臂而不顧。余居邊久，閱人多矣，如公挺然忘身以爲國家者，天下不知有幾人？

「挺然忘身以爲國家」，即師魯一生公忠體國之表徵。《五朝名臣言行前錄》卷九嘗引《魏公別錄》云：

> 韓魏公曰：希文常勸以身安而後國家可保，師魯以謂不然，直謂臨國家不當更顧身。公雖重希文之說，然性之所喜，以師魯爲愜爾。（又見《宋元學案補遺》卷四引）

師魯之捨身爲國，公而忘私之精神氣慨，令稚圭折服不已，今文集中〈乞便殿延對兩府大臣議邊事〉、〈乞半年一次詣闕奏事二首〉（均卷十九）等箚子，亦可證他憂勤國是的程度。蔡君謨〈奏爲故崇信軍節度副使尹洙爲涇原路經

略時借支官錢回易公用別無玷污已因此死於貶所臣以西事十年在邊任使甚久今家貧無依伏乞朝廷牽復舊秩與一子官庶使沈冤口聖澤事狀）即言：

> 臣伏見西事十年，自始至終，尹洙在邊，履歷最久。至於飲食寢寐，
> 悉力計寇，薄命無成，卒罹罪罟。（《端明集》卷二十五）

師魯在邊十年，「飲食寢寐，悉力計寇」，其勤力王室，挺然忘身之表現，狀文中灼然可見。

（二）令嚴而和

　　師魯治軍嚴明，然待部屬甚為寬和，有古君子之風，故甚獲軍民愛戴。韓稚圭於師魯墓表記其事云：

> 在軍謙勤愛士，雖悍夫冗列，皆降意容接，故人人願盡其力。所至
> 郡邑，脩設條教，務以實惠及下，去則人思之。

唯其能「謙勤愛士」，故「人人願盡其力」，唯其「務以實惠及下」，故「去則人思之」。蘇子美〈哭師魯〉詩敘述師魯之治軍領兵云：

> 渭州舊治所，昔擁萬貔貅。堂中坐玉帳，堂下生蛇矛。令嚴山石裂，
> 恩煦春色浮。（《蘇學士集》卷四）

《孫子》〈計篇〉云：「將者，智信仁勇嚴也。」《淮南子》〈兵略訓〉亦言：「善為政者積其德，善用兵者畜其怒。德積而民可用，怒畜而威可立也。……德之所施者博，而威之所制者廣。威之所制者廣，則我強而敵弱矣。」師魯之治軍，令嚴而和，故人莫不敬愛，於其逝也，子美感歎道：

> 二邊方橫猾，四海皆瘡疣。斯時忽云亡，孰為朝廷憂。（同前）

以師魯之忠藎多才，而屈鬱不壽，實為國家之一大損失，毋怪子美為掬傷心之淚了。

（三）謀善參古

　　師魯不獨於議論善徵引故事、舊典，即於兵策謀略，亦多引古事以參酌利害，其〈攻守策頭問耿傅〉即言：

> 遠惟前世深入之利，近鑒至道之役，豈謀今者不可參以古事，將勝
> 敗不繫於人也？（卷三）

此明時代雖異，事有其同，汲取前人之經驗，以為自己臨事謀斷之參鏡，庶可事半功倍，亦能免蹈覆轍，故師魯喜參古事，並非食古不化，乃在擷取古人之精華而加以運化，以求成事。如：

> 古有攻所必救者，虜之必救何地耶？所謂吐蕃、回鶻者，正合以夷
> 狄攻夷狄義。（同前）

即化用《孫子》〈虛實篇〉所云：「出其所必趨，趨其所不意。」（卷六）的精
義，說明欲制服西夏，唯有斷其通遼之路，務使孤立絕援，方合克勝之機。
又其引宋太祖事，則謂：

> 臣聞太祖統御邊臣之略，輕其秩所以假事權，厚其賜所以惜名器。（卷
> 十九〈乞講求開寶以前用兵故事〉）

> 伏聞太祖朝所任邊將李漢超、郭進、李謙溥、董遵誨等，位序未崇，
> 皆自募傔從，為其親信，先朝賜與既豐，或更假之權利，此事當載
> 國史。（卷十九〈乞帥臣自募傔從〉）

此借宋初開國君主用兵故事，勸諫仁宗能延訪大臣，講求先王用兵之法，平
息西禍，重振國威。

其〈按地圖〉（卷二十三）一文，引述歷代君王重「圖謀」以出師、守險，
並望宋主能重此以禦戎，其言曰：

> 昔始皇之謀六國，銳求督亢之圖、充國之制，西羌首上金城之略；
> 漢光武每議發兵，先按地輿；唐賈耽號為名相，亦以華夷著稱，則
> 知圖謀之興，歷代為重。國朝自繼遷之叛，棄磧西之地，年祀已遠，
> 圖書亡逸，故其道里之迂直、山川之險易，世人罕有詳悉者，……
> 伏望博加求訪，命近臣參較同異，形於繪素而頒之於邊將，俾其見
> 利則按圖出師，寇出則分兵而守險，此禦戎之急務也。

同卷之〈制兵師〉一文，則引秦始皇、唐穆宗之例，說明窮兵黷武、銷兵忘
戰之不可取，唯制定軍紀方是治軍本務。其言曰：

> 夫制軍詰禁，有國之大事；忘戰必危，聖人之至訓。故秦人極武而
> 喪天下，穆宗復鎮兵而失河朔，則軍旅之際，繫強弱之本，可不務
> 乎？

而〈與延帥論事狀三首〉（卷二十四）則論用刑：

> （某）聞用刑寧失於重，不當失於疑。昔張尚書、王文康在蜀，犯
> 盜者多死。失於重，不害也。傳聞曹武穆嘗用人言，誅一治舍者，
> 以其誹謗語。又近日范振武重罰一人，謂其慢己。此二者，人或疑
> 其罪。武穆至明、振武至恕，及其以疑而用刑，則人皆疑其罪，故
> 不若輕罪而加重辟也。

他主張用刑首重明恕，不得已則「寧失於重，不當失於疑」。

（四）慎謀持重

師魯在〈備北狄〉文中云：

> 夫預備不虞，武之善經也，國家得不思爲之備者乎？既思爲備，則
> 宜講求將帥之才，制定兵戎之法，銛利器械，儲積金穀，俟其蔑棄
> 信誓、侵盜邊鄙，奉辭則我直，以戰則我壯，足以激士卒之心，折
> 醜虜之勢，然後皷之聖德，臨之以兵鋒，復全燕之舊疆，述祖宗之
> 先志，無易于此矣。（卷二十三）

由此段話，可知師魯行事持重，能備不虞之患。如慶曆元年，當涇原、鄜延
二路準備西進討賊，師魯即先向舊蕃探得入界道路，知自國初「綏夏以來，
橫山蕃戶多在崖谷深處，各有堡子守隘」，宋軍「若只行川路，即並無所獲；
如入隘打虜，又兵多則難進，兵少則易衂」，所以不採深進之策，而謀於極邊
廢寨中出兵，選擇有利之地點加以修復，用來牽制夏人東路兵馬，使彼不敢
併力侵邊。又問得由環慶路深入，雖乏水源，卻有側近蕃寨可以攻取，且與
涇原相近，可作聲援。雖然如此，仍請朝廷指揮各路「穩審進兵，先擇要害
之地修城寨，所貴持重，不損國威」。〔註21〕可見師魯不但用兵持重，且能隨
機應變。《孫子》所謂：「知戰之地」（〈虛實篇〉）、「實而備之，險而避之」（〈計
篇〉），《吳子》所謂：「用兵必須審敵虛實」（〈料敵第二〉），正指用兵者須慎
謀能斷，「知己知彼」，方能舉戰有功。

師魯在〈乞與鄭戩下御史臺照對水洛城事狀〉（卷二十一）中自陳：

> 臣自忝涇原一路寄委，近及一年。凡干戈事，並與狄青商量處置，
> 未嘗有分毫差失。

可見其慎謀持重之至也。

〔註21〕　本段引語，見卷二十〈奏爲已發赴環慶路計置行軍次第乞朝廷特降指揮〉。

第七章　文學思想及其作品成就

第一節　宋初文學思潮及師魯之文學師承

一、宋初文學思潮

　　宋初的文壇，承繼晚唐、五代的浮艷之習，著重在追求辭藻的華麗的形式的工整上，故顯現在文學作品上的，是華艷雕鏤的唯美之風，和剽剝刻削的形式陋習。《神宗舊史・歐陽修本傳》中即云：

> 國朝接唐、五代末流，文章專以聲病對偶為工，剽剝故事，雕刻破碎，甚者若俳優之辭。如楊億、劉筠輩，其學博矣，然其文亦不能自拔於流俗，反吹波揚瀾，助其氣勢，一時慕效，謂其文者崑體。(《歐陽修全集》卷六「附錄」)

而范希文在為師魯文集所作的〈序〉中也表示：

> 唐正元、元和之間，韓退之主盟於文而古道最盛。僖、懿以降，寖及五代，其體薄弱。……洎楊大年（億）以應用之才，獨步當世，學者刻詞鏤意，以希髣髴，未暇及古也。其間甚者，專事藻飾，破碎大雅，反謂古道不適於用，廢而弗學者久之。

由此可見，宋初的文學片面追求聲律的協調、對偶的工穩、辭采的華美以及典故的堆砌，並不注重內容實質的充實。楊億在其〈西崑酬唱集序〉中，自陳他們的作品是「雕章麗句，膾炙人口」，他們寫作的目的是「歷覽遺編，研味前作，挹其芳潤，發于希慕，更迭唱和，互相切劘」。這種「務以言語聲偶

摘裂」的「時文」〔註1〕，自然不能發抒作者的真正情感，無法反映當世的社會安危、民生疾苦，更無補於世道人心，故在有心的衛道者眼中，自然要加以摧廓、改革，而最能切中時弊者，便是注重內容思想兼具藝術形式的古文。

古文運動，在唐朝中葉，曾由韓愈、柳宗元推展得轟轟烈烈，其目的即在掃除駢文末流萎靡、僵化的弊病，由於韓、柳二人的文學埋論堅實，藝術技巧成熟，加上大量的創作、革新，終能使古文運動收到宏效。然由於後繼者乏力，加上發展途徑走上生僻艱澀、好奇尚怪及僵化道學的路子〔註2〕，故唐代古文運動亦隨之衰落。到了宋初，由於此種唯美、形式風氣再度瀰漫，故有志古道者再度發起掃清浮靡文風的宏願，力圖振作古文。

宋初提倡古文的作家，在師魯之前的計有柳仲塗、王元之（禹偁）、穆伯長等人〔註3〕，他們都是很重古道，反對當時華麗文風的先驅作家。如柳仲塗在其《河東集》卷五〈上王學士第三書〉中即說：

> 文章為道之筌，筌可妄作乎？筌之不良，獲斯失矣。女惡容之厚於德，不惡德之厚於容也。文惡辭之華於理，不惡理之華於辭也。理華於辭，則有可視，世如本用之，則審是而已耳。

柳仲塗認為「文章為道之筌」，道為目的，而文章則是為道服務的工具、手段而己，故道為主要，而文為次要，因此主張「文惡辭之華於理，不惡理之華於辭」。王元之在〈答張扶書〉中也說：

> 夫文，傳道而明心也。古聖人不得已而為之也。且人能一乎心至乎道，修身則無咎，事君則有立。及其無位也，懼乎心之所有不得明乎外，道之所畜不得傳乎後，於是乎有言焉；又懼乎言之易泯也，

〔註1〕 見《歐陽修全集》卷二「居士集二」〈蘇氏文集序〉。近人羅根澤在其〈宋初的文體〉一文中指出：歐陽修所稱的「時文」可名為「晚唐五代體」，因為宋初的時文前期是沿襲五代餘緒，後期是模仿溫（庭筠）、李（商隱）詩文。他也認為五代矜重「聲病對偶」，晚唐矜重「剝剝故事」，宋初文弊即源於此。（見民國36年11月19日東南日報，「文史」第六十六期）

〔註2〕 錢冬父《唐宋古文運動》頁59～61即表示：繼承韓退之創新文學技巧主張的是皇甫湜，但他偏重追求奇異怪僻，頗為遠離一般需求；而李翱則將古文作為「孔孟聖賢」之傳道書，而把藝術形式與思想內容割裂，且在創作實踐上未能有力的配合，故使古文的發展日趨沒落。

〔註3〕 在歐陽永叔〈論尹師魯墓誌〉中曾謂，先師魯作古文者尚有鄭條等，而黃春貴《宋代古文運動探究》第三章〈宋代古文運動的先驅作家〉則列有趙湘、姚鉉、范仲淹、孫復等人，呂思勉《宋代文學》第二章〈宋代之古文〉則加孫何、丁謂、林竹溪三人。金中樞〈宋代古文運動之發展研究〉則多張景。

於是乎有文焉。信哉不得已而爲之也。(《小畜集》卷十八)

王元之以爲文章的作用即在「傳道而明心」，如非爲了此一目的，古聖人實無「不得已而爲之」的必要。可見他們所強調的道，乃是繼承韓退之所謂「堯以是傳之舜，舜以是傳之禹，禹以是傳之湯，湯以是傳之文、武、周公，文、武、周公傳之孔子，孔子傳之孟軻」的儒家之道。

二、師魯之文學師承

師魯的古文，遙承韓、柳，然其最直接的導師當屬穆伯長。《宋史》「文苑傳」稱：

> 自五代文敝，國初柳開始爲古文，其後楊億、劉筠尚聲偶之辭，天下學者靡然從之。修於是時獨以古文稱，蘇舜欽兄弟多從之遊。(卷四百四十二〈穆修本傳〉)

此謂穆伯長爲古文於眾人不爲之時，南宋、臨江劉清之在題張淡、吳倫所校穆參軍文集時，亦推贊穆伯長爲古文之功，他說：

> 世不知古文，己獨爲之，是儒之特立者也，吾見三人矣。董生當秦滅學後，明孔氏之術，……由東京以後，歷魏晉、五代，而文益衰，至唐昌黎公始知尊孔氏，……至我朝，乃或推孫、丁、楊、劉爲文詞之雄。是時，穆參軍伯長獨不以爲然，實始爲古文，在尹師魯、蘇子美、歐陽之先。自爾以來，學者益以光大，非止求夫文之近於古而已。(《河南穆公集》「穆遺」頁9)

劉氏推崇穆參軍之復古，「以爲不在董生、昌黎公之下」(同上)。而清、李慈伯(慈銘)則認爲穆伯長才學並無過人之處，惟：

> 生崑體極盛之世，獨矯割裂排比之習，以文從字順爲文，而說理明確。尹氏、歐陽出而推尊之，故名遂震爆。(《越縵堂日記》第六冊「孟學齋日記」乙集)

李氏認爲：穆伯長所以能享盛譽，乃由於師魯、永叔之推尊。我們若溯流，便可知曉爲何師魯和永叔會特別推崇穆伯長。

朱子《五朝名臣言行錄》稱：

> 洙學古文於(穆)修，……宋之古文實柳開與(穆)修爲倡，然開之學及身而止，修則一傳爲尹洙，再傳爲歐陽修，而宋之文章於斯極盛，則其功亦不尠矣。(《四庫全書總目》卷一五三〈穆參軍集提

要〉引）

此處明指師魯和永叔之古文源於穆伯長。而范希文〈河南集原序〉亦早指出：

> 洛陽尹師魯，少有高識，不逐時輩，從穆伯長游，力為古文。

邵子文〈易學辨惑〉亦云：

> 時學者，方從事聲律，未知為古文，伯長首為之倡。其後尹源子漸、
> 洙師魯兄弟始從之學古文，又傳其春秋學云。（並見《河南穆公集》
> 「穆遺」頁2，《五朝名臣言行前錄》卷十頁3）

以上所述，均謂師魯之古文師法於穆伯長〔註4〕，故師魯之文學先導，今可知者，即為穆伯長。

在師魯的文集中，甚少談及穆伯長之言行、思想，今僅見者，為卷五〈浮圖秘演詩集序〉中的敘述：

> 予識演二十年，當初見時，多與穆伯長游。伯長剛峻，人罕能與之
> 合〔註5〕，獨喜演。演善詩，復辨博，好論天下事，自謂浮圖其服
> 而儒其心，若當世有勢者衣冠而振起之，必舉舉取奇節。今老且窮，
> 其為佛縛，詎得已耶？伯長小州參軍，已死；演老，浮圖固其分。

此處唯言穆伯長之個性「剛峻，人罕能與之合」，並明其官僅至「小州參軍」，其餘則隻字未提。對於自己文章有啟蒙之功者的生平事蹟著墨如此之少，此種現象實令人納悶。雖然如此，師魯文學思想的表現則頗多承紹穆伯長之處，下節將有較詳盡的討論。

第二節　文學主張及其作品成就

一、文學主張

在尹師魯現傳二百二十三篇作品中，以書啟、奏箚之類為最多，另雖有詩詞、雜議、雜文等，然均未見有專談文學思想、理論之篇章，故若想窺見

〔註4〕有關師魯向穆伯長學古文之記載，王伯厚《困學紀聞》卷十五〈考史篇〉、《邵氏聞見錄》卷十五及《河南穆公集》「穆遺」頁3引《言行錄》均有此說，今不贅述。

〔註5〕穆伯長之個性剛峻，由《宋史》卷四百四十二〈穆修本傳〉所載不為張知白書名於廟記，及魏泰《東軒筆錄》卷三載其自資印《柳宗元集》設肆相國寺而終不售凡儒之事，即可印證。

其文學主張，只能從其作品中之片言隻句中探尋、梳理，以勾勒出其輪廓大要。今就資料所得，試加釐析：

（一）去冗字

唐代古文運動所要求的文章標，第一是要去陳言，韓退之在〈答李翊書〉中便云：「唯陳言之務去」，在〈南陽樊紹述墓誌銘〉中亦云：「惟古於詞必己出，降而不能乃剽賊。」只有配合時代的需求，創造各種新鮮、生動的詞彙，才能永保作品的生命活力；第二個要求，便是要做到文章的「文從字順」。韓退之在〈南陽樊紹述墓誌銘〉中即說：「文從字順各識職」。只有透過作家通順流暢的文筆，表達事物、情感的真實和自然，方能有效地和讀者相應共鳴。對於這種主張，師魯亦有相同的看法。在宋僧文瑩所撰的《湘山野錄》卷中有者這麼一則記載：

> 錢思公（惟演）鎮洛，……大創一館，榜曰臨轅。既成，命謝希深、尹師魯、歐陽公三人者各撰一記。……文就，出之相較，希深之文僅五百字，歐公之文五百餘字，獨師魯止用三百八十餘字而成，語簡事備，復典重有法，歐、謝二公縮袖曰：「止以師魯之作納丞相，可也！吾二人當匿之。」……師魯曰：「大抵文字所忌者，格弱字冗。諸君文格誠高，然未至者，字冗爾。」永叔奮然持此說，別作一記，更減師魯文廿字而成之，尤完粹有法。師魯謂人曰：「歐九真一日千里也！」……（又見清、潘永因《宋稗類鈔》卷五頁 3）

可見師魯文章不僅「語簡事備」，復「典重有法」，其中關鍵即在於師魯作文講究文格高尚，字句貼切而不冗雜，這也就是為何他的文章能較希深、永叔簡備有法的原因。又如龔鼎臣在《東原錄》中所載，亦可看出師魯對於浮辭冗字存刪的看法：

> 康定中，尹師魯過河陽，見予廳事之壁有石記墨本，題曰：「青州州學記」。師魯謂：「當云『青州學記』，大抵文章增減字，不可不思。嘗觀韓文公文章，無一字用不當者，如〈藍田縣丞記〉，其下『主簿尉』，若常人止曰『簿尉』也。且『尉』則官稱，『簿』則簿書，必曰『主簿』，則名始完，是雖文之小疵，亦典刑，不可不尚。」（頁20）

於此可見，師魯在文章增減字方面亦甚加用心，故其作品多簡賅扼要，順暢可讀。

師魯在〈答黃秘丞書〉（卷六）中即明白地表示，對於無益作品的浮辭冗字，應該加以刪削，以求與事實相符。其文云：

> 中間所稱河間民，誠義烈士，書中所錄，自足傳信，增之文辭，非爲益也，但當訪其名氏。

在稱韓國華的文章時亦說：

> 公爲文章不尚靡放，辭達而意不窘。（卷十六〈故太中大夫右諫議大夫上柱國南陽縣開國男食邑三百戶賜紫金魚袋贈太傅韓公墓誌銘并序〉）

此種爲文力求簡賅，不加誇飾的主張，實爲其文章精簡流暢的主因之一。

（二）貴真實

文章的寫作，最主要是在表達作者對事物、人情的真實感受，故其情感必需真實，而文辭的表達又需與情感貼切配合，方能打動人心，也才有傳述的價值。韓文公在〈進撰平淮西碑文表〉中即說，文章須「因事陳詞」、「辭事相稱」；在〈上襄陽于相公書〉中也說明文章的言語須「與事相侔」，即在強調文章撰作貴在真實。在師魯的作品中，我們亦可發現其強調文貴真實的論點。在他〈與京西轉院劉察院薦樊景書〉（卷十一）中可看出：縱使是推薦人才，對於被薦者的志行枚述亦不苟且加重。如：

> 景雖從某游，今之所稱，皆其實行，於景無錙銖加重，是雖私啓，其實公論。閣下雖不識景，果用某言，是亦公薦之也。異時，景得見閣下，閣下自觀其才，實將復薦之、又薦之，恐不止於茲一薦也，則某不獨爲景求知閣下，亦於閣下知人之明不爲無助，豈於無愧而已。

師魯之所以受朋友敬重，言行如一是重要原因之一。他認爲樊景是個人才，所以將其推薦給劉氏，也深信劉氏將會賞識樊景，所以自覺「無愧」。此不但見其人格之坦蕩，亦可知師魯爲文注重真實，絕不虛言，故能言「無愧」。

史家爲人作傳，有以表章氣節、發明幽隱爲志者，如「黃宗羲所著《南雷文約》、《南雷文案》、《南雷文定》，其中敘事之文，絕大部分爲墓誌銘、神道碑銘、墓碑、墓表、壙誌、行述、事略、哀辭、傳記、壽序等，彼蓋以碑傳爲史傳，凡桑海之交，有偉節、有卓行者，皆傷其即將泯滅而亟思以殘墨存留之」。〔註6〕觀乎師魯所爲之墓誌銘，雖多受人所託或自動爲長官親友而

〔註6〕引自杜維運著《聽濤集》〈經世思想與中國史學〉，頁95。

作，如〈故夫人黃氏墓誌銘〉（卷十五）、〈故天水尹府君墓誌銘〉（卷十五）、〈故將仕郎守河南府登封縣主簿兼尉衛君墓表〉（卷十三）、〈故三班奉職尹府君墓誌銘〉（卷十四）等；亦有少數是師魯因受死者或其子女言行所感動而作的，如〈故朝奉郎行許州陽翟令贈太常博士趙公墓誌銘〉（卷十四）即被陽翟令趙氏不「以虛名自役」、自請告老而感動；〈故將仕郎守瀛州樂壽縣尉任君墓誌銘〉（卷十七）則有感於任氏之子「艱窮奮勵，以克有力」而作。其作墓銘的共同特點，即是注重眞實。因爲他認爲墓誌、碑銘的寫作對象不必功高德烈，只要有一件事值得傳世即可，因此誌銘不必鋪敍，只要如實記載即可。他在〈答張子立郎中書〉（卷十一）中即明白表示其作誌觀點：

> 某於鄉里士人銘其先世者多矣，其人於世不顯要，其一事可傳即爲誌之。

他在爲劉燁所作的墓表中，亦清楚的說明自己撰作的風格，他說：

> 某譔述非工，獨能不曲迂以私於人，用以傳信于後。故敍先烈，則詳其世數；紀德美，則載其行事；稱論議，則舉其章疏，無溢言費辭，以累其實。後之人欲觀公德業，當視於斯文，爲不誣矣。（卷十三〈故龍圖閣直學士劉公墓表〉）

師魯強調了自己之譔述「能不曲迂以私於人」，其目乃在「傳信於後」，故其作品「無溢言費辭，以累其實」，而且自信後世之人如欲察被銘者之事蹟、德業，「當視於斯文，爲不誣矣。」他爲文如爲人，實事求是的精神，在〈祭僕射王沂公文〉（卷十七）中亦可發現，其言曰：

> 公今薨謝，輒錄以自思，一言之誣，天實鑒之。

「一言之誣，天實鑒之」，此語是何等的嚴厲，但在以眞實爲尚的史家眼中，這是極其自然而且必要的事，何況師魯不但人格忠貞剛正，更以史家自負。他在〈故中大夫守太子賓客分司西京上柱國陳留縣開國侯食邑九百戶賜紫金魚袋謝公行狀〉（卷十二）中曾云：

> 公才位德美，當列國史，敢直紀行實，以備史官之錄。

「敢直紀行實」一言，可作史官撰述之參考。可見師魯注重文章眞實之程度。

師魯被貶隨州後所作文章都是有感而發，並非有意垂範後世，名留千古，所以他在「又答鄧州通判韓宗彥寺丞書」（卷十一）中說：

> 近所作四篇……皆有爲而成，非立意如古文章之爲也。……若夫廢放之人，其心思以深，故其言或窘或迂或激或哀，異此則非本於情，

　　　　矯爲之也。譬諸急絃促軫，烏足留大雅之聽哉？

我們可以看出師魯乃認爲文章是眞性情的表現，如果情文不筏，那便是矯揉
造作了。

　　歐陽永叔在〈與王主簿回字深甫〉一書中曾云：

　　　師魯文，略讀一二篇，令人感涕。(《歐陽修全集》卷六「書簡」)

此不但在說明永叔之懷念師魯，更爲其作文之眞情所感動。《禮記》〈中庸〉
云：「不誠無物」，萬事萬物莫不以誠爲本，若是文章出於虛僞造作，終會被
人識破，而遭唾棄，故師魯主張文貴眞實，即緣於此。

　　在畢仲詢的《幕府燕閑錄》中有一段記載：

　　　范文正公嘗爲人作墓誌，已封將發，忽曰：「不可不使師魯見之。」
　　　明日，以示尹，師魯曰：「君文名重一時，後世所取信，不可不愼也。
　　　今謂轉運使爲都刺史，知州爲太守，誠爲清佳，然今無其官，後必
　　　疑之，此正起俗儒爭論也。」希文憮然曰：「賴以示子，不然，吾幾
　　　失之。」

此段記載亦可顯見師魯對於文章眞實性之要求，是非常的嚴格。又如范希文
之〈岳陽樓記〉，即因其中二段寫情景處，用「對語」描述，而「稍近俗艷」
〔註7〕，師魯即評其爲「傳奇體爾」〔註8〕，探究其因，乃師魯以爲希文言過
其實，故如此批評。

（三）尊孟韓

　　〈送李侍禁〉（卷五）一序，是師魯文學思想上的一篇重要文獻，此文表
現出尊孟崇韓的主張。

　　當李君說他心喜佛氏之博愛時，師魯即告訴他：

　　　古有孟氏書爲仁義之説，君之樂宜近焉。

結果使李君樂讀孟氏書。其後，又告以：

　　　自孟而下千載，能尊孟氏者，唯唐韓文公。

不但使李君能通習孟、韓之書，且知「博乎愛者，在行之宜耳」，並非徒託空
言便能博愛大眾的。

　　當李君要與師魯分別時，師魯稱美他說；

　　　與予游二年，其言非孟即韓，君之性眞資於仁者歟！如讀佛氏書，

────────────

〔註7〕見高步瀛《唐宋文舉要》甲編卷六，頁654。

〔註8〕此段記載見於陳師道《后山詩話》，今收錄於《歷代詩話》頁310。

以其愛之博也樂之；及觀孟氏、韓氏書，推而廣之，則有所至焉，

幸卒其志，則聖人之道無不至者。

於上，師魯不但頌揚孟、韓，且將他們所表現的思想、道德，尊崇爲「聖人之道」。師魯在文中常有效法古聖先王之思想、舉措，而在此明言孟、韓之道爲「聖人之道」，可見其志在紹續孟、韓，亦爲北宋諸儒崇孟尊韓導一先路。〔註9〕

（四）重實用

北宋初期流行的文風，跟古文最大的不同，就是前者講究華采，後者重在實用。〔註10〕柳仲塗在其〈應責〉一文中，即明示古文所具之教化價值：

吾若從世之文也，安可垂教於民哉？亦自愧於心矣。欲行古人之道，

反類今人之文，譬乎遊於海者，乘之以驥，可乎哉？苟不可，則吾

從於古文。吾以此道化於民，若鳴金石於宮中，眾豈曰絲竹之音也？

則以金石而聽之矣！（《河東集》卷一）

柳氏所以「從於古文」，乃在於古文「可垂教於民」，具有其實用價值。而師魯則推而廣之，他認爲只要是稱爲「文章」的，便應能矯正時弊，並且能做爲後世的表率，所以他在〈志古堂記〉（卷四）中便說：

古人立言之著者，今而稱之曰文章。……其處也，立言矯當時，法

後世，世傳焉，從而爲文章。

能夠針對當時弊病提出具體的矯正對策，才能稱爲「文章」，其實用價值觀明顯可見。又如他論「功名」則以「澤當時以利後世」爲前題〔註11〕，此亦其重實用價值的表現。基於此種理念，師魯對於北宋初期之「補吏」制度大爲不滿，他認爲太學生和「卿大夫家階賞典得仕者」只需「發明章句」、「究極義訓」便可得官，但是這些章句、經義，並無法眞正施用，所以若「不澄其源」，而只想在「郡設學校」以推廣教育，訓練人才，是「雖置之」亦「無益」的一種舉措〔註12〕，此處充分表露出師魯對於文學是非常重其實用性的。

另外，我們亦可在師魯稱讚他人作品中，發現其重實用的文學主張。如

〔註 9〕師魯之前推崇孟、韓之古文家有柳仲塗、王元之、穆伯長等人。柳氏初名肩愈，即有紹繼退之之志，其文集中之〈昌黎集後序〉、〈再與韓洎書〉中均明述此意。而王元之之〈再答張扶書〉、穆伯長之〈唐柳先生集後序〉均顯示二人以韓退之之繼承者自居。

〔註10〕參見黃春貴《宋代古文運動探究》頁31。

〔註11〕見卷四〈志古堂記〉。

〔註12〕見卷二〈敦學〉。

他在評述王勝之的文章時便說：

> 勝之之文，其論經義，頗斥遠傳；解眾說，直究聖人指歸，大爲建
> 明，使泥文據舊者不能排其言；其策時事，則貫穿古今，深切著明，
> 於俗易通，於時易行，參較原覆，其說無窮。（卷五〈送王勝之贊善〉）

綜觀師魯文章，其精神何嘗不是「直究聖人指歸」，其議論何嘗不是「貫穿古今」、「參較原覆」而「深切著明」。其實其最終鵠的，乃在達到「於俗易通」、「於時易行」的用世理想。

（五）崇古道

師魯於學，以古聖先賢爲效法對象，他在〈上陝倅尙屯田書〉（卷六）中曾云：

> 執事立言樹教，以古聖賢爲師法，某雖淺陋，未能窺執事畛域，然
> 素有志於是。

「素有志於是」，即明言師魯平日修身立言、治軍施政，皆以古聖賢之道爲典範，而此道亦即韓退之所謂堯、舜、禹、湯、文、武、周公、孔子、孟軻之道，也是柳仲塗所好之「古道」。〔註13〕

師魯之所以作〈好惡解〉（三篇，卷三），乃因「疾夫世人毀譽之亟也，視其外而不考其中，摘其末而不究其原」，所以他認爲「好惡發乎其人，非性之所好惡也」，而發露在外的顏色與辭語並不足以「盡其中」。然而人們當如何去體察藏之於中的情性及如何看待此好惡呢？師魯說：

> 若夫察其中也，必考夫古聖人之道。由之者貴之，戾之者賤之。貴
> 者爲君子，賤者爲小人。貴賤者，君子、小人之分，非吾所得而貴
> 賤也，何好惡之爲譏？

用「古聖人之道」來考察人類情性之表現，以區分其貴賤，而不必受外在之所謂好惡來評斷，而左右自己之情性表現。此種主張，在〈志古堂記〉亦可見到：

> 古人行事之著者，今而稱之曰功名；古人立言之著者，今而稱之曰
> 文章。蓋其用也，行事澤當時，利後世，世傳焉，從而爲功名；其
> 處也，立言矯當時，法後世，世傳焉，從而爲文章。行事立言不與

〔註13〕柳開《河東集》卷一〈應責〉云：「子不能味吾書，取吾意，……不以古道觀吾心，不以古道觀吾志，吾文無過矣。」又云：「吾之道，孔子、孟軻、揚雄、韓愈之道。」

功名文章期，而卒與俱焉。……如有志於古，當置所謂文章功名，
務求古之道也古之道奚遠哉？得諸心而已！（卷四）

只要「有志於古」，便能「至古人之所至」，因爲古道並不遠，就在自己內心
而已。只要「務求古之道」，所謂的功名、文章便能自至。〔註14〕富彥國在〈哭
尹舍人詞并序〉中，便推崇師魯此種發揚古道的精神。他說：

始君作文，世重淫麗。諸家舛殊，大道破碎。漫漶費詞，不立根柢。
號類嘯朋，爭相教恭。上翔公卿，下典書制；君于厥時，了不爲意。
獨倡古道，以救其散。時俊化之，識文之詣。（《四部叢刊本《河南
先生文集》附錄》

可見師魯提倡古道之苦心孤詣，難怪沈存中要讚歎其「學道有所見、有所守」
了。〔註15〕

二、作品成就

師魯所傳作品，雖謂不多，然細加品味，亦自有其特色存在，今僅就所
得，試加分述如下：

（一）簡而有法

歐陽永叔在爲師魯作墓誌時，曾云：

師魯爲文章，簡而有法。（《歐陽修全集》卷二「居士集二」〈尹師魯
墓誌銘〉）

此句評語，在當時曾引起不少人的誤會，以爲二人交誼非比尋常，又互相推
重，永叔實不當如此吝惜稱譽，而僅只一句輕描淡寫。〔註16〕爲此，永叔還

〔註14〕師魯此種主張與其師穆伯長類似，穆氏在其〈答喬適書〉中曾云：「夫學乎古
者，所以爲道，學乎今者，所以爲名。道者，仁義之謂也；名者，爵祿之謂
也。然則行道者有以兼乎名，守名者無以兼乎道。」（《河南穆公集》卷二）。

〔註15〕沈存中《夢溪筆談》卷中、頁10云：「本朝慶曆間諸公：韓魏公，富鄭公、
歐陽公、尹舍人、孫先生、石徂徠，雖有憤世疾邪之心，亦皆學道有所見、
有所守。下至王介甫、王深甫、曾子固、王逢原，猶守道論學；至東坡諸人，
便只有憤世疾邪之心，議論利害是非而已；伊川諸儒復專以微言詔世，天下
學者始各有偏。渡江六十年，此意猶未復也。因借富公集謾記所歎于此。」

〔註16〕如陳善《捫蝨新話》下集卷二云：「世以此短公（永叔），平日與師魯厚，亟
稱其文字，乃於此若有吝惜，何哉？」而永叔在〈論尹師魯墓誌〉中亦自云：
「而世之無識者，不考文之輕重，但責言之多少。云師魯文章，不合祇著一
句道了。」可見時人見疑之深。

作了〈論尹師魯墓誌〉來答辯：

> 簡而有法，此一句在孔子六經，唯《春秋》可當之。……修於師魯
> 之文不薄矣。（《歐陽修全集》卷三「居士外集二」）

今人劉子健先生在其《歐陽修的治學與從政》一書中，曾對歐陽永叔所謂的「簡而有法」加以詮釋，他說：

> 文章要簡，還須有法。歐陽所謂的法就是：一要著重大節。「文字簡
> 略，止於大節，期於久遠。」二要有內容，而內容要信實。三要注
> 意修辭。以歐陽自己的話來說就是「言以載事，而文以飾言。事信
> 言文，乃能表見於後世。詩、書、易、春秋，皆善載事而尤文者，
> 故其傳尤遠。」四要用意深遠。「摧其盛氣而勉其思。」（上編〈（四）
> 歐陽修的文學〉，頁 86）

而何寄澎先生更針對此語，寫了一篇專論來探討其確實涵意，其結論爲：

> 歐陽的「簡而有法」含攝了內容與形式兩方面的要求；換言之，它
> 關注了作品的全面。就原則來說：它要有簡明扼要的敘述，練達平
> 和的修辭，流暢宛轉的氣韻，眞實可信的內，以及深遠含蓄的寄託；
> 就方法而言，它大體是：描寫相稱得體，敘事止記大節，注意虛字
> 運用，互見以免重複，直書以寄深意，並且力求構思的奇突與佈置
> 的謹嚴；而直書以寄深意往往正是側筆的運用。〔註17〕

劉、何二氏之說，雖有簡明、詳密之別，然於永叔所謂「簡而有法」之推闡，均能切近，唯何氏只以永叔之文爲例而論，劉氏亦未言及師魯作品，故本文於此徵引師魯文例以爲說明，並見他人推崇師魯文章「簡而有法」之因。

　　師魯文章，一向簡扼，而其議論諸作，莫不以客觀穩健之筆，敘急切迫要之事，並提出具體可行之法，供人主參酌。其行文論理，大見古人「論近而切」之風采。就以卷二「雜議」文章爲例：〈敘燕〉一篇，對戰國至宋初燕國國勢之強弱作了詳細的分析，並諫勸朝廷應注重分兵防禦；〈述享〉一篇，則將漢代至宋初之郡國宗廟、陵寢制度的遞變作詳細敘述，以明祭祖重在「盡誠」；而〈審斷〉、〈矯察〉、〈廣諫〉三文，文句雖簡短〔註18〕，卻甚有條理，

〔註17〕見《幼獅學誌》十九卷三期〈論歐陽修的「簡而有法」〉，頁 175，民國 76 年
　　　　5 月 3 日出版。

〔註18〕〈審斷〉一文計一八八字，〈審察〉一文有一九六字，而〈廣諫〉則僅一六三
　　　　字。

不僅詞意警切，深中肯綮，且敘述條暢，通達可觀。

王士禎《池北偶談》卷十七載：

> 劉知幾云：「敘事之工，以簡為主。」因思……語益簡，味益長，可
> 為文章之法。歐、尹在洛，同作雙桂樓臨園驛記，永叔先成，凡千
> 餘言，師魯止用五百許字，永叔服其簡古。他日，誌師魯曰：「文簡
> 而有法。」又云：「簡而有法，在六經中惟春秋足當之」，可知簡字
> 不易到也。（頁14〈左傳檀弓敘事〉）

范希文〈河南集原序〉亦云：

> 師魯深於春秋，故文謹嚴，辭約而理精。（卷首）

強至在〈讀尹師魯集〉中亦讚歎師魯為文之氣魄及風格：

> 章句橫行古道堙，先生筆力障頹津。高文簡得春秋法，大體嚴如劍
> 佩臣。（《祠部集》卷九）

指出師魯作文深受《春秋》言簡義深之筆法影響，故其文「謹嚴」，「辭約而
理精」。宋、孫奕撰《履齋示兒編》卷九〈祭文簡古〉條即謂：楊大年自撰〈北
狄祭皇太后文〉及李觀作〈祭歐陽文忠公母夫人文〉，二者雖皆祭文，然：

> 體律簡古，詞意超絕，真得尹師魯止用五百字可記之法，使施之他
> 文，無不可者。

在此雖盛稱楊、李二人之「祭文簡古」，然實以師魯作文之法為標的，更見師
魯為文之「簡而有法」為後世所推崇。〔註19〕

王充《論衡》曾言：「夫筆著者，欲其易曉而難為，不貴難知而易造；口
論務解分而可聽，不務深迂而難睹。」（卷三十〈自紀篇〉）師魯為文雖不重
視技巧、修辭，但以真實、簡古為尚，其目的無非是讓人「易曉」其義，而
達到「言以明志」之功效。他告訴永叔為文要盡量做到「無一冗字」，即證明
他為文簡要的觀點。今試觀他在〈故朝奉郎行許州陽翟令贈太常博士趙公墓
誌銘并序〉（卷十四）中描述趙氏事奉母病的情形：

> 母嘗病癰，痛甚，呼聲不絕。公吮其潰毒，痛即少止。母慮傷其意，
> 頗隱其狀。公視母色，戚泣而吮焉。

短短三十七字，即將趙氏奉母之孝心、孝行，趙母之病況、慈愛，描繪的淋
漓盡致，令人讀之不禁為其動容，如此生動傳神的筆法，又豈是動輒千萬言

〔註19〕劉熙載《藝概》卷一〈文概〉即以師魯五百字完成〈臨園驛記〉為例，稱其
文為「簡而有法」。

的長篇大論所能比擬？

在上舉墓誌銘中，描述趙氏的個性時說：「公性剛明，尚義節。其爲吏，遇事敢決，無留獄。」爲官遇事果斷，即爲個性剛明的表現，敘述似乎就此打住，然而在寫到趙氏罷陽翟令歸偃師家居後，卻又迴峰突起，表明趙氏是在年六十九、精力尚強時請老返鄉，只差一年便可以五品還家，而且還可以「東宮官」致仕，但趙氏卻以「吾量力而止，豈以虛名自役乎？」爲答，而堅請告老還鄉，這才是「性剛明，尚義節」的眞正表現。因爲能夠量力施爲，造福家國，這才是正當的舉措，方能稱「義」；能夠自愛自重，不以虛名絆身，才是有「節」。如此虛實掩映，層層遞進的呼應手法，是那麼地自然而有條理，那麼地簡單而深刻，故永叔稱師魯文章「簡而有法」，實在甚爲貼切！

（二）峭厲勁潔

紀昀《四庫全書總目》〈河南集提要〉云：

> （洙）所爲文章，古峭勁潔，繼柳開、穆修之後，一挽五季浮靡之習，尤卓然可以目傳。（卷一百五十二，頁 30）

同書〈龍學文集提要〉則云：

> 無擇爲文，峭厲勁折，當風氣初變之時，足與尹洙相上下。（卷一百五十三，頁 20）

此處指出師魯之文章剛健有力，大見鋒芒，在北宋浮靡文風中，卓然屹立，故能助成古文運動之開展。紀氏在〈宛陵集提要〉即言：

> 宋初詩文尚沿唐末、五代之習，柳開、穆修欲變文體，王禹偁欲變詩體，皆力有未逮。歐陽修崛起爲雄，力復古格，於時曾鞏、蘇洵、蘇軾、蘇轍、陳師道、黃庭堅等尚未顯，其佐修以變文體者尹洙，佐修以變詩體者則堯臣也。（同上卷，頁 21）

永叔之能「力復古格」，師魯厥功甚偉，其以剛健明辨之筆，力撻華艷頹靡之風，故南宋王十朋稱其爲「傑然」「剛者」。〔註20〕

今試以〈論命令恩寵賜與三事疏〉（卷十八）一文爲例，以見師魯峭厲勁

〔註20〕王氏在〈端明集序〉中云：「文以氣爲主，非天下之剛者莫能之。古今能文之士非不多，而能傑然自名於世者，亡幾。非文不足也，無剛氣以主之也。……國朝四葉，文章尤盛，歐陽文忠公、徂徠先生石守道、河南尹公師魯、莆田蔡公君謨，皆所謂傑然者。……嗚呼，使四君子者生於吾夫子時，則必無未見剛之嘆。」

潔之文風。此文採夾敘夾議的方式，反覆申論當時朝政之弊，其中並徵引歷代故事及當時實情以證成其說。全文概分四段：

首段自「臣聞漢文帝盛德之主」起，至「故秦、隋之宗社數年爲墟」止。舉前代四位帝王爲例，說明不以危亂滅亡爲諱者可以保天下，而以危亂滅亡爲諱者則加速其國家的滅亡。所舉漢文帝、漢武帝、秦二世、隋煬帝之事，均是史書著明，人所熟知的，故容易喚起帝王的注意。

次段自「陛下視今日天下之治」至「所以慮事變而塞禍源也」。則以當日國勢爲例，勸仁宗皇帝當此危難應「夙夜憂懼」，以消弭禍端。古今時代雖異，然所遭遇之難題卻相似，想要得到何種結果，只有靠人主睿智的抉擇，所以師魯開始即把問題提出，而後再轉論當時朝政的重大缺失。此處筆法，有如抽絲剝繭般地層層遞進，而後直探問題核心。

自「陛下延訪邊事」至「此賜與不節之弊也」爲第三段。指陳當日命令數更、恩寵過濫、賜與不節的三大弊病，其中又分四小節：（一）自「陛下延訪邊事」至「臣是以謂陛下未嘗以宗廟爲憂、危亡爲懼者以此」爲第一小節。先肯定仁宗在延訪邊事、容納直言方面的勤勞寬大，而後即言自己因天子未能以「宗廟爲憂、危亡爲懼」而覺得憂憤不已，其關鍵即在當日命令數更、恩寵過濫、賜與不節。此處先褒後貶，其中夾雜自己旳憂患，故迴環順暢，而文勢亦由之直貫而下。（二）從「夫命令者」至「此命令數更之弊也」爲第二小節，說明命令是人主垂信天下的依據，然因當時朝廷不能堅信忠謀，只要有人居中沮撓，便改變主意，致使命令常更，而天下愈不能信。（三）自「夫爵賞」至「此恩寵過濫之弊也」乃第三小節，則力斥當時外戚、內臣等的因緣以求恩澤，不但嚴重破壞國家綱紀，也使朝廷賞罰的威柄日輕，並以唐朝衰政爲例，請皇帝不必「襲斜封之弊」。（四）第四小節則自「夫賜與者」至「此賜與不節之弊也」。師魯從百姓的觀點著筆，寫出當時宮中的賜與過厚，讓人以爲皇帝不甚愛惜累朝祖先的積聚，這與勸功賜與的本意有隔，也難怪繳稅日煩而不詳國家用度的民眾憤歎。其實，這是師魯藉民眾的憤慨來表達自己對時弊的強烈不滿，這可以從「人間傳言」、「往往憤歎」等不確定的文句中看出端倪。此段文章的氣勢，綿密緊湊，一層強似一層，直令人有喘不過氣來的感覺。但面對師魯所指陳的時弊，無一不是眞實，師魯以其剛正浩然之氣直抒胸臆，閱之不禁令人拍案稱絕。

末段由「臣所論三事」開始，再度重申國家不但有外患，更有嚴重的內

憂，希望仁宗皇帝能面對問題，日新盛德，先正內而後正外。如此，「忠謀漸進、綱紀漸舉、國用漸足、士心漸奮」，而邊戎外患也可望平息。此處師魯之文句終轉趨平和，因爲事情成敗的關鍵即繫於天子一身，故以懇切之心企盼仁宗能深察前非，以新國運。

全篇行文，直以事例爲依據，起、承、轉、合自然而順暢，毫無凝滯之感。評議時事，筆鋒所帶之情感，能令人體受師魯關懷國是之深，用心之誠。遣詞雖然平易，而氣勢磅礴、筆力萬鈞，堪爲師魯議論文章之代表作。

另外，師魯在議論事理時，除詳析其理之必然和徵引故實輔佐論理外，並善於運用正反事例，造成事物的對比，使所欲辯解的事理更加凸顯、明晰，這也是造成其文學風格「峭厲勁潔」的因素之一。如〈審斷〉一文在議論「斷」與「審」的利害得失關係，即採此種方式進行：

> 斷者，或審之以昌，或任之以亡。周公忍親親之誅、尼父行僞辯之戮、漢主從輓輅之說，審於己者聖，審於人者明也；商辛酷忠良之刑、桓靈極黨錮之獄，任於己者暴，任於人者昏也。是故天下惑之，我行之，審於己也。我惑之，正人莊士言而從之，審於人也；天下賢之，我戮之，任於己也。我惑之，嬖幸近習言而聽之，任於人也。與其斷而不審，不若優游之愈也。（卷二）

又如他在論述古今爲令者之異同時即說：

> 嘗聞古之爲令者，其慮民也深，教之恤之，又興利樹功，非以名己能，蓋審其生殖、謹其禍災而已。慮民之深者若是！今之爲令者，其慮己也深，興一物、更一政，必思曰：「謗與咎將及焉！」誠不及，猶曰：「吾無改爲，尚可俟後人。」後之人亦視前之政，曰：「吾獨何加焉？」積日以幸他遷，苟自簡而已。其慮己之深若是！（卷四〈伊闕縣築堤記〉）

他如〈好惡解〉（卷三）之辨世俗好惡與聖人好惡，〈襄州峴山亭記〉（卷四）中論威治、術治與仁治之異等，均連用正反事例，明辯事理，形成其「峭厲勁潔」之風格。

（三）善用典故

師魯爲文，喜徵引歷代經史舊籍之成語典故，以爲事理輔證，或精簡文句，使其義蘊豐富，尤以議論文章爲然。在運用典故方面，則偏重在徵引史實，蓋師魯本深於《春秋》，又致力於經世濟民之實務，自然故事之引用較成

語之運化為多，韓稚圭在〈尹公墓表〉中稱師魯「善議論，參質古今」，即指此而言。

今觀其文集卷二「雜議」九篇，無一不徵引歷代故實以為其理論根據。其中所引，尤以唐朝貞觀故事、典制為多。如：

> 刑罰世輕世重，其來尚矣。降三代，稱治莫盛有唐。唐之憲令，大較施於今不甚異，而貞觀中天下斷死刑止數十，其治至矣。貞觀四年，天下斷死刑二十九人。（〈原刑〉）

又如：

> 按唐貞觀故事，門下置具員，以次補庶官，未嘗人人自薦以希進用也。……宜循其制，申命有司，自五品而下，謹其官簿，取歲月當遷者，籍其治行於朝而命之。（〈考績〉）

> 彼貞觀世，四夷非素弱也，警急非無備也，文物制度非暫前也，何德而及此，亦御之有術而已。（〈原刑〉）

在師魯心目中，從三代以下，天下最安定太平的時代，莫過於唐，而唐之盛世莫過於貞觀年間，故喜徵引其事例、典制，何況三代距宋年代曠遠，其事不易稽考詳贍，而唐之貞觀與宋切近，且有圖籍可徵，故為師魯所樂於徵引。

其他以故事為喻，以闡明事理者，有：

> 戰國世，燕最弱，二漢叛臣持燕，挾匈奴，蔑能自固，以公孫伯珪之強，卒制于袁氏，獨慕容垂乘石虎亂乃并趙，雖勝敗異術，大概論其強弱，燕不能加趙。趙、魏一，則燕固不敵。唐三盜連衡百餘年，北寇未嘗越燕侵趙、魏，是燕獨能支敵也。（〈敘燕〉）

> 勝敗，兵家常勢。悉內以擊外，失則舉所有以棄之，苻堅淝水、哥舒翰潼關是也。（同上）

> 故師覆于外而根本不搖者，善政也。昔者六國各有地千里，師敗於秦，散而復振，幾百戰猶未及其都，守國之固也。陳勝、項梁舉關東之眾，朝敗而夕滅，新造之勢也。（同上）

> 漢史書元帝優游不斷，為衰世之戒。夫擘御臣之柄以強主威，孰不由斷哉？（〈審斷〉）

> 昔舜命禹曰：「毋若丹朱傲。」〔註21〕周公戒成王曰：「毋若商王受。」

〔註21〕此「舜命禹」一句，王士禎注云：「《書》文乃禹戒舜。」今察《書·益稷第

又曰：「小人怨汝，詈汝，則皇自敬德。」是則君臣道隆，辭達而已矣。（〈廣諫〉）

以上所舉，均見其文集卷二各篇之中，而他卷徵引之歷代故事尚多，不煩一一舉述，然若稍加注意，即可發現師魯所徵引之故事，不但順暢地融於文章中，且均屬明例，甚少用於暗喻、反諷或具象徵意義者，此或與其剛正之性格有關。

師魯議論文固善用歷史故實，而詩詞和記敘文中，則運用成語及典故爲多，如：

在昔武王，于商觀兵；維我藝祖，亦勤于征。（卷一〈大鹵〉）

即以武王伐紂來喻宋太祖率師伐晉之事。

賀公活以累，楊素死猶誅；賢哉韓柱國，身與功名俱。（卷一〈和人過韓柱國廟〉）

則以隋朝開國三大功臣賀若弼、楊素、韓擒虎爲例，慨歎功高者若不知韜光養晦，則難免遭人主所忌，而韓氏則以謙遜而得全終，垂祀後世，故師魯以此勸人要能慎終。

已成沈約難并恨，且奉陶公有限盃。（卷一〈和河東施待制二首〉之一）

乃感歎壯志之難酬，有意效陶靖節之退隱，縱使醪酒有限，亦不用憂勞纏身。又如卷三之〈好惡解〉：

詩云：「好是正直。」

傳曰：「惡夫佞，雖聖人不無好惡也。」

前者直引《詩・小雅》〈小明〉詩中之句，後者則化用《論語》〈里仁〉篇：子曰：「唯仁者，能好人，能惡人。」而成。卷四〈鞏縣孔子廟記〉：

按著令縣，皆立先聖廟，釋奠以春秋，唐韓文公所謂「郡縣通祀孔子與社稷」者也。

也直引韓退之之言以爲說解。至如：

嗚呼！羊公之仁，不繫乎山；若碑之存，然後爲不朽。而燕公勤勤遺跡者，狥瘝其民之思，若周人之愛棠樹也。（卷四〈襄州峴山亭記〉）

則引周之召伯、晉之羊祜仁民故實，以喻燕公之仁政寬厚，必亦能如二公之

五》（頁 10）禹曰：「無若丹朱傲，惟慢遊是好。」乃舉堯子以戒舜也，此或師魯筆誤也。

受民愛戴。又如：

聖人以不教戰爲棄民，兵不可得而廢，猶城之不可廢。(卷四〈秦州新築東西城記〉)

首句乃化用《論語》〈子路〉第三十章：「以不教民戰，是謂棄之。」而成。再如：

乃知仰高之心與愴離之情各是一事，古語「作惡數日」，此最得之。(卷十〈與鄧州孫之翰司諫書〉)

所謂「作惡數日」乃謝安語，意指數天都鬱悶不樂，《晉書》卷十八〈王羲之傳〉載：謝安嘗謂羲之曰：「中年以來，傷於哀樂，與親友別，輒作數日惡。」此處師魯借來說明自己之與孫之翰分手亦有如此的感受。這種借喻方式與前舉「棠樹」代表召公之仁政的象徵方式，在師魯作品中是較少見的。

另在師魯唯一的一闋詞〈水調歌頭．和蘇子美〉中，其典的義蘊及表現手法，似較他篇詩文要來得豐富。如：

吳王去后，台榭千古鎖悲涼。

兩句謂當年此地吳王夫差雖曾稱霸一時，然而到頭來一切終歸殞滅，此乃徵引史實，點出人事的變化無常。

誰信蓬山仙子，天與經綸才器，等閑厭名韁。

此處以「蓬山仙子」比喻蘇子美，說明子美既有天賦才華，想獲取功名富貴理應不難，但卻輕易拋棄韁繩、鎖銬的名利束縛，逍遙於太湖之畔，此種生活看似愜意，能自得其樂，然而前面加上「誰信」二字，就形成了極爲強烈的反諷意義，道出子美之退居太湖，實非本心所願。接著兩句：

斂翼下霄漢，雅意在滄浪。

又將蘇子美比喻做莊子〈逍遙遊〉中的那隻大鵬鳥，既已厭棄功名韁鎖，何不斂翼下凡，做隻普通的鴳雀(做個平凡人)呢？此處之「滄浪」明指子美所退居之「滄浪亭」，暗喻隱居之事。《楚辭》〈漁父〉中有古代隱士之歌云：「滄浪之水清兮，可以濯我纓；滄浪之水濁兮，可以濯我足。」此二句中有明指、有暗喻，亦有借喻，如和前三句相車，則是反諷味十足的例子。

師魯之用典，貴在自然、合宜，頗能與全篇文氣融貫爲一體，且往往有畫龍點睛之效；雖表現手法不多，但所徵引能切合實際需要，而不顯扞格，甚或南轅北轍，那才是最重要的。諸如上述所舉之例，在師魯作品中猶多，今不再贅舉。師魯之善用典故，乃基於事實需要，與宋初時文之承襲晚唐「剝

削故事」餘風大不相同，此點不可不辨。

（四）文多警策

李慈銘《越縵堂讀書記》中曾云：

> 尹師魯卒時年僅四十七，而樹立卓然，文章亦底於成，非特論事深
> 切可喜，其言多類知道者，此杜牧之所不及也。（卷八〈文學〉）

所謂「論事深切可喜」「其言多類知道者」，乃指師魯議論時事均能深刻著明、
切中弊病，其言警策，可供世人借鑑。例如他在論才學與人品時說：

> 才者容有小人，而不才者不害爲君子。君子而才不至，其進也，於
> 世不甚益亦不甚損；小人才而進，雖建功立業，其蠹益深。（卷十一
> 〈答汝州王仲儀待制書〉）

師魯認爲：如果讓聰明而有才華的小人當權的話，對國家社會的傷害將是十
分深重的，例如宋眞宗朝的丁謂、王欽若，宋仁宗朝的呂夷簡等，均位極人
臣，然而玩權弄法，壓迫忠良，致使宋朝賢臣不能盡力施爲，獻身國事，故
發此警誡。又如談論人主決斷大事時應有的作法，無不警切有理、簡明可行，
如卷二〈審斷〉篇云：

> 審於己者聖，審於人者明也；任於己者暴，任於人者昏也。
> 與其斷而不審，不若優游之愈也。
> 聖或所不能，暴或有所不爲，若昏與明，後世其鑒哉！

他認爲祭祀貴在內心的眞誠，不務外在的形式表現，而勸導人民從事農桑，
最好能以身作則，不是光說不練，所以又說：

> 祀在于誠，匪勤于人；訓農以實，匪訓以文。（卷一〈帝籍〉）

在與人交往方面，師魯主張「親賢」而遠離不肖，以立身進道，他在〈寄鄧
州丁憂李仲昌寺丞書〉（卷十一）中說：

> 賢者果能親己，足下固親而厚之矣。賢而適與己疏，不肖而適與己親，
> 足下雖能辨其賢不肖之異，而皆有用其親疏而親疏之，豈以人厚己，
> 棄之不祥，不己親而強厚附之爲佞耶？君子之親賢，非以發其祿仕、
> 振其名譽，蓋將以立身而至於道者也。故與君子處，斯君子矣；與小
> 人處，斯小人矣。爲長者折枝，尚無愧焉，有親賢而爲佞乎？

所謂「近朱者赤，近墨者黑」，見賢即須思齊，見不賢者，又何必與其爲伍？
故師魯特別強調勿「以附己者爲賢，異己者爲不肖」，從而顚倒「其賢不肖之
實」，方免淪爲「朋黨」之譏。

立德、立功、立言，爲人生之「三不朽」，師魯以爲想要成功、立言、樹德，其關鍵即在於人的「本心」：

> 心無苟焉，可以制事；心無蔽焉，可以立言。惟無苟，然後能外成敗而自信其守也；惟無蔽，然後窮見至隱而極乎理也。信其守者本乎純，極於理者發乎明。純與明，是乃至古人之所至也。（卷四〈志古堂記〉）

本心能夠「無苟」、「無蔽」，自可超脫一切成敗而一心向道，可朗然普照而達於至理，故庸懦苟且、奸猾狡詐之人，是無法留芳百世的，也是師魯所不齒的。足證李慈銘稱其爲「知道者」，實非虛譽。

（五）去華務實

《四庫全書總目》卷一百五十二〈孫明復小集提要〉云：

> 蘇轍〈歐陽修墓碑〉載修謂「於文得尹師魯、孫明復，而意猶不足」〔註22〕，蓋宋初承五代之散，文體卑靡，穆修、柳開始追古格，復與尹洙繼之，風氣初開，菁華未盛，故修之言云爾。（頁31）

此處所謂「不足」，有人以爲此乃師魯之文章不夠華麗、暢達，如宋、林希逸《竹溪鬳齋十一藁續集》即謂：

> 穆伯長、尹師魯以古文爲倡，在歐、曾、蘇、王之先，嚴潔雅正，而後人不甚傳誦者，豈非精神、風采有未備乎？二公專慕韓、柳，終未及之。（卷三十〈學記〉）

一方面肯定師魯之文風「嚴潔雅正」，另方面則惜其「精神、風采有未備」。馬端臨《文獻通考》亦謂：

> 本朝古文自尹、穆始倡爲之，然二公去華就實，可謂近古而未盡變化之妙。（卷二百三十四「經籍六十一」）

馬氏明指師魯文章之所以「近古而未盡變化之妙」，即在於「去華就實」。今人劉子健也認爲師魯之文，「雖然簡古，卻不夠馳放縱橫」。〔註23〕而這些都

〔註22〕《邵氏聞見後錄》卷十五「孫明復」作「石守道」。劉子健《歐陽修的治學與從政》一文上編《歐陽修的學術與思想》（頁85）亦引邵氏之說，然未明其卷數、篇名。今查蘇轍《欒城集》，不見此〈歐陽修墓碑〉文，而《欒城後集》卷十二〈潁濱遺老傳上〉，則有如是的記載：「潁濱遺老姓蘇，名轍，字子由。父曰眉山先生，隱居不出，老而以文名天下，天下所謂老蘇老也。歐陽文忠公以文章獨步當世，見先生而嘆曰：『予閱文士多矣，獨喜尹師魯、石守道，然意常有所未足，今見君之文，予意足矣！』」。

〔註23〕見劉氏所著《歐陽修的治學與從政》上編〈歐陽修的學術與思想〉，頁85；羅

與他崇尚真實之文學主張有關，故不若蘇老泉之閎放，亦未能如歐陽永叔之舒徐環迴。

　　另近人呂思勉在其所著《宋代文學》中則云：

> 所謂古文者，謂以古人文字之善者爲法，非謂徑作古語也。若逕作古語，則意必不能盡達；即謂能達，而他人讀，之亦必苦其艱澀，與鄙俗者其失惟鈞矣。然拔起於流俗之中而效古人者，欲盡變其形貌甚難，此宋初爲古文者，所以皆不免有艱澀之病，必至歐公，而後可稱大成也。（第二章〈宋代之古文〉，頁13）

呂氏並在文中自作案語道：

> 艱澀之病，不獨柳、穆諸人，即尹、蘇亦未盡免。……師魯文簡古，誠有勝歐公處，然其不如歐公處，亦正在此。且如蘇氏〈滄浪亭記〉善矣，能如歐公諸記之有興會乎？（同上）

就直以「艱澀」爲師魯之病。事實上，師魯處於北宋古文革新初期，欲其如稍後之永叔、東坡等人般之雄奇條暢，實過於苛求，然較諸北宋前輩及同期學者，則其平易性是有過之而無不及的。

　　綜合以上諸人所論，可知師魯之文章風格趨於簡古，比較不注重辭采。所以李慈銘《越縵堂讀書記》「荀學齋日記」丁集下對師魯文章有中肯的評論：

> 師魯文筆警特，議論通達，似唐之杜牧之，而正平較勝，色澤差減耳。然宋人如張、晁以下，皆不及也。歐陽文公忠公稱其簡而有法，知言哉！（卷八〈文學〉，頁643；又見《唐宋文舉要》頁665）

所謂「正平較勝，色澤差減」，即指師魯文章「實而不華」。這在宋初一片追求聲病、工偶之華靡文風中，能獨出清新，已經相當不容易了。

第三節　文學影響及其價值、地位

一、文學影響

　　師魯之文學創作，以古文爲主，而其影響於後世的，亦以此爲鉅。故此節探討師魯之「文學影響」，乃著重在其古文對時人及後世的助益。此處分爲

敬之〈論歐陽修的古文運動〉一文，亦有此意。（見華學月刊第九十五期，頁29）。

以下兩項敘述：（一）歐陽永叔從其學古文，（二）推助古文運動復興。

（一）歐陽永叔從其學古文

歐陽永叔爲宋代文壇之領袖，其所領導的古文運動，成就並不在唐朝韓退之之下。由於歐陽永叔在政治上有崇高旳地位，並且樂於獎掖後進，故宋代古文大家如曾鞏、王安石、三蘇父子，均曾受其拔擢，在古文運動之推動上，猶如猛虎添翼般勇健有力，自能水到渠成。

永叔古文的淵源，據今人江正誠先生的研究表示：永叔是古文是「源自多方面的，自唐代的韓愈以至於與他同時的尹洙，由六經諸子，以至司馬遷的史記，都可以說是他學習古文的偶像」〔註 24〕；然而永叔會興起學習古文的念頭，乃是因爲「佩服尹洙爲文的深古」。〔註 25〕邵伯溫《聞見錄》卷八即載師魯、永叔等爲錢文僖作〈雙桂樓臨園驛記〉之事，並謂永叔文成千餘言，師魯止用五百字，故「永叔服其簡古」，「自此始爲古文」。同書卷十五又云：

> 本朝古文，柳開仲塗、穆修伯長首爲之唱，尹洙師魯兄弟繼其後，
> 歐陽文忠公早工偶儷之文，故試於國學、南省，皆爲天下第一。既
> 擢甲科，官河南，始得師魯，乃出韓退之文學之，公之自敘云爾。
> 蓋公與師魯於文雖不同，公爲古文則居師魯後也。（頁 10）

以駢文起家的永叔，因佩服師魯之爲文簡古，故從而作古文，這是當永叔任西京推官（天聖九年）之後。歐陽發在〈先公事迹〉中云：

> 及景祐中，與尹公洙偕爲古文，……天下以爲模範。……作尹公洙
> 誌文，以爲尹公文簡而有法，取其意而爲之，即得其體。（《歐陽修
> 全集》卷六「附錄」）

所謂的「及景祐中，與尹公洙偕爲古文」，乃指二人於景祐元年先後任館閣校勘事，與永叔之初任西京推官至少已晚三年。《宋史》〈歐陽修傳〉亦云：「舉進士，試南宮第一，擢甲科，調西京推官，始從尹洙游，爲古文，議論世事，迭相師友。」（卷三百十九）足證永叔之爲古文當在天聖九年在西京與師魯相遇之後，且其古文作法有源自師魯處者，如本章第一節所載，師魯告訴永叔「大抵文字所忌者，格弱字冗」，此一主張即爲永叔所領受，故誌師魯墓文即稱其文章「簡而有法」，「在孔子六經中，唯春秋可當」。

《四庫全書簡明目錄》述師魯《河南集》云：

〔註 24〕見江氏《歐陽修的生平及其文學》第六章〈歐陽修的古文〉，頁 497。
〔註 25〕同上註，頁 505。

修以古文倡導一代，其法得之洙也。洙文簡嚴，與修之曲折抑揚，
結體迥異，則各有其性之所近耳。（卷十五）

即肯定師魯之古文作法深深影響永叔。而崇寧年間（宋徽宗時），重修《神
宗正史》〈歐陽公傳〉云：「同時有尹洙者，亦爲古文，然洙之才不足以望修」
〔註26〕，邵氏《聞見錄》乃斥爲「史官皆晚學小生，不知前輩文字淵源自有
次第也。」（卷十五）可見永叔確從師魯學爲古文，而且深受其影響。

（二）推助古文運動復興

師魯繼承柳仲塗與穆伯長遺緒，致力於古文的創作和倡導，對於北宋古
文運動有其實際的貢獻。范希文在〈河南集原序〉就稱讚道：

唐正元、元和之間，韓退之主盟于文，而古道最盛。懿、僖以降，
寖及五代，其體薄弱，皇朝柳仲塗起而麾之，髦俊率從焉。仲塗門
人能師經探道，有文於天下者多矣。洎楊大年以應用之才獨步當世，
學者刻辭鏤意，有希聲繁，未暇及古也。其間甚者，專事藻飾，破
碎大雅，反謂古道不適於用，廢而弗學者久之。洛陽尹師魯，少有
高識，不逐時輩，從穆伯長游，力爲古文。而師魯深於春秋，故其
文謹嚴，辭約而理精，章奏疏議，大見風采，士林方聳慕焉，遽得
歐陽永叔從而大振之，由是天下之文一變而古，其深有功於道歟！
（卷首）

明指師魯在一般人無暇顧及古文，甚或以爲古道不適用於世之時，毅然獨排
眾議，投身於古文的創作，爲恢弘古道而努力。由於師魯深於《春秋》，故其
文辭謹約，議理精闢，而爲士林所「聳慕」，其後復有歐陽永叔之繼起力振，
故能使當世文風由「刻辭鏤意」而轉趨古雅平實，因此對師魯此種承先啓後
的功勞，大加推崇，稱爲「深有功於道」。韓稚圭在〈尹公墓表〉中也頌揚師
魯對宋代古文的功勞說：

文章自唐衰，歷五代，日淪淺俗，寖以大散。本朝柳公仲塗始以古
道發明之，後卒不能振。天聖初，公獨與穆參軍伯長矯時所尚，力
以古文爲主，次得歐陽永叔以雄詞鼓動之，於是後學大悟，文風一

〔註26〕此語見邵伯溫《聞見錄》卷十五，而《歐陽修全集》卷六「附錄」〈重修神宗
實錄本傳〉（葉濤撰）則言：「是時，尹洙與修亦皆以古文倡率學者，然洙材
下，人莫之與。至修文一出，天下士皆響慕，爲之唯恐不及。」此文乃本〈神
宗舊史本傳〉（同見歐集附錄），邵氏或未見，故只指重修本傳作此言。

變，使我宋之文章，將踰唐、漢，而追三代者，公之功爲最多。(《安
陽集》卷六十四，又見《河南集》附錄)

稚圭以爲宋代古文之成就，比之唐、漢乃有過之而無不及，直可上追三代之
風雅。此中功績，尤以師魯最多。此或不免過譽，然亦可見師魯推助古文運
動的功勞，是不容忽視的。至於富彥國的〈哭尹舍人詞〉(在三、四章已論及)，
則從作文與爲學兩個觀點出發，指出師魯「獨倡古道」，「鉤抉六經」，以救時
弊，所以師魯去世，「對於古文運動是一種莫大的損失」。〔註27〕曾子固在其
《隆平集》中亦推崇師魯爲宋代古文所作的貢獻：

　　自五代之弊，氣格不振。宋興，柳開始爲古文，而辭語猶事隱奧。
　　至天聖初，洙與穆修始興起之，繼而作者，遂高出近世矣。(卷十五
　　〈儒學行義〉)

此處所言「繼而作者遂高出近世」，雖在稱讚其師歐陽永叔之文高學古，然亦
肯定了師魯與穆伯長爲歐陽永叔所推動的古文運動，奠立了紮實的基礎。雖
然永叔不以始倡古文推許師魯，但卻承認師魯倡導之功，如他在〈答孔嗣宗〉
一書中即提到：

　　東方學生皆自石守道誘倡，此人專以教學爲己任，於東諸生有大功。
　　與師魯同時人也，亦負謗而已。若言師魯倡道則當舉天下言之，石
　　遂見掩，於義可乎？若分限方域而言之，則不苟，故此事難言之也。
　　(《歐陽修全集》卷六「書簡」)

不管是「分限方域而言之」，或「舉天下言之」，均可見師魯之創作古文，提
倡古道，其貢獻是受當時人所肯定的。《增補宋元學案》即云：

　　呂氏家塾記曰：天聖以來，穆伯長、尹師魯、蘇子美、歐陽永叔始
　　創爲古文，以變西崑體，學者翕然從之。(卷二〈泰山學案〉附錄)

陳善《捫蝨新話》亦云：

　　余觀國初文章，氣體卑弱，猶有五代餘習，自穆修等始作爲古文，
　　學者稍稍從之，然未盛也。及歐陽公、尹師魯出，然後國朝之文，
　　始復於古。(下集第二卷，又見陳登原《國史舊聞》卷參拾捌〔四四
　　一〕〈歐陽修〉引)

此處則盛稱師魯推助古文運動之功，與永叔可等量齊觀。馬端臨《文獻通考》

─────────────────

〔註27〕黃春貴語，見黃氏《宋代古文運動探究》第三章〈宋代古文運動的先驅作家〉，
　　　　頁108。

引劉克莊《詩話》云：

> 歐公詩如昌黎，不當以詩論。本朝詩惟宛陵為開山祖師，宛陵出，
> 然後桑濮之哇淫稍息，風雅之氣脈復續，其功不在歐、尹下。（卷二
> 百三十四「經籍」六十一，又見朱東潤《梅堯臣集編年校注》敘論
> 一〈梅堯臣詩的評價〉引）

後村在此雖推崇梅聖俞對宋詩所作的貢獻，然而更證明在他心目中，宋代文
風能復續風雅，師魯之功甚偉，與永叔不分軒輊。南宋、胡衛便在上孝宗的
奏疏（淳熙十三年九月二十八日）中，頌揚歐、尹二人為宋代文風的革新所
作的實質貢獻，其言曰：

> 臣聞河、洛由文興，六經由文起，雖天地之自然，而與時高下，則
> 理亂興衰所關，不可不察也。……皇朝承五季陵夷之後，士氣卑弱，
> 二三聖人作而新之。……自後，歐陽修、尹洙專以古文相尚，天下
> 競為模楷，於是（文）風一變，遂跨於唐矣。（《宋會要輯稿》卷一
> 萬六百四十六「選舉」六之四一）

胡氏於此誇讚有宋文章跨越唐、漢，甚且「幾至於道」，其功當首推永叔、師
魯。〔註28〕

綜觀上述諸例可知：師魯對於宋代古文運動之推助，有其不可抹滅的功
勞。不管是和師魯同時或稍後的學者，對於師魯的此項功績亦均持肯定、推
崇的態度。若無師魯和永叔的因緣際會，宋代古文是否能有如許成就、是否
能推動得如此順利，實在難說。故師魯之出現，實在宜得於宋代古文運動發
展史上記上一筆。

二、價　值

師魯之著述，雖數量不多，然亦有可觀者。今從文章作法、史事記載及
詩詞成就上，分別探討其價值之所在。

（一）文章可為後世師法

在本章第二節中，已探討過有關師魯之文學主張，如去冗字、貴真實、
尊孟韓、重實用、崇古道等，無一不是前有所承，後有所啟。這些主張，多

〔註28〕朱子論〈作文〉時，亦言及古文自韓文公後，唐末之「文氣衰弱」，直到五代
亦不能變革，「到尹師魯、歐公出來，一向變了」，此亦在稱許二人革新文弊
之功。文見黃震《黃氏日抄》卷三十八，頁 17 載。

少都影響到與其同時或稍後古文家之思想。如歐陽永叔爲師魯作墓誌，即學其平日作文之法爲之，永叔在〈論尹師魯墓誌〉中便說道：

> 修見韓退之與孟郊聯句，便以孟郊詩：與樊宗師作誌，便似樊文，慕其如此，故師魯之誌，用意特深而語簡，蓋爲師魯文簡而意深。(《歐陽修全集》卷三「居士外集二」)

此即以師魯「簡而有法」的文風爲師法對象。至於永叔作品以此法爲表現風格者尚多，如〈醉翁亭記〉、〈縱囚論〉、〈黃夢升墓誌銘并序〉等。〔註29〕而清桐城派古文家如方苞、劉大櫆等亦主張文章「貴簡」〔註30〕，此乃承續師魯文章簡古之風。歐陽永叔在〈祭尹師魯文〉中即推崇師魯文章光芒耀目，可爲後世師法，其言曰：

> 嗟乎師魯！自古有死，皆歸無物。惟聖與賢，雖埋不沒。尤於文章，焯若星日。子之所爲，後世師法。(《歐陽修全集》卷二「居士集二」)

（二）稱引故實可補各史所缺

師魯說理論事，喜徵引歷代古實以爲佐證，此在上節已經論列。蓋其徵引廣博詳確，故有各史未載，而可據以補充者。如其卷二〈考績〉云：

> 國朝考績之制，自五品已下悉自上功狀，有司程殿最覆奏以升退之，所以甄年勞而重祿賞也。按唐貞觀故事，門下置具員，以次補庶官。建中三年，中書上言貞觀故事常參官外官五品以上，每有除拜，中書門下皆立簿書，謂之具員，取其年課以爲選授，此國之大經也。今諸刺史四考，郎中、起居侍御史各兩考，餘官各三考與轉，餘竝准故事，宜循其制，申命有司，自五品而下，謹其官簿，取歲月當遷者，籍其治行於朝而命之。有司失舉與自上功狀者，鈞其罰。

即詳述唐貞觀故事與宋初遷轉之制。李慈銘《越縵堂讀書記》據此史實而悟東坡何以官階止至朝奉郎之故，其言云：〔註31〕

> 據此，是宋制五品以下官皆自陳年勞，以乞遷轉，故東坡未嘗以歲課乞遷，其後至尚書承旨，而階止於朝奉郎也。(卷八〈文學〉，頁

〔註29〕何寄澎〈論歐陽修的「簡而有法」〉曾針對「簡而有法」的意涵，列舉了歐陽永叔的許多創作加以探析，見解精闢，可參看。此文收錄於《幼獅學誌》十九卷三期，頁147～180。

〔註30〕參見上註引文頁171。

〔註31〕本條所舉李慈銘之言，均見《越縵堂讀書記》卷八〈文學〉，故自下則起，只標示出現頁碼。

644〕

《河南集》卷四〈王氏題名記〉云：

> 陝郡開元寺建初院有進士登科題名二記，其一題云天復四年左丞楊
> 涉下進士二十六人，實唐昭宗遷洛改元天祐歲，駐蹕於陝所放榜。
> 第十四人王公諱澥之，第十一人劉岳，後官太常卿。開寶二年，王
> 公嗣子工部某所追書。

則載明唐昭宗天祐元年在陝所放榜單，故李慈銘云：「此事可采入《唐代科名
考》。」〔註32〕

前書同卷〈題祥符縣尉廳壁〉有云：

> 縣治都門外，所部多貴臣家，前世赤縣治京師，不以城內外為限制，
> 事廣而勢任亦重。今京城中，禁軍大將領兵徼巡，衢市之民不復知
> 有赤縣，此乃因循權制，豈前世法哉。

此謂宋初赤縣治京師，不以城內外為限制，至師魯作文時，則僅以城內為治
所，故言其非「前世法」，而李慈銘亦將其與清之制度相較云：

> 據此，則宋時京縣已治都門外，然開封尹及南宋後知臨安府者，猶
> 治城內事，至明而順天府尹亦不與城內事。國朝因之，故京尹但取
> 具員，無有以政稱者。（頁644）

師魯文集卷十五〈故宣德郎守大理寺丞累贈司封外郎皮公墓誌銘并序〉
中云：

> 公諱子良，字漢公，其先襄陽人。曾祖日休，避廣明之難，徙籍會
> 稽。及錢氏王其地，遂依之，官太常博士，贈禮部尚書。祖光業，
> 佐吳越國，為其丞相。父粲，元帥府判官。歸朝，歷鴻臚少卿。公
> 幼能屬辭，淳化中以家集上獻。初尚書以文章取重於咸通、乾符世，
> 及丞相、鴻臚，皆以文雄江東，三世俱有編集，總百餘卷，至是悉
> 以奏御。得召，試對便殿，賜出身，仕至巢縣令，監筠州酒稅。子
> 仲容，官太常寺博士。

師魯於此墓誌中，將皮漢公之家世敍述詳盡，故頗受史家重視，李氏即云：

> 《四庫全書提要》已據此及放翁《老學庵筆記》證《新唐書》言日
> 休降黃巢被害所說全異，趙雲松《陔餘叢考》亦辨之。此又言日休

〔註32〕李氏於其下自注：「徐星伯嘗輯此書，其稿本在故大理卿朱修伯學勤家。」可
見當時徐星伯所輯之《唐代科名考》尚未見錄此年榜單。

移籍會稽，子孫世越，至子良卒後始葬河南，則光業已下已爲會稽
人。吾鄉郡縣志宜以日休入流寓，光業入人物，而自來無及之者，
蓋是集世固罕得見也。（頁645）

以上所述，皆爲師魯文集中所徵引或敘述之史實足供各史書補闕者。至於他
篇所引述之諸多故事，亦可作爲各史之佐證，今不贅舉。

（三）詩詞量少而佳

師魯之詩詞作品，存於文集中者甚少，僅「皇雅」十篇，雜體詩九首，
故邵博《聞見後錄》卷十九中即發其疑問道：

李習之、韓退之、孟東野善。習之于文，退之所敬也。退之與東野
唱酬傾一時，習之獨無詩，退之不議也；尹師魯、歐陽永叔、梅聖
俞善。師魯于文，永叔所敬也。永叔與聖俞唱酬傾一時，師魯獨無
詩，永叔不議也。習之、師魯之于詩，以爲不足作邪？抑不能也？
（頁4）

而馬端臨《文獻通考》則引石林葉夢得之言曰：

尹師魯不長於詩，亦自以爲無益而廢事，故方洛中歐陽文忠公與梅
聖俞銳意作詩，獨不作。（卷二百三十四「經籍」六十一）

前述邵氏只發心中疑惑，而葉氏則直言「師魯不長於詩」，且「自以爲無益」，
故不甚作詩。是否師魯正如葉氏所云「不長於詩」，抑或如邵氏所疑「以爲不
足作」？我們且從其作詩動機及詩作內容來加以探析。

師魯之「皇雅」十篇，據明廖道南《楚紀》所載，乃作於其坐范黨事謫
監鄧州之後〔註33〕，目的即希望仁宗能鑑往知來，勵精圖治，提振國勢，強
固國本，故其「皇雅」乃歷述有宋自受大命，統一萬方（〈天監〉），以迄封祀
告成功（〈太平〉）。其間外而征蜀（〈西師〉）、伐南海（〈耆武〉）、詩晉（〈大
鹵〉）等弭暴平亂之艱辛，以至北方請盟之與民休息（〈帝制〉）；於內則詳述
先帝勵精圖治、深奠國基之諸種措施，如令守臣削其附庸以強帝室（〈憲古〉）、
修故典（〈帝籍〉）、躬耕勸農（同上）、任賢（〈庶工〉）、愼刑（〈皇治〉）等，
此種刻意仿效三百篇之敘事史詩〔註34〕，用意即在藉此諷勸，能喚起仁宗皇

〔註33〕見《楚紀》卷五十五〈穆風外紀前〉，詳本文第五章註5。
〔註34〕此謂「皇雅」十篇爲仿效《詩經》之敘事史詩，最主要的乃在此十篇所採用
　　　　的句法均以四言爲主（末篇〈太平〉之前半有五言苟、七言苟除外，餘悉四
　　　　言），題下有序以敘其內容，詩後亦有章句之數，此即形式上之遵循，而此詩

帝警覺。《詩》〈周南·關雎〉序云：「雅者，正也。言王政之所由廢興也。」
《詩》〈周頌·烈文〉云：「念茲戎功，繼序其皇之！」皇者，大也，皇帝也。
雅者，「言王政之所由廢興也」。師魯此十篇之總題「皇雅」，正足以見其效法
《詩經》「大雅」之用心，而非徒「詩人歌功」〔註35〕之作。

　　至於其雜體詩，計有五絕一首（〈送路綸寺丞詩〉之一）、五律一首（〈贈
三鄉浮圖知聰〉）、五古一首（〈和人過韓柱國廟〉），七絕四首（〈舟次壽州寄
濠州江均少卿〉、〈和河東施待制〉二首、〈送路綸寺丞詩〉又一首）、七律二
首（〈過興平哭耿諫議喪呈經略韓密學〉、〈隨州聞劉易入終南山〉），可謂詩兼
多體。

　　詩篇雖少，唯均「氣格不凡」〔註36〕，如「皇雅」十篇之雅潤、〈贈三鄉
浮圖知聰〉之恬淡、〈和人過韓柱國廟〉之剛正、〈過興平哭耿諫議喪呈經略
韓密學〉之悲壯、〈舟次壽州寄濠州江均少卿〉之清新、〈和河東施待制〉二
首之沈鬱、雅潔、〈隨州聞劉易入終南山〉之莊嚴與〈送路綸寺丞詩〉之離索，
在在反映師魯人格、詩格之雅正，真可謂「詩如其人」。

　　綜上所述，師魯並非不能做詩，只是不願寫那些狀物寫景、描摹虛幻而
無益世道的詩。唯當他情感飽滿，不得不寫時，也會搦筆賦就的。如他在〈送
路綸寺丞序并詩〉（卷五）中即云：

　　　　渙之寺丞自郢中有南陽之行，……友人尹某因道古人送言之義，將
　　　　有以序其行。……獨離索之恨不能忘已，既醉且泣，以詩繼之。
此正代表師魯之詩不輕作，唯有當其情思充沛、澎湃時，方有下筆。歷觀師
魯全集作品，表現理智明辯處多，用情隨意處少，故其緣情賦就之詩自然不
多產；然只要產生，便篇篇是表現真性情之佳作。師魯之于詩，是「以為不
足作」抑或「不能」？是「不長於詩」抑或「以為無益而廢事」？至此，自
可知之！

　　今人樊維綱、徐楓在評論師魯唯一詞作〈水調歌頭·和蘇子美〉時說：
　　　　此詞從布景上看，是寫景、議論，再寫景、再議論的結合。上片于
　　　　議論中寓抒情，下片以景相承而寓情于景，情貫始終，故通篇渾然

　　　　之作乃用於諷勸天子有為，是精神上亦如詩三百之作。
〔註35〕《漢書》〈趙充國傳〉云：「詩人歌功，迺列於雅。」
〔註36〕此為葉夢得評師魯〈和施昌言〉絕句（即〈和河東施待制〉二首之一）語，
　　　　見馬端臨《文獻通考》卷二百三十四「經籍」六十一引。

一體。詞是和蘇之作，故詞中多處應和蘇詞內容，但行文中卻有天
衣無縫之妙。……詞的語言與詞的格律完全適應，流暢明快，不求
新奇，不作雕飾，少用典，少堆垛，語句平凡卻含義豐富。這些都
與其文一樣，「簡而有法」。（《唐宋詞鑑賞辭典》頁 285～287）

師魯的文章是「言簡而意深」，詩詞是「語句平凡卻含義豐富」，這些都值得
後世師法。《禮記》〈樂記〉云：「詩言其志也。」孔子亦云：「詩可以興，可
以觀，可以群，可以怨。邇之事父，遠之事君；多識於鳥獸草木之名。」（《論
語》〈陽貨〉）此即重在詩的實用性上，今觀師魯之詩詞，可謂深得其旨。

三、地　位

　　在本節前面部分，已討論過師魯在文學方面的影響及其文學價值，今即
以此為根據，試圖為其在文學史上標定一個相應的地位：

（一）為北宋古文先鋒

　　在古文方面，師魯推助北宋古文運動有功，這是事實，不容否認；然而
是否可稱師魯為北宋古文的始倡者？這就引發了一場耐人尋味的歷史爭辯，
尤其被議論的人物，竟然是師魯的摯友——歐陽永叔

　　《四庫全書簡明目錄》附錄中，有一篇〈進四庫全書表文〉〔註 37〕，其
中有云：「文恭著作，先歐、尹而孤行。」按文恭乃宋胡武平（名宿）的諡號。
武平撰有《文恭集》，工於四六駢偶之文。此處乃指宋初在永叔、師魯等人古
文運動尚未蔚成風氣之前，整個文壇都瀰漫在晚唐、五代駢儷華美文風之下，
直至師魯、永叔出，才逐漸廓清崇尚華而不實的局面，此以「歐、尹」代表
北宋古文之興起，可見清初學者給予師魯的評價頗高；然為何永叔在師魯墓
誌上僅稱其文「簡而有法」，而未嘗道出其於文學運動上之貢獻？是否「簡而
有法」真為歐陽永叔心目中的「上評」〔註 38〕，而為「世之無識者」〔註 39〕
所曲解呢？

　　慶曆、皇祐間學者批評永叔吝惜稱譽師魯之文章，不復見，然稍後之陳
善，則在其〈歐陽公不以古文始於尹師魯〉一文中指出：

〔註37〕此文為多羅質郡王永瑢等人在《四庫全書》編纂告成時所上的表，見引書頁
　　　　958～964。
〔註38〕見何寄澎〈論歐陽修的「簡而有法」〉一文，頁147。
〔註39〕見歐陽永叔〈論尹師魯墓誌〉所辯。

一代文章，必有一代宗主，然非一代英豪不足當此責也。韓退之抗
顏爲師，雖子厚猶有所忌，況他人乎？予觀國初文章，氣體卑弱，
猶有五代餘習，自穆修等始作爲古文，學者稍稍從之，然未盛也。
及歐陽公、尹師魯輩出，然後國朝之文始極於古。然歐陽公作師魯
墓誌，但言其文章簡而有法而已，不以古文斷自師魯始也，世以此
疑公平日與師魯厚善，丞稱其文字，乃於此若有所惜者，何哉？（《捫
詩新話》下集卷二）

陳氏先敘二人同爲宋代古文奮鬥之成就，並提出世人懷疑永叔墓誌之原因，
其後便爲其辯道：

石守道作三豪詩曰：「曼卿豪於詩，杜默豪於歌，永叔豪於文。」默
之歌豈可與歐公比，而公有贈默詩云：「贈之三豪篇，而我濫一名。」
不以爲誚若此！公惡爭名，且爲介諱也。公既不爭名於杜默，而復
有惜於師魯乎？〔註40〕（同右）

特別指出永叔既「不爭名於杜默」，亦當不惜推譽好友師魯，故引永叔自言「某
於師魯豈有所惜」之語以釋眾疑；然其後則謂：

古人於臨事切要處，未嘗不自留一著也。今觀歐陽公言：「若以古文
始自師魯，則前有穆修及有宋先達甚多。」此豈其本心哉？無乃亦
自留一著乎？（同右）

永叔是否「自留一著」，不便臆測，然後人對此事之懷疑，卻頗有應和陳氏者，
如林希逸《竹溪鬳齋十一藁續集》卷二十八〈學記〉即云：

范文公祭尹師魯文云：「爲學之初，時文方麗。子師何人，獨有古意。
眾莫子知，子特弗移。是非乃定，英俊乃隨。聖朝之文，與唐等夷。
繫子之功，多士所推。」而歐公誌師魯卻不及此意，何也？（又見
《宋元學案補遺》卷四引）

而黃震在其《黃氏日抄》卷六十一〈讀文集〉中亦云：

〈論尹師魯墓誌〉謂「述其文曰簡而有法」，「惟春秋可當」；「述其
學曰通知古今」，「惟孔孟可當」。愚意：文簡有法，各隨其宜，豈必
春秋？通知古今，各隨其分，豈必孔孟？未聞文王諡文而孔文子不

〔註40〕歐陽永叔在〈答孔嗣宗〉一書中曾云：「尹君誌文，前所辨釋詳矣。……某於
師魯豈有所惜，而待門生親友勤勤然以書之邪？幸無他疑也。」見《歐陽修
全集》卷六「書簡」。

可謂之文也。公與師魯平生交而故爲譏貶，何哉？俄又云：「然在師魯猶爲末事」，若果末事，何必春秋然後可當、孔孟然後可當？愚恐其首尾又自背馳也。（頁33）

黃氏於此對永叔之懷疑，不可謂不深，而楊愼在其《丹鉛總錄》卷十「大顚」條中更謂：

昔歐陽公不以始倡古文許尹師魯，評者謂「如善弈者常留一著」，歐公之於尹師魯，留一著也。然則朱子之於韓公，亦猶歐陽之於師魯乎？

此處楊愼以「朱子豈不知大顚書詞非韓之筆、東坡之言爲可信？又豈不知外集非韓公文、李漢之序可據耶？」爲由，大膽地揣測朱子「必欲以大顚書爲韓之眞」的用意，彼意謂朱子乃以儒家宗師自居，欲直承孔孟之道，而不樂見有人捷足先登，分享其光榮，故以大顚書證韓文公非醇然儒家大師；而歐陽永叔之於師魯古文，殆亦如是。唯死者已遠，且俱爲一代宗師，彼既無言，後死者豈能代言以唐突前人？然事有不得不疑處，故楊氏發「此殆難也，可以意喻」之論，以明此雖爲自臆，卻有「常理在焉」之感！

　　以上所述，爲陳善、林希逸、黃震、楊愼諸家對永叔未能推譽師魯古文所生的懷疑。事實上，在此四家之先，亦有洪邁對歐陽永叔之不道宋初前賢宗尚韓退之文章，而直謂「是時天下未有道韓文者」，而深感大惑不解？〔註41〕此是否因永叔「自負作古」〔註42〕，以文壇盟主自任〔註43〕，而遭眾人物議，此不便置評。然由此可見，師魯於北宋古文之發展，佔有一席重要的地位。今人金中樞撰〈宋代古文運動之發展研究〉，即肯定師魯在宋代古文運動之地位，謂永叔學古文「淵源於師魯」，並贊同陳善所論宋初古文之見解，以爲范希文《河南集》序：「師魯與穆伯長力爲古文，歐陽永叔從而振之，由是天下之文一變而古。」之語最爲至當。〔註44〕折衷言之，縱使不以始倡宋代古文推崇師魯，謂其爲宋代古文先鋒實不爲過。

〔註41〕參見洪邁《容齋續筆》卷九，頁329。

〔註42〕參見宋葉氏《愛日齋叢抄》卷四頁16、17所載。

〔註43〕歐陽永叔在〈答聖俞寺丞見寄〉中曾云：「文會忝余盟，詩壇推子將。」可知永叔是以文壇盟主自負。見《歐陽修全集》卷二「居士外集一」。

〔註44〕金氏〈宋代古文運動之發展研究〉，見於《新亞學報》第五卷第二期，頁 80～146；又見羅聯添所編《中國文學史論文選集（四）》，頁 1335～1385。洪邁之論宋初古文，則見本章註41。

（二）詩詞有革弊開新之功

前述師魯之詩，不崇時尚華美文風，不作摹物擬情，虛渺無謂之詩，唯以真情之擄發為是，故作「皇雅」十篇諷諫仁宗，為雜體詩九首以寄寓情懷、感慨。其詩句平淡雅樸，一掃西崑之華艷雕琢，為北宋詩壇注入一股清流，此與其推助古文運動，恢復風雅，同樣亦有功焉。

師魯詞作雖僅一闋，卻頗有可述之處。宋初詞壇，沿襲晚唐、五代餘風，詞風清婉，形式短小，題材內容也較狹隘。至張子野（先）、柳耆卿（永）出現，詞風方為之一變。在形體上，漸用長調；在風格上，喜用鋪敘手法描寫；在內容上，則趨向於多樣化。張、柳二人所處的時代與師魯相當，故可將師魯此闋〈水調歌頭・和蘇子美〉與之略作比照。

師魯此詞，全首九十五字，屬於當時不多見的長調，且張、柳二人雖有長調之作，卻不見「水調歌頭」一調，師魯此和子美之作，可謂與子美同啓東坡、山谷活用此調之先聲；子野詞「細密清麗」，耆卿詞「通俗淺近」。〔註45〕師魯此作，情感真摯，寫景清麗自然，格調高雅，聲情揮灑快，完全擺脫當時艷冶、悽怨的詞風，倒有些後來東坡詞詩化的雛形。此詞為和子美〈水調歌頭・滄浪亭〉而作，其時子美因飲會事落職罷歸，退居蘇州滄浪亭，而師魯亦被貶知隨州節度副使，子美詞中充滿怨懟之氣，而師魯則以曠達之筆撫慰子美，頗以閒居自適為可樂。今人樊維綱、徐楓在評子美詞時曾如此說道：

> 在北宋詞壇上，大量地以詞寫政治性題材的作家首推蘇軾，而此詞
> 及尹洙的和作則遠在蘇軾之前，其開拓之功是不可抹煞的。（《唐宋
> 詞鑒賞辭典》，頁319）

可見師魯詞在宋詞詞境的擴大方面，有其先導的功勞。

綜觀師魯詩詞創作，數量雖不多，但均能擺落當時華靡習氣，而創新風格，若其能專力創作，成就當更不凡。

〔註45〕劉大杰評語，分見劉氏《中國文學發展史》頁588、560。

第八章　師魯的史學

　　師魯之史學著作，唯《五代春秋》二卷，而歐陽永叔《五代史記》之撰成，亦與其有密切關係，故本章即重在探討師魯在史學上之努力與成就。

第一節　尹師魯與《五代史記》之關係

一、師魯之史才

　　據《宋史》〈藝文志〉記載，宋人之治經以《春秋》類最多，凡二百四十二部，共計二千七百九十九卷〔註1〕，師魯史學著作雖僅二卷，然在宋仁宗朝時，即以「長於春秋」著稱，本傳、墓表、墓誌均曾深加推崇。其於〈賀樞密副使富諫議啓〉（卷七）中亦曾自言：

　　　　某嘗學舊史，願得私紀盛烈，以備國書之闕。

此「舊史」，蓋即指《春秋》之類的古史。其稱王晦叔幼時讀書，「至周官春秋，尤極其義，故爲文章必本制度，臨政長於斷事」。〔註2〕讀《周官》有助於尋源，讀《春秋》有助於斷事，師魯臨政長於審斷，各項奏議亦多有本源，蓋由於他既嫻於《春秋》，又如王晦叔之熟習《周官》吧！

　　歐陽永叔〈讀裴寂傳〉曾云：

〔註1〕引自陳芳明〈宋代正統論的形成背景及其内容〉，見《中國史學史論文選集》頁378。

〔註2〕見卷十二〈故推忠協謀同德佐理功臣樞密使金紫光祿大夫行尚書吏部侍郎檢校太傅同中書門下平章事上柱國太原郡開國公食邑四千一百户食實封一千四百户贈太保中書令文康王公神道碑銘并序〉。

> 予嘗與尹師魯論自魏晉而下，佐命功臣，皆可貶絕，以其貳心舊朝，
> 叶成大謀，雖曰忠於所事，而非人臣之正也。(《歐陽修全集》卷三
> 「居士外集二」)

永叔為有宋史學大家，其與師魯往來，非徒文章切磋而已，尚有史學意見之
交流，此於次條再敘，然由此可見師魯史學素養深厚，致令永叔願與商量。
又如慶曆四年六月，師魯從慶州徙知晉州，曾經路過山西，與蒲州王沿談論
《春秋》。王沿首度將所撰《唐志》二十篇出示師魯，與其討論。師魯閱畢，
不禁感慨言道：

> 先生所美，唐善也；所詆，唐惡也。於今，諱避而不以示人，蓋夫
> 違眾之所譏謂之戾，反眾之所尚謂之隘，舉世皆然，惡得獨異而取
> 危耶？宜乎先生之不以示人也。(卷十三〈王先生述〉)

時局險惡，小人弄權，為保自身安全，不得已韜光養晦，只有遭遇真正知己，
方能把臂盡言、歡暢交心。師魯素深於《春秋》，又為方正君子，故王沿能推
心置腹，出所撰《唐志》與其切磋互勵。

二、《五代史記》分撰問題

宋、沈括《夢溪筆談》卷下云：

> 胡德輝記尹和靖語：五代史本是永叔□□祖分作，其間亦有指名，
> 然歐陽公嘗云：河東一傳乃大奇，自此當以為法。不知謂何傳耳！
> （頁2）

沈氏並於其下自案道：

> 尹洙河南集謂：初與永叔約分撰五代史，既而不果，乃別撰五代春
> 秋。世謂歐史取材于洙，則所云分作者，或即洙也。然原本闕，訛
> 云永叔祖分作。考洙，焞之從祖也，疑祖字上脫去與從二字，第此
> 語不見于他書，不敢輒加增改，姑闕其文。

案今傳師魯文集中，未見沈氏所謂「初與永叔約分撰五代史，既而不果，乃
別撰五代春秋」之語，唯邵伯溫《聞見錄》卷十五載有永叔與師魯分撰五代
史之書札，今見存《歐陽修全集》卷三「居士外集二」〈與尹師魯書〉第二帖，
此書乃永叔貶謫夷陵後所作，時為宋仁宗景祐四年（1037）元月。其中云：

> 開正以來，始似無事，治舊史，前歲所作十國志，蓋是進本，務要
> 卷多，今若便為正史，盡宜刪削，存其大要。至如細小之事，雖有

可紀，非干大體，自可存之小說，不足以累正史。數日檢舊本，因
盡刪去矣，十亦去其三四。師魯所撰，在京師時，不曾細看，路中
昨來細讀，乃大好。師魯素以史筆自負，果然！河東一傳大妙，修
本所取法此傳。爲此外亦有繁簡未中，願師魯亦刪之，則盡妙也。
正史更不分五史，而通爲紀傳，今欲將梁紀并漢、周，修且試撰；
次唐、晉，師魯爲之，如前歲之議。其他列傳約略，且將逐代功臣，
隨紀各自撰傳，待續次盡，將五代列傳姓名寫出，分而爲二，分手
作傳，不知如此於師魯意如何？吾等棄於時，聊欲因此粗伸其心，
少希後世之名！如修者，幸與師魯相依，若成此書，亦是榮事。今
特告朱公走介，馳此奉咨，且希一報。如可以便各下手，只候任進
歸，便令齎國志草本去！

除此帖外，永叔之〈與尹師魯書〉第四帖（慶曆五年春）亦曾言及二人分撰
五代史之事，其言云：

列傳人名，便請師魯錄取一本，分定寄來，不必以人死年月斷於一
代，但著功一代多者，隨代分之，所貴作傳與紀相應。千萬，遞中
卻告一信，要知尊意。（同上卷）

綜此二帖觀之，可得以下數項認知：

（一）師魯確曾與永叔約分撰五代史，且於景祐二年（1035）以前，曾
共撰《十國志》進殿，此由前帖「前歲所作十國志，蓋是進本」知之。

（二）永叔謂師魯「素以史筆自負」，且稱其「河東一傳大妙」，而爲永
叔刪修舊本時所取法。

（三）二人共約，撰時「不分五史，而通爲紀傳」，且由永叔撰梁、漢、
周諸紀，師魯撰唐、晉之紀，如「前歲之議」。

（四）五代史中列傳姓名，於景祐四年帖中尙未擬就，而慶曆五年春之
第四帖，則已大致擬定，永叔便請師魯「錄取一本」，在「分定」二人作傳部
份後，便各自撰寫。此列傳人名之擬定，前後達八年，蓋斯時師魯正勠力西
疆，而與永叔稍乏音信之故。

（五）二人共撰五代史之動機，據永叔云，乃因彼等不受朝廷重惜，「聊
欲因此粗伸其心，少希後世之名」。

觀此，知永叔甚樂與師魯共撰此書，以爲「若成此書，亦是榮事」。但惜
師魯早死，未能竟其全功，故邵伯溫歎道：

師魯死，無子，今歐陽公五代史頒之學官，盛行於世，內果有師魯
之文乎？抑歐陽公盡為之也？（《聞見錄》卷十五，頁11）

不論永叔《五代史記》中是否有師魯之文，其主要架構、內容均經二人商定，
且前作《十國志》中之「河東一傳」，乃為永叔所取法，故知師魯之與《五代
史記》，實有密切關係。

第二節　《五代春秋》與《五代史記》之比較

一、動機旨趣

上節言師魯與永叔共撰五代史之動機，乃在「欲因此粗伸其心，少希後
世之名」。在歐陽發之〈先公事迹〉中曾述永叔作《五代史記》之志云：

> 其於五代史，尤所留心，褒貶善惡，為法精密，發論必以嗚呼，曰：
> 此亂世之書也。其論曰：昔孔子作春秋，因亂世而立治法，余述本
> 紀，以治法而正亂君。此其志也。（《歐陽修全集》卷六「附錄」）

此處顯示永叔編撰《五代史記》，乃在效法《春秋》，「因亂世而立治法」，「以
治法而正亂君」；師魯之撰《五代春秋》亦可作如是觀，因師魯本「深于春
秋」，又當仁宗朝朋黨之論勃興，小人當道，賢良被擠，故想藉五代之弊亂，
警惕時君、大臣，勿重蹈前朝之覆轍。太史公曾回答壺遂之問「孔子何為而
作春秋」道：

> 余聞董生曰：周道衰廢，孔子為司寇，諸侯害之，大夫雍之，孔子
> 知言之不用，道之不行也，是非二百四十二年，以為天下儀表，貶
> 天下，退諸侯，討大夫，以達王事而已矣。子曰：我欲載之空言，
> 不如見之行事之深切著明也。夫春秋上明三王之道，下辨人事之紀，
> 別嫌疑，明是非，定猶豫，善善惡惡，賢賢賤不肖，存亡國，繼絕
> 世，補敝起廢，王道之大者也。……撥亂世，反之正，莫近於春秋。
> 春秋文成數萬，其指數千，萬物之散聚，皆在春秋。春秋之中，弒
> 君三十六，亡國七十二，諸侯奔走不得保其社稷者，不可勝數，察
> 其所以，皆失其本已。……故曰：臣弒君，子弒父，非一旦一夕之
> 故也，其漸久矣。故有國者不可以不知春秋，前有讒而弗見，後有
> 賊而不知；為人臣者不可以不知春秋，守經事而不知其宜，遭變事
> 而不知其權；為人君父而不通春秋之義者，必蒙首惡之名；為人臣

　　　　而不通春秋之義者，必陷篡弑之誅，死罪之名。(《史記》卷一百三
　　　　十〈太史公自序〉)

證之師魯之時代、環境、遭遇，亦有類於孔子者，故其撰五代史，而名之曰：
《五代春秋》，實有效法孔子作《春秋》之意。永叔謂「欲因此粗伸其心」，
當可做爲二人撰《五代春秋》與《五代史記》之共同動機。

二、體裁形式

　　《五代春秋》之撰述，按梁、唐、晉、漢、周各朝之次序，以編年方式
斷代敘述。如敘梁太祖開平元年之事云：

　　　　開平元年四月甲子〔註3〕，帝即位于汴州。戊辰，改元，建汴州爲
　　　　東都，改京師爲西都。五月，李思安帥師及晉人戰于潞城，思安師
　　　　敗績。(卷二十六「梁太祖」)

　　而《五代史記》之撰述，則「綜合五代事蹟而加褒貶，先本紀，再列傳，
一如史記」，「所重爲通史」。〔註4〕如其敘馮道，即將其置於「雜傳」(卷五十
四)，而不名其爲某代之臣〔註5〕，此或本於前〈與尹師魯書〉所云：「正史更
不分五史，而通爲紀傳」(第二帖)、「列傳人名，……不必以人死年月斷於一
代，但著功一代多者，隨代分之」(第四帖)之約定吧！

　　對於師魯《五代春秋》之體裁形式與永叔《五代史記》不同，《四庫全書
總目》中曾懷疑道：

　　　　考邵伯溫聞見錄，載歐陽修作五代史嘗約與洙分撰，此書或即作於
　　　　是時。然體用編年，與修書例異，豈本約同撰而不果，後乃自著此
　　　　書歟？(卷四十八「編年類存目」，頁2)

三、撰述內容

　　《五代春秋》僅撰本紀二卷，餘付闕如；《五代史記》則除本紀十二卷外，
另有列傳四十五卷，考三卷，十國世家十卷，年譜一卷，四夷附錄三卷，總

〔註3〕「學海類編」本、「九九九二」本在年代前有甲子紀年，餘本無。如此年，上
　　　　引二書在「開平」上即有「丁卯」之紀年。
〔註4〕此引周師虎林先生〈新舊五代史之比較研究〉語，見頁3。
〔註5〕永叔五代史非無諸朝大臣之傳，然其列傳中尚有死節、死事、一行、唐六臣、
　　　　義兒、伶官、宦者之類例目，均爲綜合各朝而撰，尤以「雜傳」十九卷爲最
　　　　多，可參見上註引文頁4「新五代史列傳例目卷數表」。

計七十四卷。

就本紀之例目而言，《五代春秋》前卷有：後梁太祖、末帝，後唐莊宗、明宗、愍帝（以上為文集卷二十六）；後卷有：後唐末帝〔註6〕，晉高祖、少帝，漢高祖、隱帝，周高祖、世宗、恭帝。《五代史記》本紀例目，除將後唐「末帝」稱「廢帝」、晉「少帝」稱「出帝」、周「高祖」稱「太祖」外，餘均與《五代春秋》同。

《五代春秋》雖無「天文志」以記日食、月食、星變、物異，無「五行志」專述天災地變，然本紀中卻仿《春秋》之例，按發生年月而實錄之。此與《五代史記》之專將天文變化載於〈司天考〉（卷五十八、五十九），看似有異，然永叔即嘗解釋云：

> 昔孔子作春秋而天人備，予述本紀書人而不書天，予何敢異於聖人哉？其文雖異，其意一也。自堯舜三代以來，莫不稱天以舉事，孔子刪詩書，不去也，蓋聖人不絕天於人，亦不以天參人。絕天於人，則天道廢；以天參人，則人事惑，故常存而不究也。春秋雖書日食、星變之類，孔子未嘗道其所以然者，故其弟子之徒，莫得有所述於後世也。然則天果與於人乎？果不與於人乎？（《五代史記》卷五十九）

又云：

> 嗚呼，聖人既沒而異端起！自秦、漢以來，學者惑於災異矣！天文五行之說，不勝其繁也。予之所述，不得不異乎春秋也，考者可以知焉！（同前）

觀此可知：師魯之記天文，乃本《春秋》「存而不究」之態度，而永叔亦以「三辰五星逆順變見」為「有司之所占」，故「以其官誌之，以備司天之所考」（同上）。可見對有關內容之記載，二人可謂殊途而同歸了。

四、撰作書法

邵雍《皇極經世書》卷十三〈觀物外篇〉云：

> 某人受春秋于尹師魯，師魯受于穆伯長。某人後復攻伯長曰：春秋無褒，皆是貶也。……曰：春秋禮法廢，君臣亂，其間有能為小善者，安得不進之也。治春秋者，不辨名實、不定五霸之功過，則未

〔註6〕四庫全書本作「後唐廢帝」，餘本稱「後唐末帝」。

　　可言治春秋。先定五霸之功過，而治春秋，則大意立，若事事求之，

　　則無緒矣。(又見《宋元學案補遺》卷四引)

五代政局紛亂，君臣之義淪喪，夷夏之防淡薄，士不知忠義，臣不知廉恥，《宋史》所謂：「士大夫忠義之氣，至於五季變化殆盡」(卷四百八十六〈忠義傳〉)、「臣子視事君猶傭者焉，主易則他役，習以爲常，故唐方滅，即北面于晉，漢甫稱禪，已相率于周矣」(卷二百六十一〈李穀傳〉)。這般情況，如何使忠君愛國、深于《春秋》之師魯在撰述五代史時能加以褒揚？更何況《春秋》之要義，即在重名分、尊王室、誅亂賊，故於亂賊弒君之事實直書無遺〔註7〕，師魯既仿《春秋》筆法撰史，又何能例外？

　　前載永叔自言作《五代史記》之旨，乃在取《春秋》「因亂世而立法」之遺意，「以治法而正亂君」，並謂其書爲「亂世之書」(歐陽發〈先公事迹〉)。而陳師錫〈五代史記序〉亦稱其：「褒貶義例，師仰春秋」，可見永叔與師魯撰史之書法，均本於《春秋》。

　　趙翼《廿二史劄記》卷二十一，稱永叔之史「書法謹嚴」，如：兩相攻曰攻，以大加小曰伐，有罪曰討，天子自往曰征，即爲其用兵之名；易得曰取，難得曰克，是爲攻戰得地之名；以身歸曰降，以地歸曰附；立后得其正者，曰以某妃某夫人爲皇后，立不以正者，曰以某氏爲皇后。凡此，永叔皆先立一例，而各以事從之，「褒貶自見」。師魯之史亦樹此例，如：梁太祖開平三年七月，「晉人來攻晉州」，開平四年八月庚寅，「帝西征」，開平三年四月，「同州劉知俊伐秦，克鄜、坊、丹、延四州」，後唐明宗天成三年四月，「定州王都拒命，王晏球帥師討定州」之類，均其用兵之例。而作戰之勝敗，我敗曰「敗績」，彼敗曰「敗之」之例，亦同於永叔；然師魯之書法，亦有異於永叔者，大略言之，約有數端：

　　(一) 師魯之撰各代本紀，開首即以「帝」稱之；永叔則不然。如梁太祖紀，《五代春秋》起首即言：「開平元年四月甲子，帝即位于汴州」，而《五代史記》則先稱「朱溫」，賜名後稱「全忠」，封王後稱「王」，僭位後稱「帝」。至於後代帝王見於前代本紀者，師魯則直呼其名，至敍其代時，方以「帝」稱之，如晉高祖石敬塘，於後唐世曾帥師討董璋，師魯即書「石敬塘帥師討璋」。

〔註 7〕　參見《中國史學史論文選集一》頁384，陳芳明〈宋代正統論的形成背景及其內容〉一文。

（二）師魯之史敘事簡扼，且一如《春秋》只記事而不記言語；永叔撰史則如《左傳》，兼記言記事，且敘事較師魯詳贍，尤以記帝王事蹟為然。

（三）《五代春秋》記各帝崩殂之地或禪讓之處，而《五代史記》則記各帝之卒年。如記梁末帝之卒，師魯云：「龍德三年十月戊寅，帝崩于建國樓下」，而永叔則云：「龍德三年十月戊寅，皇帝崩，年三十六，梁亡」。

（四）師魯紀後不加論贊，永叔則於各紀後多有「嗚呼」之褒貶，如梁太祖，唐莊宗、明宗、愍帝，晉出帝，漢高祖，周世宗等本紀之後均有「嗚呼」之辭，以為論贊。

綜觀師魯、永叔之書法，師魯重在承襲《春秋》，永叔則於《春秋》筆法外，兼取《左傳》之記言，又仿《史記》之論贊，唯以「嗚呼」二字，別於諸史之「太史公曰」、「評曰」、「贊曰」、「史臣曰」。

五、成書先後

師魯《五代春秋》之作，時間不可確知。《四庫全書》〈河南集提要〉云：

> 聞見錄又稱，修作五代史嘗約與洙分撰，今集中五代春秋二卷，……
>
> 應即其時所作。

此處未指明成書年代，僅言在約撰五代史時，則可能早自景祐四年，晚至慶曆五年之後，前後時間相距將近八年，此說雖嫌保守，但仍近理。此二卷《五代春秋》，或即師魯編撰五代列傳所欲憑藉之編年綱目！

梅聖俞〈使者自隨州來知尹師魯寓止僧舍語其處物景甚詳因作詩以寄焉〉，為慶曆五年之作品〔註8〕，其中有「著書今未成，愛靜已得趣」之句，此「書」或指師魯之《五代春秋》，或指與永叔約撰之《五代史記》。若指《五代春秋》，則斯時既「未成」，則其成書當在慶曆五年之後，慶曆七年以前。

永叔《五代史記》之撰作，曾參用師魯之《五代春秋》，此在《廿二史劄記》卷二十一「歐史不專據薛史舊本」條已經言明。而永叔在皇祐五年〈與梅聖俞書〉之第三函中曾言：

> 閑中不曾作文字，祇整頓了五代史，成七十四卷，不敢多令人知，
>
> 深思吾兄一看，如何可得？（《歐陽修全集》卷六「書簡」）

由此可知，永叔之《五代史記》於皇祐五年（1053）方成，距師魯《五代春

〔註8〕見《梅堯臣集編年校注》卷十六。

秋》之成書，至少已在七年之後，故其書蒐羅較廣，編撰時日亦較長而完備。

第三節　師魯史學之評價

杜維運先生〈經世思想與中國史學〉一文引吳縝〈新唐書糾謬序〉云：

> 夫爲史之要有三：一曰事實，二曰褒貶，三曰文采。有是事而如是
> 書，斯謂事實。因事實而寓懲勸，斯謂褒貶。事實褒貶既得矣，必
> 資文采以行之，夫然後成史。至於事得其實矣，而褒貶文采則闕焉，
> 雖未能成書，猶不失爲史之意。若乃事實未明，而徒以褒貶文采爲
> 事，則是既不成書，而又失爲史之意矣！（《聽濤集》頁 85）

此言撰史首重事實，且若能「因事實而寓懲勸」、「資文采以行之」，則爲大美，
否則亦不失其「爲史」之意。

師魯之《五代春秋》，《四庫全書》稱其：

> 紀事亦簡核有體。（〈河南集提要〉）

然王鳴盛撰《十七史商榷》則有不同見解，其言：

> 五代春秋二卷，宋尹洙師魯撰。……柳開、尹洙，宋初以古文詞著
> 名，爲歐陽子之先聲者也。觀河東、河南兩集，手筆誠可觀，其於
> 經史則皆茫然者！師魯此作，全仿春秋，謬妄已甚，即如晉人、燕
> 人、趙人、秦人、吳人、楚人等稱，此史家於敍事中間，貪其文省
> 用之則可；若以此摹效春秋筆法，動輒云某人伐某、某人敗某師於
> 某地，豈非笑端？且如李克用、李茂貞，不言姓名而突書之曰晉人、
> 秦人，後世讀者知爲誰乎？豈師魯有待於後有爲之左氏者乎？唐莊
> 宗已建尊號國爲唐矣，而於梁事中稱爲晉人，是其意將奪唐而與梁
> 乎？其他名號之進退，義例之出入，糾紛無定，蓋有不可知者，幸
> 師魯不秉史筆，若令修史，史法壞矣！（卷九十八「五代春秋」）

試推王氏之意，以爲師魯古文詞「手筆誠可觀」，然卻茫然於經史，並謂師魯
《五代春秋》「全仿春秋，謬妄已甚」。「全仿春秋」則是矣，而「謬妄已甚」
一詞則有待「商榷」：

（一）春秋之初，外國大夫侵伐，稱某國人而不書名氏。〔註9〕師魯既效
《春秋》筆法，故於梁紀則稱外國大夫爲「晉人」、「秦人」、「趙人」、「定人」

〔註 9〕見楊伯峻《春秋左傳注》頁 22，引張自超《春秋辨義總論》。

等，此並非如王氏所謂「於敘事中間貪其文省」之法，乃有所承者。

（二）「某人伐某」、「某人敗某師於某地」，此亦《春秋》用兵之例，前已明言。至謂稱李克用、李茂貞爲「晉人」、「秦人」事，除上條所言筆法外，察《春秋》「隱公十年」有：「夏，翬帥師會齊人、鄭人伐宋」之文。此「齊人」、「鄭人」實指齊僖公、鄭莊公，而其所以稱「人」，據杜預、孔穎達之注、疏皆云：「使微者從之」，而楊伯峻則謂：「蓋魯僖公以前，多稱某國君爲某人；僖公而後，惟秦、楚兩國之君間稱秦人、楚人」〔註10〕，無論其事爲何，師魯撰史自有其義例可循，豈若王氏所云「糾紛無定」？

（三）李存勗之建國，於龍德三年四月，其時梁未亡，故師魯持其前稱，而名其「晉人」；永叔《五代史記》亦云：「夏、閏四月，唐人取鄆州。」其下注云：「晉未即位，已自與梁爲敵國，至其建號，於梁無所利害，故不書唐建號而書唐人者，因事而見爾！」於同年十月「梁亡」之下又有注云：「書曰梁亡，見唐莊宗之立速也！四月，莊宗立，稱唐。十月，梁始亡，見唐不待滅梁而立。」唐既不待滅梁而立，於梁紀中自非正統。《春秋》之目的既在「正名分」、「寓褒貶」、「別善惡」，亦豈容一天有二君乎？王氏之謂「其意將奪唐而與梁」，實不知師魯法《春秋》之用意也。

《孟子》〈公孫丑篇〉云：「世衰道微，邪說暴行有作，臣弒其君者有之，子弒其父者有之。孔子懼，作春秋。」今人杜維運先生闡述其說云：「中國史學，原出春秋，孔子作春秋，目的在經世，藉春秋以正名分、寓褒貶、別善惡，使政治上軌道，社會有秩序，人類文明是一是非、眞僞、善惡之標準，而賴以持續。」〔註11〕觀師魯作《五代春秋》，亦有此心，故以《春秋》筆法，銳意筆削，王氏鄙師魯之撰史，並謂「若令修史，史法壞矣」，此說似久公允。設師魯之史眞如此拙劣，怎得《四庫全書總目》稱其「筆削頗爲不苟，多得嚴謹之遺意，知其春秋之學深矣」〔註12〕之贊語！

〔註10〕見上註引書，頁 67。
〔註11〕見杜氏《聽濤集》〈經世思想與中國史學〉，頁 90。
〔註12〕見引書卷四十八，史部四，「編年類存目」，頁 2。

第九章　結　論

　　師魯一生之行事、交誼、人格與思想，上列各章已詳敘，今不贅言。唯孔子曾言：要觀察一個人的善惡賢不肖，必須「視其所以，觀其所由，察其所安」(《論語》〈為政〉)，方能作正確的判斷。今謹將師魯行誼與思想表現、作品成就作一綜合歸納，期使師魯之真相更加明晰：

　　(一)師魯雖無顯赫之家世，但孝悌忠信，清白相承。他自幼即好論古今、明辨是非，只因他秉持了剛正仁恕的庭訓，故能守正不苟。及長服仕，秉義益堅，嘗與時賢君子，共矯時弊，奮革積非，雖然枉遭三次貶謫，均能坦然自適，不發怨尤，只緣其以天下國家自任，故貧賤富貴不能移其心志。當其病革，語言從容，心神不亂，此非師魯故示人以鎮靜，實以深明至道、通達不憂，自然如此。

　　(二)師魯朋友，雖未刻意交結，然皆一代名臣賢士，因其與人交往，不以對方通達與否而易其意，始終誠懇，並處處為友儕設想，故眾人莫不與之情誼深篤，且對其稱譽有加，真所謂「以義合者」也。歐陽永叔雖以駢文起家，然欽服師魯之文章，故起而同倡古文，維護正道，終成為有宋一代古文巨擘。二人之交誼，非干名利，乃基於對道義之熱愛。希文之於師魯，「義兼師友」，二人於邊政議論雖有異同，然忠義謀國，始終如一，故希文對之，不以死生易志。杜祁公、王文康公、王沂公識其才器，賞薦有加；狄武襄忠勇之士，則蒙其知遇，復信賴有加，以致大顯。韓魏公薦拔師魯不遺餘力，以其深惜師魯兵謀大略；師魯敬服稚圭，緣其忠義可風，故二人於軍務上相知相得，於私誼則情同手足。他如文學良伴謝希深、梅聖俞、蘇子美，仕宦知己富彥國、孫之翰、蔡君謨等，無一不是忠君愛國、經綸滿腹之濟世棟樑，

師魯與他們之情誼，非比尋常，誠爲道義相交的坦蕩君子。

（三）師魯之受人推重，除其博學有識度、議論高闊與知兵善謀的才情令眾人折服外；而重禮尚義、安貧樂道、忠恕仁慈、剛正敢爲、與人爲善、不念舊惡、通達不憂之高節大行，尤其令人敬仰。周煇譽之爲「天下第一流人物」（《清波別志》卷上），實非溢美。

（四）師魯可考見之作品，最早者爲明道二年爲王兼濟（利）所作之墓誌銘〔註1〕，最晚者乃慶曆七年爲張宗誨父子所作之墓誌銘。〔註2〕而其作品最豐盛之時期，則在景祐五年至慶曆五年（1038～1045）之八年間，此期師魯多在西邊，乃其生命最爲活躍、意氣最爲風發之黃金時段，且其作品多關涉於國防軍務。其後二年，或因專力修史，或不願因己之貶謫拖累朋友，故書作稍減，然此時語益謙和，文章亦愈簡潔流暢，倘使天假以年，必能成爲大家。

（五）師魯生當北宋眞、仁之世，其時國家方靖，生民稍欲休息，然而北有契丹虎視，西有夏國窺邊，天下大勢實有腹背受敵之危。而國內冗員充斥，奢靡之習未除，致國用日匱而庶政漸壞，加以眞宗禦遼無方，徒耗幣帛，致國庫虛竭而華夏蒙羞。仁宗雖有更革之心，然求效太急，持善不終，故弊病叢生。師魯當承平之時，獨能洞察國家之危，而亟言兵策，以慮後患；方西陲興釁，則勠力邊務，始終忠藎，雖數遭誣枉不平，亦不稍易初心。雖未有范希文「先天下之憂而憂，後天下之樂而樂」（〈岳陽樓記〉）的警世嘉言，然愛國愛民、憂以天下之經世懷抱，實未嘗須臾輕離！故其施政，則著重教化，務達利國福民之標的；其議論，亦力砭時政之錯失，期以革除積弊，一新時運。試觀其一生表現，實不以得志而忘其初心，亦不以困厄失其悃誠，汲汲有爲、寬政愛民、無慊於心的風範，可謂深得聖賢之教！尤其在國防事務方面，他用力特深：爲弘揚國勢，重振軍威，師魯有強兵之策多道；爲豐裕國庫，減少冗費，師魯又數上富國之道箚子。由於對邊事熟習，故所建之策，均能切中利害，可惜未蒙施行而罷，誠令人感慨不已！然其公忠體國、挺然忘身之表現，足爲後人法式。

〔註1〕即卷十三〈故太中大夫尚書屯田郎中分司西京上柱國王公墓誌銘并序〉。
〔註2〕即卷十七之〈故金紫光祿大夫秘書監致仕上柱國清河縣開國子食邑六百戶食實封一百戶張公墓誌銘并序〉及〈故朝奉郎司封員外直史館柱國賜緋魚袋張公墓誌銘并序〉。

　　（六）宋初文壇，承晚唐、五代華靡文風，剽剝刻削，大傷氣骨。師魯遠紹韓、柳，近接柳、穆，力倡古文，與歐陽永叔同心力除浮艷，重振古風，於北宋古文運動，實著有推挽之功。為文主張簡約、求眞、務實，頗見《春秋》謹嚴之法，歐陽永叔自師魯處所得之最大啓示，乃「語簡事備，典重有法」，此一「簡而有法」之原則，亦為永叔日後為文之圭臬〔註3〕，可見師魯影響永叔之深。金之俊亦言師魯之文「朴質謹嚴」，「或詳至數千百言之多，皆精於理、核于事，而無靡詞、無溢氣，雖詳仍不害其為簡也」。〔註4〕師魯文章既可為後世師法，其稱引之故實亦詳覈有徵，可補前史之缺。詩雖少作，然均清雅可觀，力革冶艷之風；而和蘇子美之〈水調歌頭〉一詞，更開東坡、山谷活用此調之先聲，故未可以量寡而小觀也。

　　（七）師魯既深於《春秋》，復以「史筆自負」，今縱不能證明《五代史記》中有其文在，然此書之建構，師魯實嘗參與，且其「河東一傳」，亦為「修本所取法」，故師魯之於《五代史記》，關係至為密切。而師魯自撰之《五代春秋》，則本《春秋》精神，銳意筆削，與永叔之《五代史記》，後世並得「謹嚴」之譽〔註5〕，可見師魯之史學、史識，吾人應予肯定。

　　最後，值得一提者：在有宋一代，思想界之主流，除理學之朱、陸各領風騷外，尚有一影響深遠之事功派。此派學者主張經世致用，「特別看重史學」，「其學較偏尙於實際，而尤措意於講明因果，評說世變，考索制度，議論時勢。其目的無非在於有補世道，以救時失」。〔註6〕此派早期，即以范希文、韓稚圭為首，師魯預焉，此觀前述各人行實即可徵明。而繼起者有王介甫（安石），更為典型人物。他積極推展新法，以更時弊，即是顯例；至南宋，則葉水心（適）、陳同父（亮）、呂東萊（祖謙）諸人，復加推波助瀾〔註7〕，

〔註3〕參見何寄澎〈論歐陽的「簡而有法」〉（《幼獅學誌》第十九卷第三期）頁164。
〔註4〕見四部叢刊本《河南先生文集》卷二十八「附錄」〈讀尹河南文集〉。
〔註5〕《四庫提要》評師魯《五代春秋》：「筆削頗為不苟，多得謹嚴之遺意」，而蘇轍〈歐陽文忠公神道碑〉云：「奉詔撰唐本紀、表、志，撰五代史。二書本紀法嚴而詞約，多取春秋遺意。」（《欒城後集》卷二十三）
〔註6〕見董金裕先生。「宋儒風範」頁86〈六、宋學的異軍——葉適〉。
〔註7〕《水心文集》卷二十九〈贈薛子長〉云：「讀書不知接統緒，雖多無益也；為文不能關教事，雖工無益也；篤行而不合於大義，雖高無益也；立志不存於憂世，雖仁無益也。」《宋史》評陳亮云：「先生志存經濟，重許可」（卷四百三十六〈陳亮傳〉），而《陳亮年譜》淳熙十六年己酉（1189）條載其〈送吳允成運幹序〉言：「自道德性命之說一興，……為士者，恥言文章行義，而曰盡心知性；居官者，恥言政事書判，而曰學道愛人，相蒙相欺，以盡廢天下

蔚爲風潮，而與朱、陸心性之學鼎足而三。溯其根源，師魯等人「經國成務」
之觀念，實爲啓蒙。

之實，則亦終於百事不理而已。」至於《隱居通義理學》中則云：「龍川功名
之士，宋乾、淳間，浙學興，推東萊呂氏爲宗，然前是已……有徐子宜葉水
心出，龍川陳同父則出於其間也，當是性命之說盛，鼓動一世，皆爲微言高
論，而以事功爲不足道。獨龍川俊豪開擴，務建實蹟。」（見《陳亮年譜》附
錄）此皆可見眾人尊尚事功之表現。

附　錄

一、宋史本傳（武英殿刊本）

　　尹洙字師魯，河南人。少與兄源俱以儒學知名。舉進一，調正平縣主簿。歷河南府戶曹參軍、安國軍節度推官、知光澤縣、舉書判拔萃，改山南東道節度掌書記、知伊陽縣，有能名。用大臣薦召試，爲館閣校勘，遷太子中允。會范仲淹貶，敕牓朝堂，戒百官爲朋黨。洙上奏曰：「仲淹忠亮有素，臣與之義兼師友，則是仲淹之黨也。今仲淹以朋黨被罪，臣不可苟免。」宰相怒，落校勘，復爲當書記、監唐州酒稅。

　　西北久安，洙作〈敘燕〉〈息戍〉二篇，以爲武備不可弛。

　　〈敘燕〉曰：

　　戰國世，燕最弱。二漢叛臣，持燕挾虜，蔑能自固，以公孫伯珪之強，卒制於袁氏。獨慕容乘石虎亂，乃并趙。雖勝敗異術，大概論其強弱，燕不能加趙。趙、魏一，則燕固不敵。唐三盜連衡百餘年，虜未嘗越燕侵趙、魏，是燕獨能支虜也。自燕入於契丹，勢日熾大。顯德世，雖復三關，尚未盡燕南地。國初，始與并合，勢益張，然止命偏師備禦。王師伐蜀伐吳，泰然不以兩河爲顧，是趙、魏足以制之明矣。并寇既平，悉天下銳專力契丹，不能攘尺寸地。頃嘗以百萬眾駐趙、魏，訖敵退莫敢抗，世多咎其不戰。然我眾負城，有內顧心，戰不必勝，不勝則事亟矣，故不戰未嘗咎也。

　　原其弊，在兵不分。設兵爲三，壁于爭地，掎角以疑其勢，設覆以待其進。邊壘素固，驅民以守之，俾其兵頓堅城之下，乘間夾擊，無不勝矣。蓋兵不分有六弊：使敵蓄勇以待戰，無他枝梧，一也；我眾則士怠，二也；前

世善將兵者必問幾何，今以中才盡主之，三也；大眾儻北，彼遂長驅無復顧忌，四也；重兵一屬，根本虛弱，纖人易以干說，五也；雖委大柄，不無疑貳，復命貴臣監督，進退皆由中御，失於應變，六也。兵分則盡易其弊，是有六利也。

　　勝敗兵家常勢。悉內以擊外，失則舉所有以棄之，苻堅淝水、哥舒翰潼關是也。是則制敵在謀不在眾。以趙、魏、燕南，益以山西，民足以守，兵足以戰。分而帥之，將得專制，就使偏師挫衂，他眾尚奮，詎能繫國安危哉？故師覆于外而本根不搖者，善敗也。昔者六國各有地千里，師敗於秦，散而復振，幾百戰猶未及其都，守國之固也。陳勝、項梁舉關東之眾，朝敗而夕滅，新造之勢也。以天下之廣謀其國，不若千里之固，而襲新造之勢，徼幸於一戰，庸非惑哉？兵既久弛，士大夫誦習，謂百世不復用，非甚妄者不談。然兵果廢則已，儻後世復用之，鑒此少以悟世主，故述其勝敗云。

　　〈息戍〉曰：

　　國家割棄朔方，西師不出三十年，而亭徼千里，環重兵以戍之。雖種落屢擾，即時輯定，然屯戍之費，亦已甚矣。西戎為寇，遠自周世，西漢先零，東漢燒當，晉氏、羌，唐禿髮，歷朝侵軼，為國劇患。興師定律，皆有成功，而勞弊中國，東漢尤甚，費用常以億計。孝安世，羌叛十四年，用二百四十億。永和末，復經七年，用八十餘億。及段紀明，用裁五十四億，而剪滅殆盡。今西北涇原、邠寧、秦鳳、鄜延四帥，戍卒十餘萬。一卒歲給，無慮二萬，騎卒與冗卒，較其中者，總廩給之數，恩賞不在焉，以十萬較之，歲用二十億。自靈武罷兵，計費六百餘億，方前世數倍矣。平世屯戍，且猶若是，後雖有他警，不可一日輒去，是十萬眾，有增而無損期也。國家厚利募商入粟，傾四方之貨，然無水漕之運，所輓致亦不過被邊數郡爾。歲不常登，廩有常給，頃年亦嘗稍匱矣。儻其乘我薦飢，我必濟師，饋餉當出於關中，則未戰而西垂已困，可不慮哉？

　　按唐府兵，上府千二百人，中府千人，下府八百人，為今之計，莫若籍丁民為兵，擬唐置府，頗損其數。又今邊鄙雖有鄉兵之制，然止極塞數郡，民籍賓少，不足備敵。料京兆西北數郡，上戶可十餘萬，中家半之，當得兵六七萬。質其賦無他易，賦以帛名者不易以五穀，畜馬者又蠲其雜徭。以關內、河東勁兵傅之，盡罷京師禁旅，慎簡守帥，分其統，專其任。分統則兵不重，專任則將益勵，堅其守備，習其形勢，積粟多，教士銳，使虜眾無隙

可窺，不戰而攝。兵志所謂「無恃其不來，恃吾有以待之」，其廟勝之策乎？又爲〈述享〉、〈審斷〉、〈原刑〉、〈敦學〉、〈矯察〉、〈考績〉、〈廣諫〉，凡雜議共九篇上之。

趙元昊反，大將葛懷敏辟爲經略判官。洙雖用懷敏辟，尤爲韓琦所深知。頃之，劉平、石元孫戰敗，朝廷以夏竦爲經略、安撫使，范仲淹、韓琦副之，復以洙爲判官。洙數上疏論兵，請便殿召對二府大臣議邊事，及講求開寶以前用兵故實，特出睿斷，以重邊計。又請減併柵壘，召募士兵，省騎軍，增步卒。又上鬻爵令。時詔問攻守之計，竦具二策，令琦與洙詣闕奏之。帝取攻策，以洙爲集賢校理。洙遂趨延州謀出兵，而仲淹持不可。還至慶州，會任福敗于好水川，因發慶州部將劉政銳卒數千，趨鎭戎軍赴救，未至，賊引去。夏竦奏洙擅發兵，降通判濠州。當時言者謂福之敗，由參軍耿傅督戰太急。後得傅書，乃戒福使持重，毋輕進。洙以傅文吏，無軍責而死于行陣，又爲時所誣，遂作〈憫忠〉、〈辨誣〉二篇。

未幾，韓琦知秦州，辟洙通判州事，加直集賢院。上奏曰：

漢文帝盛德之主，賈誼論當時事勢，猶云可爲慟哭。孝武帝外制四夷，以彊主威，徐樂、嚴安尙以陳勝亡秦、六卿篡晉爲戒。二帝不以危亂滅亡爲諱，故子孫保有天下者十餘世。秦二世時，關東盜起。或以反者聞，二世怒，下吏；或曰逐捕今盡，不足憂，乃悅。隋煬帝時，四方兵起，左右近臣皆隱賊數，不以實聞，或言賊多者，輒被詰。二帝以危亂滅亡爲諱，故秦、隋宗社數年爲丘墟。陛下視今日天下之治，孰與漢文？威制四夷，孰與漢武？國家基本仁德，陛下慈孝愛民，誠萬萬於秦、隋矣。至於西有不臣之虜，北有彊大之鄰，非特閭巷盜賊之勢也。

自西夏叛命四年，並塞苦數擾，內地疲遠輸。兵久于外而休息無期，卒有乘弊而起。兵法所謂「雖有智者，不能善其後」。當此之，陛下宜夙夜憂懼，所以慮事變而塞禍源也。陛下延訪邊事，容納直言，前世人主，勤勞寬大，未有能遠過者。然未聞以宗廟爲憂，危亡爲懼，此賤臣所以感憤於邑而不已也。何者？今命令數更，恩寵過，賜與不節。此三者，戒之愼之，在陛下所行爾，非有難動之勢也。而因循不革，弊壞日甚。臣謂陛下不以宗廟爲憂、危亡爲懼者，以此。

夫命令者，人主所以取信於下也。異時民間，朝廷降一命令，皆竦視之；今則不然，相與竊語，以爲不久當更，既而信然，此命令日輕於下也。命令

輕，則朝廷不尊矣。又聞群臣有獻忠謀者，陛下始甚聽之，後復一人沮之，則意移矣。忠言者以信之不能終，頗自詘其謀，以為無益，此命令數更之弊也。

夫爵賞，陛下所持之柄也。近時外戚、內臣以及士人，或因緣以求恩澤，從中而下謂之「內降」。臣聞唐氏政衰，或母后專制，或妃主擅朝，樹恩私黨，名為「斜封」。今陛下威柄自出，外戚、內臣賢而才者，當與大臣公議而進之，何必襲「斜封」之弊哉。且使大臣從之，則壞陛下綱紀；不從，則沮陛下德音。壞綱紀，忠臣所不忍為；沮德音，則威柄輕於上。且盡公不阿，朝廷所以責大臣。今乃自以私昵撓之，而欲責大臣之不禾，難矣。此恩寵過濫之弊也。

夫賜予者，國家所以勸功也。比年以來，嬪御及伶官、太醫之屬，賜予過厚。民間傳言，內帑金帛，皆祖宗累朝積聚。陛下用之，不甚愛惜，今之所存無幾。疏遠之人，誠不能知內府豐匱之數，但見取於民者日煩，即知畜於公帑者不厚。臣亦知國家自西方宿兵，用度寖廣，帑藏之積，未必悉為賜予所費，然下民不可家至而戶曉，獨見陛下行事感動爾。往歲聞邊將王珪，以力戰賜金，則無不悅服；或見優人所得過厚，則往往憤歎。人情不可不察，此賜予不節之弊也。

臣所論三事，皆人人所共知，近臣從諛而不言，以至今日。方今非獨四夷之為患，朝政日弊而陛下不寤，人心日危而陛下不知。故臣願先正於內，以正於外。然後忠謀漸進，紀綱漸舉，國用漸足，士心漸奮。邊境之患，庶乎息矣。惟深察秦、隋惡聞忠言所以亡，遠法漢主不諱危亂所以存，日新盛德，於民更始，則天下幸甚。

仁宗嘉納之。

改太常丞、知涇州。以右司諫、知渭州兼領涇原路經略公事。會鄭戩為陝西四路都總管，遣劉滬、董士廉城水洛，以通秦、渭援兵。洙以為前此屢困于賊者，正由城砦多而兵勢分也。今又益城，不可，奏罷之。時戩已解四路，而奏滬等督役如故。洙不平，遣人再召滬，不至；命張忠往代之，又不受。於是論狄青械滬、士廉下吏。戩論奏不已，卒徙洙慶州而城水洛。又徙晉州，遷起居舍人、直龍圖閣、知潞州。會士廉詣闕上書訟洙，詔遣御史劉湜就鞫，不得他罪。而洙以部將孫用由軍校補邊，自京師貸息錢到官，亡以償。洙惜其才可用，恐以犯法罷去，嘗假公使錢為償之，又以為嘗自貸，坐

貶崇信軍節度副使，天下莫不以爲湜文致之也。徙監均州酒稅，感疾，沿牒至南陽訪醫，卒年四十七。嘉祐中，宰相韓琦爲洙言，乃追復故官，及官其子構。

洙內剛外和，博學有識度，尤深於《春秋》。自唐末歷五代，文格卑弱。至宋初，柳開始爲古文，洙與穆脩復振起之。其爲文簡而有法，有集二十七卷。自元昊不庭，洙未嘗不在兵間，故於西事尤練習。其爲兵制之說，述戰守勝敗，盡當時利害。又欲訓士兵伐戍卒，以減邊費，爲禦戎長久之策，皆未及施爲。而元昊臣，洙亦去而得罪矣。

二、河南集附錄本傳

尹洙字師魯，河南人。天聖二年進士及第，授降州正平縣主簿，調河南府戶曹參軍，遷安國軍節度推官，知邵武軍光澤縣。舉書判拔萃，遷山南東道節度掌書記，知河南府伊陽縣。縣民有女幼孤而冒賀氏產，鄰人証其非是而籍之。後鄰人死，女復訴請所籍產，久不能決。洙問以「若年幾何？」曰：「三十二。」乃按咸平籍，二年，賀死而賀妻劉爲戶。詰之曰：「若五年始生，安得賀姓耶？」女遂伏。以荐得召試，爲閣館校勘，遷太子中允，會貶范仲淹，牓朝堂，洙自言與仲淹有師友之誼，乃請罷于朝。落校勘，復爲掌書記，監唐州酒稅。時西北客安謐，洙作〈序燕〉、〈息戍〉二篇，以爲武備不可弛乎世。丁父憂，服除，復爲太子中允，知河南府長水縣。

趙元昊反，大將葛懷敏辟爲經略判官。後劉平、石元孫戰敗，朝廷以夏竦爲經略安撫使，仲淹、韓琦副之，復以洙爲判官。又詔竦等議攻守計，乃具二策，令琦與洙詣闕奏之，加集賢校理。上命用攻策，遂趣延州謀出兵，仲淹持不可。還至慶州，會任福已敗于好水川，因發慶州部將劉政銳卒數千，趣鎮戎軍赴捄。未至，賊引去。夏竦奏洙擅發兵，降通判濠州。當時言者謂福之敗，由隋軍耿傳督戰太急，後得傳書，乃戒福使持重，毋輕進者。洙以傳文吏，無軍責而死行陣被誣，作〈憫忠〉〈辨誣〉二篇。

未幾，韓琦知秦州，辟通判州事，加直集賢院。上疏曰：

文帝盛德之主，賈誼論當時事勢，猶云可爲痛哭。孝武帝外制四夷，以強主威，徐樂、嚴安尚以陳勝亡秦、六卿篡晉爲戒。二帝不以危亂滅亡爲諱，故子孫保天下者十餘世。秦二世時，關東盜起。或以反者聞，二世怒，下吏；或曰逐捕今盡，不足憂，乃悅。隋煬帝時，四方兵起，左右近臣皆隱賊數，

不以實聞，或言賊多者，輒被詰責。二帝以危亂滅亡爲諱，故秦、隋之宗社數年爲墟。陛下視今日天下之治，孰與漢文？威制四夷，孰與漢武？國家基本仁德，陛下慈孝愛民，誠萬萬于秦、隋。至于西有不臣之虜，北有強大之鄰，非特閭巷盜賊之勢也。

自西虜叛命四年，邊塞毒苦數擾，內地疲力遠輸。兵久于外而休息無期，卒有乘敝而起。兵法所謂「雖有智者，不能善其後」。當此之時，陛下當夙夜憂勤，所以慮事而塞禍源也。陛下延訪邊事，容納直言，前世人主，勤勞寬大，未有能遠過者也。然未聞以宗廟爲憂，危亡爲懼，此賤臣所以感憤于邑而不已也。何者？今命令數更，恩寵過濫，賜與不節。此三者，戒之愼之，在陛下所行耳，非有難動之勢也。而因循不革，弊壞日甚，臣是以謂陛下未以宗廟爲憂、危亡爲懼者，以此。

夫命令者，人主所以垂信于下也。異時，民間聞朝廷降一號令，皆竦視之；今則不然，皆相與竊語，以爲不久當更，既而信然，此命令日輕于下也。令命輕，則朝廷不尊矣。又聞群臣有獻忠謀者，陛下始甚聽之，後復一人阻之，則意移矣。忠言者以信之不終，頗自絀于其謀，以爲無益，此命令數更之弊也。

夫爵賞，陛下所持之柄也。近時外戚、內臣以及寺人，或因緣以求恩澤，從中而下，謂之「內降」。臣聞唐氏政衰，或母后專制，或妃主擅朝，結恩私黨，名爲「斜封」。今陛下威柄出自自主，內臣賢而才者，與大臣公議而進之，何必襲「斜封」之弊哉？且使大臣從之，則壞陛下綱紀；不從，則沮陛下德音。壞綱紀，則忠臣所不忍爲；沮德音，則威柄日輕。且盡公不阿，朝廷所以責大臣。今乃自以私昵撓之，而欲以責大臣之守正不阿，難矣。此恩寵過濫之弊也。

夫賜與，朝廷所以勸功也。比年以來，嬪御及伶官、太醫之屬，賜與過厚。人間傳言，內帑金帛皆祖宗累朝積聚，陛下用之不甚惜，今所存無幾矣。疏遠之人誠不能知內府豐歉之數，但見取于民者日煩，即知蓄于公帑者不厚。臣亦知國家自西方用兵，用度寖廣，帑藏之積未必皆爲賜予所費，然下民不可家至而戶曉，獨見陛下行事感動耳。往歲聞邊將王珪以力戰賜金，則無不服，或見優人所得過厚，則往往憤嘆，人情不可不察。此賜與不節之弊也。

臣所論三事，皆人人所共知，廷臣從諛而不言，以今日觀之，非獨戎狄之爲患矣。朝政日弊而陛下不知，人心日危而陛下不悟，故臣願先正于內，

以正于外，然後忠謀漸進，綱紀漸舉，國用漸足，士心漸奮，犬狄之患庶乎息矣。伏維陛下深察秦、隋惡聞忠言所以亡，遠法漢主不諱危亂所以存，日新盛德，與民更始，則天下幸甚。

　　改太常丞、知涇州。以右司諫知渭州、兼領涇原路經略公事。會鄭戩爲陝西四路都總管，遣劉滬、董士廉城水洛，以通秦、渭援兵。洙以爲前此屢困于賊者，正由城寨多而兵勢分也。今又益城，不可，奏罷之。時鄭戩已解四路，而奏滬等督役如故。洙不平，遣人召滬，再不至，命張忠往代之，又不受。于是論狄青械滬、士廉下獄（一作吏）。戩論奏不已，于是徙洙慶州而卒城水洛。又徙晉州，遷起居舍人、直龍圖閣、知潞州。士廉詣闕上書訟洙，乃遣御史劉湜就問，獨不能得洙罪，止坐假公用錢與部將孫用，及私自貸，貶崇信軍節度副使。孫用者，本軍校，常自京師取息錢至官，不能償。洙與狄青惜其材可用，遂假公使錢使償之。徙監均州酒稅，感疾，沿驛至南陽訪醫，卒，年四十七。

　　洙內剛而外和，與人言必極辨其是非。遇事無難易，勇于敢爲。至前世治亂沿革之變，靡不該貫。人有疑難不能通，洙爲指畫詳解，皆釋然自得。尤長于春秋。文章自唐衰，及五代，氣格卑弱。至本朝柳開，始爲古學。天聖初，洙與穆脩大振起之，有集二十七卷。有子朴、構。其兄源，亦以文學名于世，終太常博士。

三、河南府司錄張君墓誌銘

　　山南東道節度掌書記知伊陽縣事天水尹洙撰

　　吾友張堯夫以今年七月癸酉，葬其先君於北邙山。既葬二十有九日壬寅，晨起感疾，復就寢，弗寤，若醉狀，醫視其脈，曰：「風甚盛！脈宜洪，今細蹶，殆不可爲。」畫未盡數刻，啓手足於官署。翌日，殞于正寢。戊申，葬先君墓次，實明道二年八月也。堯夫內淳固，外曠簡，不妄與人交。初爲河南府推官，後爲司錄。予與之遊，幾五年，出處多共之。其飭身臨事，予嘗愧堯夫，淳夫不予愧也。嗚呼！安能盡識吾友之善哉？堯夫，名汝士，年三十七，歷官至大理寺丞。先君諱某，終虞部員外郎。母李氏，隴西縣君。娶崔氏，生二男三女，皆幼。渤海歐陽修爲之銘曰：

　　噫嘻哉！上者蒼蒼也。宜壽而夭，宜福而禍，有尸者邪？其無也！豐其躬者鮮矣仁，予之賢者嗇其位，豈其不可兼邪？斯可怪也。其有莫施，其爲

不伐，充而不光，遂以昧滅，後孰知也？弔賓盈位，哭皆有涕，夫嗟於道，婦咄於竈，夫能使人之若此也！噫嘻哉！君子吾不得見而見善人，善人今復不得而見也！

四、水調歌頭　和蘇子美

萬頃太湖上，朝暮浸寒光。吳王去後，臺榭千古鎖悲涼。誰信蓬山仙子，天與經綸才器，等閒厭名繮。斂翼下霄漢，雅意在滄浪。　晚秋裡，煙寂靜，雨微涼。危亭好景，佳樹修竹遶回塘。不用移舟酌酒，自有青山淥水，掩映似瀟湘。莫問平生意，別有好思量。

引用及參考書目

（一）

1. 《河南先生文集》，宋·尹洙撰，舊鈔本，朱墨合校，中央圖書館藏（以下簡稱中圖）（編號九九九四）。

2. 《河南集》，宋·尹洙撰，四庫全書本。

3. 《河南先生文集》，宋·尹洙撰，四部叢刊本。

4. 《河南先生文集》，宋·尹洙撰，明鈔本，配補民國初年愛日館鈔本，中圖（編號九九九一）。

5. 《河南先生文集》，宋·尹洙撰，舊鈔本，朱校，中圖（編號九九九二）。

6. 《河南先生文集》，宋·尹洙撰，舊鈔本，中圖（編號九九九三）。

7. 《五代春秋》，宋·尹洙撰，清活字本，藝文（百部叢書集成之二四，學海類編）。

8. 《五代春秋》，宋·尹洙撰，新興（筆記小說大觀六編三冊）。

9. 《皇雅》，舊鈔本，兩宋名賢小集之一，中圖。

（二）

1. 《周易》，魏·王弼、韓·康伯注、唐·孔穎達正義，藝文，《十三經注疏》本。

2. 《尚書》，漢·孔安國傳、唐·孔穎達正義，藝文，《十三經注疏》本。

3. 《詩經》，漢·毛公傳、鄭玄箋、唐·孔穎達正義，藝文，《十三經注疏》本。

4. 《禮記》，漢·鄭玄注、唐·孔穎達正義，藝文，《十三經注疏》本。

5. 《春秋左氏傳》，晉·杜預注、唐·孔穎達正義，藝文，《十三經注疏》本。

6.　《春秋左傳注》，民國‧楊伯峻編著，源流，民國 71 年再版。

7.　《論語》，魏‧何晏集解、宋‧邢昺疏，藝文，《十三經注疏》本。

8.　《孟子》，漢‧趙岐注、宋‧孫奭疏，藝文，《十三經注疏》本。

9.　《說文解字注》，漢‧許慎著、宋‧段玉裁注，學海，民國 68 年二版。

10.　《史記》，漢‧司馬遷撰，藝文（二十五史）。

11.　《漢書》，漢‧班固撰，藝文（二十五史）。

12.　《三國志》，晉‧陳壽撰、宋裴松之注，中華，四部備要本。

13.　《晉書》，唐太宗敕撰、房玄齡等修，藝文（二十五史）。

14.　《史通》，唐‧劉知幾撰，世界，民國 45 年。

15.　《五朝名臣言行錄》，宋‧朱熹撰，上海涵芬樓借海鹽張氏涉園藏宋本景印，四部叢刊本。

16.　《隆平集》，宋‧曾鞏撰，四庫全書本。

17.　《東都事略》，宋‧王偁撰，宋紹熙間眉山程舍人宅刊本，中圖。

18.　《名臣碑傳琬琰之集》，宋‧杜大珪編，鈔本，中圖。

19.　《續資治通鑑長編》，宋‧李燾編，世界，民國 53 年再版。

20.　《古今紀要》，宋‧黃震輯，元刊鈔補本，中圖。

21.　《宋本皇朝編年綱目備要》，宋‧陳均撰，成文，民國 55 年台一版。

22.　《宋大事記講義》，宋‧呂中撰，《四庫全書》本。

23.　《郡齋讀書志、直齋書錄解題》，宋‧晁公武、陳振孫撰，日本京都，中文出版社，1978 年出版。

24.　《宋史》，元‧托克托撰，藝文（二十五史）。

25.　《文獻通考》，元‧馬端臨撰，新興，民國 52 年。

26.　《宋史新編》，明‧柯維騏撰，明嘉靖間刊本，中圖。

27.　《史質》，明‧王洙撰，明嘉靖間刊本，中圖。

28.　《楚紀》，明‧廖道南撰，明嘉靖二十五年刊本，中圖。

29.　《宋史紀事本末》，明‧陳邦瞻撰，三民，民國 62 年再版。

30.　《宋論》，明‧王夫之著，洪氏，民國 70 年再版。

31.　《十七史商榷》，清‧王鳴盛撰，大化，民國 66 年景印。

32.　《北宋經撫年表》，清‧吳廷燮編，開明，民國 63 年台三版（收入《二十五史補編》第六冊）

33.　《續資治通鑑》，清‧畢沅撰，宏業，民國 63 年。

34.　《宋稗類鈔》，清‧潘永因撰，《四庫全書》本。

35.　《四庫全書總目》，清‧紀昀等撰，藝文。

36. 《閩中理學淵源考》，清‧李清馥撰，《四庫全書》本。

37. 《宋史藝文志廣編》，民國‧楊家駱主編，世界，民國 52 年。

38. 《宋會要輯稿》，民國‧楊家駱編，世界，民國 53 年。

39. 《宋人軼事彙編》，民國‧丁傳靖輯，商務，民國 71 年。

40. 《國史舊聞》，民國‧陳登原編撰，明文，民國 73 年。

41. 《四庫全書簡明目錄》，民國‧楊家駱主編，世界，民國 64 年三版。

42. 《歷代人物年里碑傳綜表》，民國‧姜亮夫撰，華世，民國 65 年台一版。

43. 《歷代小史》，民國‧王雲五主編，商務景印明刊本。

44. 《宋范文正公（仲淹）年譜》，民國‧王雲五主編，商務，民國 67 年。

45. 《宋韓忠獻公琦年譜》，民國‧楊希閔編，商務，民國 70 年。

46. 《陳亮年譜》，民國‧童振福著，商務，民國 71 年。

47. 《宋遼金史》，民國‧金毓黻著，樂天，民國 60 年。

48. 《宋史》，民國‧方豪著，華岡，民國 68 年新一版。

49. 《中國文學批評史》，民國‧羅根澤著，鳴宇，民國 67 年。

50. 《中國文學史大綱》，民國‧楊蔭深撰，新加坡，商務，1968 年初版、1979 年重印。

51. 《唐宋兩朝邊疆史料比事質疑》，民國‧侯林柏著，香港，南天書業，1976 年。

52. 《中國文批評史》，民國‧郭紹虞者，明倫。

53. 《河南志》，元‧闕名撰、清‧徐松輯，大化，民國 69 年影印（收入《宋元地方志叢書》）

54. 《郡武府志》，明‧陳讓編、邢址訂正，新文豐，民國 74 年（收於《天一閣藏明代方志選刊》）

55. 《嘉慶重修一統志》，四庫善本叢書，藝文影印。

56. 《河南通志》，清‧田文鏡、王士俊等監修、清‧孫灝、顧棟高等編纂，《四庫全書》本。

57. 《福建通志》，清‧陳壽祺等撰，同治十年重刊本，華文書局景印。

58. 《管子校正》，舊本題周管仲撰、唐‧尹知章注、清‧戴望校正，世界，民國 72 年新四版。

59. 《孫子十家注》，周‧孫武撰、魏‧曹操等注，世界，民國 72 年新四版。

60. 《吳子》，周‧吳起撰、清‧孫星衍校，世界，民國 72 年新四版。

61. 《新譯荀子讀本》，周‧荀況撰、民國‧王忠林註譯，三民，民國 66 年再版。

62. 《鶡冠子》，周‧不著撰人、宋‧陸佃解，《四庫全書》本。

63. 《淮南子注》，漢‧淮南王劉安撰、高誘注，世界，民國 54 年再版。

64. 《論衡》，漢‧王充撰，《四庫全書》本。

65. 《涑水記聞》，宋‧司馬光撰，世界，民國 58 年再版。

66. 《聞見錄》，宋‧邵伯溫撰，《四庫全書》本。

67. 《夢溪筆談》，宋‧沈括撰，《四庫全書》本。

68. 《澗泉日記》，宋‧韓淲撰，《四庫全書》本。

69. 《河南郡氏聞見後錄》，宋‧邵博撰，廣文，民國 59 年。

70. 《清波別志》，宋‧周煇著，世界，民國 58 年再版。

71. 《韓忠獻公遺事》，宋‧強至編，世界，民國 58 年再版。

72. 《容齋隨筆》，宋‧洪邁著，大立，民國 70 年景印。

73. 《翁注困學紀聞》，宋‧王應麟撰、翁元圻注，商務，民國 67 年台一版。

74. 《冷齋夜話》，宋‧釋惠洪撰，《四庫全書》本。

75. 《錢氏私誌》，宋‧錢世昭撰，新文豐，民國 74 年。

76. 《湘山野錄》，宋‧僧文瑩著，新文豐，民國 74 年。

77. 《默記》，宋‧王銍撰，新文豐，民國 74 年。

78. 《履齋示兒編》，宋‧孫奕撰，新文豐，民國 74 年（以上四書見《叢書集成新編》）

79. 《愛日齋叢抄》，宋‧葉口撰，《四庫全書》本。

80. 《事實類苑》，宋‧江少虞撰，《四庫全書》本。

81. 《東原錄》，宋‧龔鼎巨撰，《四庫全書》本。

82. 《黃氏日抄》，宋‧黃震撰，《四庫全書》本。

83. 《皇極經世書》，宋‧邵雍撰，《四庫全書》本。

84. 《野客叢書》，宋‧王楙撰，新興，筆記小說大觀續編。

85. 《東軒筆錄》，宋‧魏泰撰，新興，筆記小說大觀續編。

86. 《幕府燕閒錄》，宋‧畢仲詢撰，中圖（收錄於《五朝小說》四百七十四卷之「宋人百家小說偏錄家」）

87. 《石林燕語》，宋‧葉夢得撰，《四庫全書》本。

88. 《捫詩新話》，宋‧陳善撰、清‧繆荃孫校，大立，民國 71 年再版景印。

89. 《丹鉛總錄》，明‧楊慎撰，《四庫全書》本。

90. 《增補宋元學案》，清‧黃宗羲撰、全祖望補訂，中華，民國 73 年台三版。

91. 《宋元學案補遺》，清‧王梓材撰、民國‧馮雲濠輯序錄、張壽鏞撰，民二十六年四明張氏約園刊本，中圖。

92. 《池北偶談》，清·王士禎撰，《四庫全書》本。

93. 《越縵堂讀書記》，清·李慈銘撰，世界，民國 50 年。

94. 《河東集》，宋·柳開撰、張景編，《四庫全書》本。

95. 《小畜集》，宋·王禹偁撰，《四庫全書》本。

96. 《河南穆公集》，宋·穆修撰，四部叢刊本。

97. 《范文正公集》，宋·范仲淹撰，四部叢刊本。

98. 《宛陵集》，宋·梅堯臣撰，中華，民國 55 年台一版。

99. 《梅堯臣集編年校注》，宋·梅堯臣撰、民國·朱東潤編年校注，源流，民國 72 年。

100. 《歐陽修全集》，宋·歐陽修撰，華正，民國 64 年台一版。

101. 《文忠集》，宋·歐陽修撰、周必大編，《四庫全書》本。

102. 《安陽集》，宋·韓琦撰，《四庫全書》本。

103. 《蘇學士集》，宋·蘇舜欽撰，《四庫全書》本。

104. 《端明集》，宋·蔡襄撰，《四庫全書》本。

105. 《元豐類藁》，宋·曾鞏撰，四部叢刊本。

106. 《欒城後集》，宋·蘇轍撰，四庫備要本。

107. 《皇朝文鑑》，宋·周必大撰，四部叢刊本。

108. 《鶴山先生大全文集》，宋·魏了翁撰，四部叢刊本。

109. 《宋文鑑》，宋·呂祖謙撰，《四庫全書》本。

110. 《潞公文集》，宋·文彥博撰，《四庫全書》本。

111. 《范忠宣集》，宋·范純仁撰，《四庫全書》本。

112. 《竹溪鬳齋十一藁續集》，宋·林希逸撰、宋·林式之編，《四庫全書》本。

113. 《祠部集》，宋·強至撰，《四庫全書》本。

114. 《水心集》，宋·葉適撰、明·黎諒編，《四庫全書》本。

115. 《唐宋文舉要》，清·高步瀛選，學海，民國 66 年四版。

116. 《范文正集補編》，清·范能濬輯，《四庫全書》本。

117. 《宋詩紀事》，清·厲鶚、馬曰琯同輯，清乾隆十一年錢塘刊本，中圖。

118. 《歷代詩話》，清·何文煥編，木鐸，民國 71 年。

119. 《藝概》，清·劉熙載撰，華正，民國 77 年。

120. 《宋代文學》，民國·呂思勉著，上海，商務，民國 18 年初版、民國 28 年簡編印行。

121. 《唐宋古文運動》，民國·錢冬父著，上海，中華，1962 年。

122. 《歐陽修的治學與從政》，民國・劉子健著，香港，新亞研究所，民國 52 年。

123. 《全宋詞》，中央興地出版社編輯委員會編，中央興地，民國 59 年。

124. 《宋儒風範》，民國・董金裕著，東大，民國 68 年。

125. 《中國文學的發展概述》，民國・王夢鷗等著，中華文化復興運動推行委員會主編，中央文物供應社，民國 71 年。

126. 《唐宋文學論集》，民國・王水照著，濟南，齊魯書社，1984 年。

127. 《兩宋文史論叢》，民國・黃啓方著，學海，民國 74 年。

128. 《聽濤集》，民國・杜維運著，弘文館，民國 74 年。

129. 《唐宋詞鑑賞辭典》，民國・唐圭璋主編，江蘇，古籍出版社，1986 年。

（三）

1. 〈尹洙之年壽〉，民國・矗崇歧撰，《史學年報》三卷二期，民國 40 年 12 月。

2. 〈歐陽修與散文中興〉，民國・張須撰，《國文月刊》七十六期，民國 48 年 2 月（又見《中國文學史論文選集四》，民國・羅聯添編，學生，民國 75 年二版）

3. 〈略談我國古代政論散文〉，民國・宋蔭谷撰，《文學遺產增刊》十輯，1962 年 7 月。

4. 〈宋代古文運動之發展〉，民國・金中樞撰，《新亞學報》五卷二期，民國 52 年 8 月。

5. 〈宋初的朋黨〉，民國・禚夢庵撰，《中國世紀》一一七期，民國 67 年 7 月。

6. 〈北宋詩文〉，民國・胡守仁撰，《江西師院學報》1978 年第二期。

7. 〈讀歐陽修〈論尹師魯墓誌〉〉，民國・郭預衡撰，《中學語文教學》1979 年第六期（又見郭預衡著《古代文學探討集》，北京師範大學 1983 年第二版、1985 年 1 月第二次印刷）

8. 〈論歐陽修的古文運動〉，民國・羅敏之撰，《華學月刊》九十五期，民國 68 年 11 月。

9. 〈論歐陽修〉，民國・郭預衡撰，《北京師範大學學報》1980 年第三期（又見前引郭氏《古代文學探討集》）

10. 〈宋仁宗朝的人才與士氣〉，民國・禚夢庵撰，《中國世紀一四八～一四九期，民國 70 年 3 月（又見禚著《宋代人物與風氣》，商務，民國 59 年）

11. 〈歐陽修的史學〉，民國・陳光崇撰，載於《宋史研究論文集》，鄧廣銘、程應鏐主編，上海古籍，1982 年 1 月。

12. 〈蘇舜欽之生平事蹟與作品繫年〉，民國・林政華撰，《書目季刊》十九卷四期，民國 75 年 3 月。

13. 〈新舊五代史之比較研究〉，民國・周虎林撰，《高雄師院國文所系教師論文發表會》，民國・76 年 5 月。

14. 〈論歐陽修的「簡而有法」〉，民國・何寄澎撰，《幼獅學誌》十九卷三期，民國 76 年 5 月。

15. 〈北宋的文論與詩詞論〉，民國・黃啓方撰，《國立編譯館館刊》六卷一期，民國 77 年 6 月。

16. 〈梅堯臣碧雲騢與慶曆政爭中的士風〉，民國・劉子健撰，《大陸雜誌》十七卷十一期（又見〈大陸雜誌史學叢書〉第一輯第五冊）

17. 〈從遵堯錄看宋初四朝之軍事與政治〉，民國・梁天錫撰，《大陸雜誌》卅一卷六期（又見前書第三輯第三冊）

18. 〈宋代注輦國使娑里三文入華行程考〉，民國・羅香林撰，《大陸雜誌》卅三卷六期（又見前書同冊）

19. 〈歐陽修的生平及其文學〉，民國・江正誠撰，台大博士論文，民國 67 年。

20. 〈北宋的古文運動〉，民國・何寄澎撰，台大博士論文，民國 73 年。

21. 〈蔡君謨之學術〉，民國・蔡崇名撰，師大博士論文，民國 76 年。

22. 〈宋代古文運動探究〉，民國・黃春貴撰，升等論文，民國 76 年 3 月。